民航干扰管理
——旅客意愿视角

胡玉真　张　笙等　著

科 学 出 版 社
北 京

内 容 简 介

民航干扰管理研究一直是国内外学术界和民航企业关注的焦点问题。本书从干扰管理基础理论和民航干扰管理实践入手，在了解分析受干扰旅客意愿的基础上，围绕旅客退票、改签、双重意愿及有限理性等不同旅客状态，进行民航干扰管理优化模型和方法研究。另外，为应对受干扰旅客的非理性心理对民航干扰管理的影响，建立考虑旅客非理性意愿的民航干扰管理优化模型方法。

本书可以为开展运营管理、干扰管理、数学建模等研究的高年级本科生和研究生教学用，也可以为政府和相关实际企业部门提供决策支持。

图书在版编目（CIP）数据

民航干扰管理：旅客意愿视角 / 胡玉真等著. —北京：科学出版社，2022.2

ISBN 978-7-03-070669-0

Ⅰ. ①民… Ⅱ. ①胡… Ⅲ. ①民用航空-旅客运输-交通运输管理 Ⅳ. ①F560.83

中国版本图书馆 CIP 数据核字（2021）第 232615 号

责任编辑：陶 璇 / 责任校对：刘 芳
责任印制：张 伟 / 封面设计：无极书装

科 学 出 版 社 出版
北京东黄城根北街 16 号
邮政编码：100717
http://www.sciencep.com

北京建宏印刷有限公司 印刷

科学出版社发行 各地新华书店经销

*

2022 年 2 月第 一 版 开本：720 × 1000 1/16
2022 年 2 月第一次印刷 印张：13 1/4
字数：270 000

定价：138.00 元
（如有印装质量问题，我社负责调换）

前　　言

　　党的十九大报告明确提出要建设交通强国。民航业是国家重要的战略产业，民航强国是交通强国的重要组成部分和有力支撑。民用航空（简称民航）运输作为"一带一路"倡议中国重要的对外窗口和领域之一，在交通便捷性和时间上具有得天独厚的优势。在各项政策支持下，中国的"一带一路"沿线国家客运量迅猛增长。然而，在运输量增长的同时，旅客的投诉量也急剧攀升。中国民用航空局数据显示，2017年共受理旅客投诉量2万多件，比2016年多出近2倍，而其中关于航班问题的投诉比例占到53%，在所有投诉原因中占第一位。为何会出现如此现象？究其原因，有很重要的一部分应归咎于航空公司的运作管理水平与旅客越来越高的消费需求之间的矛盾。这种矛盾在航班运行受到干扰或其他突发事件发生时，体现得尤为明显。干扰发生后，航班运行计划无法正常实施，旅客行程也会受到影响，这会给航空公司和旅客带来直接的经济损失和潜在的隐形损失。要彻底根除这些干扰带来的损失是不可能的，目前主要是对飞机和机组等资源重新调整使得航班和旅客尽快恢复正常，尽量降低干扰带来的各种损失，这个过程称为航班干扰管理，也叫作航班调整。航班干扰管理决策问题一直受到国内外航空、优化决策领域等研究者的关注。

　　一般来说，航班运行的参与主体主要包括航空公司和旅客两类。目前的航班运行决策系统主要实现航班、飞机和机组等航空公司内部资源的统一调配和集中控制，还无法有效顾及旅客的行程需求和选择偏好。然而，随着商品经济的发展，旅客的消费观念逐渐成熟，其对航班信息服务的准确性及航班运行服务的舒适性的要求越来越高。尤其在旅客的行程受到干扰之后，其不得不面临一个问题："接下来我该怎么办，退票还是改签？"原则上，旅客有权利自主选择接下来的安排，并且航空公司也应最大限度地满足旅客的需求。然而，由于现实干扰情况下旅客的非理性心理、干扰信息的不确定性、航班延误时间的随机性及航空公司运行管理系统水平等原因，航空公司还无法提供准确的动态信息，来时刻满足旅客的自主选择需求。旅客的需求如果得不到及时满足，其工作或生活价值未能及时创造，就会给旅客带来不可估量的损失。同时，旅客对该航空公司的满意度会直线下降，航空公司在旅客面前失去诚信，某些高价值商务旅客逐渐流失，这不仅会给航空公司造成直接的经济损失，也会给其带来潜在的隐形损失，不利于航空公司的长期可持续发展。

由此看来，航班运行的恢复不应该是某一个机构或者部门单方面的责任，而应该由航空公司和旅客等多个主体进行协同作用来综合治理。因此，建立一套综合考虑航空公司和旅客多个主体协同作用的航班干扰管理决策支持系统，来辅助应对航班运行恢复决策的制定，是十分有必要的。然而，当前民航信息管理系统数据较多，规模庞大，内容比较分散，如何有效提取受干扰旅客的行程需求信息，并将其与航班、飞机及机组等航空公司内部资源有效协同，融合到航班干扰管理优化决策的制定中，是学术界、民航部门及交通运输行业共同面临的一个巨大挑战。本书拟针对考虑旅客意愿视角的航班干扰管理决策优化问题，综合采用定性定量分析技术、消费者行为理论、突发事件下旅客的有限理性理论、组合优化建模理论方法及智能优化启发式算法进行研究，为航班干扰管理提供辅助决策支持，以达到有效降低航空公司和旅客双重损失、实现双方共赢的目的。这正是本书的主要研究内容。具体来说，本书的内容主要分为三大部分。

第一部分主要阐述干扰管理和民航干扰管理的基本概念和相关理论知识，包括第1章和第2章。第1章主要阐述干扰管理基本概念、常见的基本模型、干扰管理发展历程及当前主要应用领域。第2章主要针对民航干扰管理概念、模型及应用实践进行阐述，并着重对民航干扰管理模型的可行性及复杂度进行分析。

第二部分主要针对旅客意愿及其受延误的影响机理进行重点阐述，包括第3章和第4章。第3章从民航生产过程中旅客心理变化的角度引出旅客的改签和退票意愿，并对旅客面对干扰情况下的有限理性心理进行解读。第4章着重针对延误对旅客满意度及意愿的影响进行机理分析，为后续航班干扰管理研究引入旅客意愿奠定理论基础。

第三部分为本书的重点研究内容，基于旅客在改签和退票之间的选择不同，分别对不同干扰程度下的航班调整、飞机资源恢复及飞机旅客资源的一体化恢复等问题进行优化模型方法的研究，其包括第5~10章。第5章针对轻度干扰后的航班调整问题，在假设受干扰旅客全部退票的情况下，运用航班波的分阶段调整原则，设计多项式时间算法求得问题的最优解。第6章针对重度干扰后的航班调整问题，在假设受干扰旅客全部退票的情况下，对问题进行多目标优化建模，并结合 ε-约束方法和邻域搜索思想，设计启发式算法求得问题的帕累托近似最优解。第7章假设旅客服从航空公司的改签安排，针对考虑单航班行程旅客恢复的航班调整问题，构建改进的时段网络（reduced time band network，RTBN）和旅客改签关系网络，并运用商业软件对网络模型进行求解。第8章假设旅客服从航空公司的改签安排，针对考虑多航班行程旅客恢复的航班调整问题，构建网络优化模型，并基于贪婪随机自适应搜索过程（greedy randomized adaptive search procedures，GRASP）算法设计启发式算法对问题进行求解。第9章基于实际运行情况，在旅客对航空公司的安排具有选择权的假设下，考虑旅客多重意愿且可能未被满足的效用损失，研究航班调整及飞机旅客一体化恢复的多目标优化问题，并设计以航班环作为基本编码单元的遗传算法进行多目标优化求解。第10章基于前景理论考虑旅客受到干扰后的有限理性心理，研究旅客有限理性心理下的民航干扰管理多目标优化问题，并设计基于多方向搜索和随机变邻域搜索相结合的启发式算法对其进行求解。

第四部分为模型方法的应用实践探索，在第三部分模型方法的基础上构建求解复杂情境的组合模型，设计决策支持系统框架，并给出民航干扰管理的保障措施，包括第11~13章。第11章致力于构建求解复杂干扰恢复情境的组合模型，为航班的实际生产运行服务。第12章在上述理论模型方法的基础上构建基于旅客意愿的民航干扰管理辅助决策支持系统框架。第13章分别从预警决策、民航干扰处置、运营秩序恢复、民航干扰管理资源补充及社会影响控制与恢复等方面提出机制运行保障措施，并对落实民航干扰管理集成系统提出一些对策建议。

本书的研究内容主要来自作者及合作者近些年研究成果的结晶，部分成果已经以期刊论文、国内外会议学术报告等形式发表，部分成果也以发明专利、软件著作权及决策咨询报告等形式呈现，服务于相关政府和实际企业部门。研究成果从管理及执行层面改变了航空公司"重当前轻长远""重公司轻旅客""重显性轻隐性"的不良局面，不仅给航空公司带来巨大的经济效益，还给民航业带来十分重要的社会效益，使民航业在国内运输体系中可以发挥自己独特的优势，进而促进民航强国战略目标的尽快实现，并进一步巩固其在整个社会经济发展中的重要地位。

本书研究成果在形成过程中得到了中国科学院大学许保光研究员、计雷研究员、池宏研究员，山东航空股份有限公司副总经理高柱先生，上海交通大学樊博教授，以及哈尔滨工程大学范德成教授等学者和业界合作者的支持与帮助，书稿的整理工作得到陈冰男、张溥和汪楷博等同学的帮助。同时，本书的出版得到国家自然科学基金项目"基于多主体协同的航班干扰管理决策优化建模方法研究"（71801061）、国家社会科学基金重点项目"基于产业组织理论的产业技术创新动力机制研究"（19AGL007）、黑龙江省社会科学基金项目"我国出口跨境电商在东北亚经济圈海外仓战略布局优化研究"（18GLC208）等的资助，在此一并表示感谢。由于作者水平有限，书中难免出现不足之处，希望广大专家学者批评指正。

胡玉真

2021年8月

目　　录

第1章 干扰管理概述

1.1 干扰管理基本概念

干扰管理是客观世界存在的不确定性使人们经常处于变化莫测的环境中,各种随机事件对人机系统产生不同程度的影响和干扰,使事先制订好的计划可能变得不可行,使系统变得不正常。干扰事件发生后,需要及时处理干扰事件对系统的影响,以尽量小的扰动尽快恢复系统的正常运行,这就是干扰管理致力研究解决的问题。

干扰管理需要针对各种实际问题和干扰事件的性质建立相应的优化模型和有效的求解算法,快速、及时地给出处理干扰事件的最优调整计划。该调整计划不是针对干扰事件发生后的状态完全彻底地重新进行建模和优化,而是以此状态为基础快速生成对系统扰动最小的调整方案,虽然也考虑节省费用,但往往不是费用最省的方案。

1.2 干扰管理基本理论

干扰管理的模型包含网络图模型、数学模型两大类。

网络图模型是一种描述网络各组成要素之间关系的模型。网络图模型可以通过点、线(有向或无向)很直观地将各要素间的关系形象地表示出来,可以增强问题的可识别性。其中比较经典的是时空网络模型,可以用来表示模型随着时间变化的动态过程,清晰地反映出执行过程前后模型的变化。该模型通过点、线的优化也可以降低问题的求解难度,在航班干扰领域应用广泛。

数学模型可以针对不同的条件建立满足需要的模型。其包含一般形式的目标规划模型和最短路模型。一般形式的目标规划模型通过设置多个衡量标准,可以通过设置一个期望来找出与目标差距最小的解。最短路模型是对路径的合理选取使得这条路径上权重的最后结果符合题目的要求,在《图论》里,最经典的就是 Dijkstra 算法。数学模型的优点是参数容纳性高、可以灵活地更改拟定的目标,甚至允许改变原始的约束来求得部分解决方案,通过不同约束的最优解比较,选择我们最想要的那个解决方案(Yu and Qi, 2004)。但是,其缺点是求解复杂。

1.3 干扰管理发展历程

关于干扰的研究早在 20 世纪 70~80 年代就已经开始了,但是直到 20 世纪 90 年代,干扰管理这一概念才被正式提出。Gang Yu 在干扰管理的研究与应用上是一位集大成者,对干扰管理思想的形成做出了巨大的贡献,他首先将干扰管理应用在航空领域。1993 年美国的一场暴风雪使得美国东南部积雪严重,Newark 机场被迫关停两天,由于没有采取有效的应对干扰的措施,Continental 航空公司损失惨重。Gang Yu 之后专门为 Continental 航空公司制作了一款应对干扰的软件系统,很好地应对了之后的干扰事件,节省了大量成本。

之后,干扰管理在航空业的成功运用也促进了干扰管理思想在其他领域的应用,如物流配送、供应链管理、机器调度等。干扰管理思想逐渐形成。目前较为认可的干扰管理的定义是 Gang Yu 提出来的制订最优或次优计划、识别干扰事件、形成有效的使系统扰动最小的干扰管理新方案的三层意思的理解。而且,目前开始严格区分干扰管理和应急管理。

虽然干扰管理在学术界没有明确的定义,但是随着干扰管理思想的形成发展及应用领域的逐渐扩展,干扰管理的理论方法逐渐成熟(胡祥培等,2007)。

1.4 干扰管理应用领域

干扰管理目前已经在很多领域得到应用,主要包括航空客运、物流配送、供应链管理、流水作业及项目管理、离散生产问题等(胡祥培等,2007)。

航空客运的干扰管理从 20 世纪 80 年代中期开始,主要从飞机路径恢复、机组路径恢复、飞机机组一体化恢复三个方面对飞机和机组等资源的恢复进行研究，逐渐取得了丰硕的研究成果。之后，21 世纪初期开始有文献考虑旅客行程恢复的航班干扰管理研究，但是单独针对旅客行程恢复的研究较少，最优化理论方法的成熟及计算机技术的快速发展促使包括旅客在内的多种资源一体化恢复研究逐渐成为热点。研究内容主要分为两类：飞机旅客一体化恢复，以及飞机、机组和旅客三种资源的一体化恢复。

物流配送目前有即时配送、车辆调度等方面的应用。即时配送主要运用干扰管理的思想，在配送过程中对路径选择、时间控制有了较全面的思考。物流配送在交通运输业多考虑交通拥堵、车辆抛锚、车辆延迟、事件驱动、客户增加新需求等，通过规划新路径、调配车辆等将延迟费用、服务延迟时间降到最低，以期在客户容忍度内使成本最小化和服务客户数量最大化。

供应链管理与干扰管理相结合的研究包括需求干扰下供应计划影响成本最小化问题，以及供应链风险管理中最优订货点、最优订货量问题。

流水作业方面主要有相关的机器调度问题。机器发生故障或定期维修等扰动事件导致机器在某段时间内不能加工工件，会造成工作计划不能完成。有学者将扰动费用加入新计划的目标范围内，建立与原计划扰动费用偏差最小的模型，有先干扰管理和后干扰管理之分。在流水作业上也包含工件加工一半是否转移到其他机器继续完成，还是继续等待机器恢复正常的两种选择，这跟航班受干扰后是改签还是等待有相似之处，只不过流水作业是从工厂的角度来看问题，而不是从被加工、被服务的工件角度。

在项目管理领域，有资源限制、时间限制的问题，也有工作人员自身时间不同带来的干扰问题。研究学者根据这些问题研究了有优先权的项目调度模型、有限资源限制的干扰管理整数规划模型，将工作效率提高、干扰恢复成本降低。

离散生产问题是指在 N 个离散时间周期下，在允许库存积压时通过生产成本函数与库存成本函数来求得某一时间段的总成本最小化，是运筹学里面经典的动态规划问题，同时也可以看作网络流模型（Gang and Qi，2004）。

1.5　本章小结

本章首先介绍干扰管理的基本概念及基本理论。基本理论是以目前应用较多模型的角度介绍的与模型方法相关的理论。其次，本章从思想的形成、应用及应用的扩展来介绍干扰管理的发展历程。借鉴 Yu 和 Qi（2004）等的经典专著与现有的相关研究总结出当前干扰管理的应用领域，并且简单对航空客运、物流配送、供应链管理、流水作业、项目管理、离散生产问题六个应用领域的研究做了简单归纳总结。

第2章 民航干扰管理概述

2.1 民航干扰管理基本概念

尽管干扰管理目前不只适用于航空业，但我们必须承认，干扰管理的定义始于民航。据 Yu 和 Qi（2004），民航干扰管理是指干扰管理在民航公司生产运营中的应用。民航干扰管理通常由航空公司运行控制中心（airline operation control centre，AOCC）实施。发生干扰时，航空公司需要先评估干扰程度，然后修改其飞行计划（flight plan，FPL）和相关资源的时间表。

在 Yu 和 Qi（2004）中，民航干扰管理的恢复资源主要包括飞机和机组人员。Clausen 等（2010）表明，自 Lettovsky（1997）、Bratu 和 Barnhart（2006）以来，旅客的行程也已包括在恢复资源中。因此，航空公司的中断管理目前涉及恢复飞机、机组和旅客的行程。

2.2 民航干扰管理主要模型

在民航干扰管理应用中，大部分数学模型与航班计划问题的模型类似，都是基于网络的思想描述在飞机执行或者机组行程中的航班串。主要的网络形式有三种，即连接网络、时空网络及时段网络，为了形象地说明这三种网络，我们在表2-1 中给出两条飞机路径的样本（胡玉真，2014）。

表2-1　航班计划的样本数据

飞机	航班号	出港机场	进港机场	出港时间	进港时间	飞行时间
1	11	PEK	ZHA	14：10	15：20	1：10
	12	ZHA	PEK	16：00	16：40	0：40

续表

飞机	航班号	出港机场	进港机场	出港时间	进港时间	飞行时间
1	13	PEK	NGB	17：30	18：10	0：40
2	21	PEK	HFE	14：30	15：30	1：00
	22	HFE	PEK	15：50	16：50	1：00
	23	PEK	CAN	17：30	18：30	1：00
	24	CAN	PEK	18：50	19：50	1：00

　　连接网络是以节点代表航班的网络表达形式，一个航班具有出港机场、进港机场、出港时间、进港时间等属性。本章中连接网络记为 CN=(V, A)，其中 $V=V_1 \cup V_2 \cup V_3$，$A=A_1 \cup A_2 \cup A_3$，几种集合的含义如下所示。

　　$s \in V_1$：起始机场，表示恢复时间窗开始前，可能会有飞机停在机场 s。

　　$i \in V_2$：航班点，表示航班 i。

　　$t \in V_3$：终点机场，表示恢复时间窗结束后，可能会有飞机停在机场 t。

　　$(s, i) \in A_1$：首班弧，表示在恢复时间窗开始时，可能有飞机从机场 s 起飞执行首个航班 i；其中 $s \in V_1$，$i \in V_2$。

　　$(i, j) \in A_2$：航班连接弧，表示在飞机执行完航班 i 后，经过最小过站时间，可能会执行航班 j；其中 $i, j \in V_2$。

　　$(i, t) \in A_3$：末班弧，表示在恢复时间窗结束时，可能有飞机执行完航班 i 后，停在机场 t；其中 $i \in V_2$，$t \in V_3$。

　　图 2-1 是由表 2-1 中的数据得到的连接网络，网络中的每一条路径代表一条可能的飞机路径。但是这个网络的缺陷是，没有表示航班的延误状况，航班之间的连接是基于航班的计划出港时间和计划进港时间的。而且，如果航班的数量很大，则网络中路径的个数会呈指数级增加。如果想要表示航班的延误情况，就需要把每条路径都分开来考虑，某个弧所处的路径不同，则表示的航班的延误时间也不同。

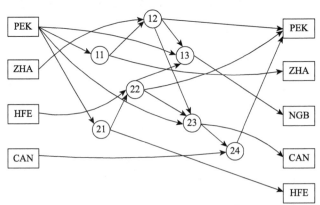

图 2-1　连接网络的示例（飞机 1 所代表的路径 PEK-11-12-13-NGB）

时空网络是形象地表示飞机路径的一种网络表达形式。它有两个轴,一个轴表示时间,另一个轴表示空间,网络中的任何一点都同时具有时间和空间的概念,它可以表示飞机的起飞,也可以表示飞机的降落。两点之间有弧进行连接,如果两点代表的机场相同,则该弧表示在两点代表的时刻之间,飞机一直停在机场,称为停驻弧;如果两点代表的机场不同,则该弧表示航班,称为航班弧。时空网络记为 TN=(V, A),其中 $V=V_1 \cup V_2 \cup V_3$, $A=A_1 \cup A_2$。

$[s_0, t_0] \in V_1$:起始点,表示恢复时间窗开始时刻 t_0,可能会有飞机停在机场 s_0。

$[s, t] \in V_2$:中间点,表示可能会有飞机在时刻 t、机场 s 起飞或者降落。

$[s_n, t_n] \in V_3$:宵禁点,表示恢复时间窗结束时刻 t_n,可能会有飞机停在机场 s_n。

$([s, t], [s', t']) \in A_1$:航班弧,表示飞机在时刻 t、机场 s 起飞,执行航班后在时刻 t'、机场 s' 降落;其中 $[s, t] \in V_1 \cup V_2$, $[s', t'] \in V_2 \cup V_3$, $s \neq s'$。

$([s, t], [s, t']) \in A_2$:停驻弧,表示飞机从时刻 t 到时刻 t' 一直停在机场 s; $[s, t] \in V_1 \cup V_2$, $[s, t'] \in V_2 \cup V_3$。

由样本数据得到的时空网络如图 2-2 所示,该时空网络中显示的航班弧只代表按照原计划出港的航班,如果想要表达航班延误,则需要加上与代表原航班的航班弧平行的延误航班弧。

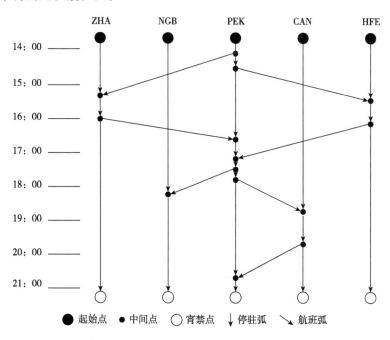

图 2-2　时空网络示例

上面两种网络最初都是被用于航班计划的优化问题,而时段网络是由 Argüello

（1997）在处理航班调整问题时提出的。时段网络与时空网络类似，也由时间轴和空间轴组成，每个点也同时具有时间和空间的概念。在时段网络中，时间被分为若干个时间段，每个时间段内发生的一切活动，如飞机的起飞、降落等，都可以用一个时空点表示，极大地减少了网络中点的数量。时段网络记为 TBN=(V, A)，其中 $V=V_1\cup V_2$，$A=A_1\cup A_2$。

$[s, t]\in V_1$：时空点，表示可能有飞机在机场 s，从时刻 t 开始可用。

$[s_n, t_n]\in V_2$：宵禁点，表示时间窗结束时刻 t_n，可能会有飞机停在机场 s_n。

$([s, t], [s', t'])\in A_1$：航班弧，表示飞机在时刻 t、机场 s 起飞，执行航班后到达机场 s'，在时刻 t' 又开始可用；其中 $[s, t]\in V_1$，$[s', t']\in V_2\cup V_3, s\neq s'$。

$([s_n, t], [s_n, t_n])\in A_2$：停驻弧，表示飞机从时刻 t 到宵禁时刻 t_n 都一直停在机场 s_n；其中 $[s_n, t]\in V_1$；$[s_n, t_n]\in V_2$。

假设飞机 2 从 14：00~21：00 都不可用，时段长度设定为 30 分钟，利用在机场 PEK 可用的飞机 1 来执行所有的航班，最后飞机 1 按照原计划的要求，需要停驻在机场 NGB。所有机场的宵禁时刻为 21：00。基于样本数据得到的时段网络如图 2-3 所示。

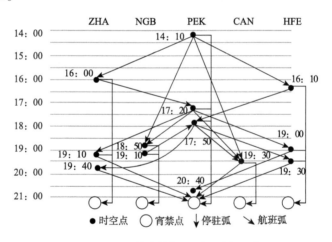

图 2-3　基于样本数据得到的时段网络

基于以上三种网络表现形式，下面以飞机恢复为例，介绍比较经典的民航干扰管理网络模型。

1. 基于连接网络的集合分割模型

考虑飞机恢复的航班调整问题可以看作资源分配问题，即如何把有限的资源（飞机）合理地安排给一系列活动（航班）。一般来说，该问题可以叙述为：给定一个集合,如何把这个集合划分成一定数量的子集,使得这些子集能尽可能地覆盖更多集合中的元素,而且需要保证任何两个子集的交集为空集。对于航班调整问题,集合中的元素就是航班,每一个子集就是一条飞机路径,这条飞机路径中的一系列航班都被一架飞机执行。当然,这些航班可以是按照原计划出港时间执行的航班,也可以是延误航班。因此,对于每一条飞机路径,都可以根据这条路径上的飞机类型、飞机的可用时间、航班的延误时间、空飞的时间,估算出这条飞机路径的成本。

下面给出集合分割模型对应的模型表达式。

r:飞机路径的索引。

p:飞机的索引。

f:航班的索引。

P:可用的飞机集合。

F:航班集合。

$R(p)$:飞机 p 可以执行的路径集合;$p \in P$。

$R(f)$:包含航班 f 的路径集合;$f \in F$。

集合及索引如下。

(1)参数。

d_{rp}:把路径 r 安排给飞机 p 所对应的成本;$r \in R(p), p \in P$。

c_f:航班 f 的取消成本;$f \in F$。

(2)决策变量。

x_{rp}:等于 1 表示路径 r 安排给飞机 p,否则等于 0;$r \in R(p), p \in P$。

y_f:等于 1 表示航班 f 被取消,否则等于 0;$f \in F$。

$$\min \sum_{p \in P} \sum_{r \in R(p)} d_{rp} x_{rp} + \sum_{f \in F} c_f y_f \qquad (2\text{-}1)$$

$$\sum_{p \in P} \sum_{r \in R(f)} x_{rp} + y_f = 1 \qquad \forall f \in F \qquad (2\text{-}2)$$

$$\sum_{r \in R(p)} x_{rp} = 1 \qquad \forall p \in P \qquad (2\text{-}3)$$

$$x_{rp} \in \{0,1\} \qquad \forall r \in R(p), p \in P \qquad (2\text{-}4)$$

$$y_f \in \{0,1\} \qquad \forall f \in F \qquad (2\text{-}5)$$

模型(2-1)~模型(2-5)中,目标函数(2-1)表示路径的安排成本与航班的取消成本之和。约束表达式(2-2)表示任何一个航班可以被取消,也可以最多被一架飞机执行。约束表达式(2-3)表示每架飞机只能执行一条路径。约束表达式(2-4)和式(2-5)表示决策变量一定是 0-1 变量。

运用集合分割模型来解决飞机恢复问题的主要难点在于,对于每一架飞机

p，其所有的可以执行的 $R(p)$ 必须构造出来。如果航班量很大，且恢复时间窗很长的话，则飞机路径的数量呈指数级增长。在实际处理时，很多算法都会通过控制飞机的数量来控制问题的规模，或者通过搜索 $R(p)$ 的一部分元素找到问题的满意解。

2. 时空网络模型

顾名思义，时空网络模型是在时空网络的基础上建立起来的。下面给出时空网络模型对应的表达式。

（1）索引。

s：起始点索引。

i：中间点索引。

t：宵禁点索引。

f：航班索引。

η：航班弧索引。

g：停驻弧索引。

（2）集合。

S：起始点集合。

T：宵禁点集合。

I：中间点集合。

F：航班集合。

A：航班弧集合。

G：停驻弧集合。

$O(i)$：从 i 点发出的弧的集合；$i \in I$。

$T(i)$：到达 i 点的弧的集合；$i \in I$。

$A(f)$：表示航班 f 的航班弧的集合；$f \in F$。

（3）参数。

d_η：航班弧 η 所对应的航班延误成本；$\eta \in A$。

c_f：航班 f 的取消成本；$f \in F$。

b_s：由起始点 s 出发的飞机的数量；$s \in S$。

b_t：在恢复时间窗结束时，需要在宵禁点所代表的机场停驻的飞机数量；$t \in T$。

（4）决策变量。

x_η：等于 1 表示航班弧 η 上有飞机流，否则等于 0；$\eta \in A$。

y_f：等于 1 表示航班 f 被取消，否则等于 0；$f \in F$。

z_g：表示停驻弧 g 上的飞机流的数量；$g \in G$。

$$\min \sum_{\eta \in A} d_\eta x_\eta + \sum_{f \in F} c_f y_f \tag{2-6}$$

$$\sum_{\eta \in A(f)} x_\eta + y_f = 1 \quad \forall f \in F \tag{2-7}$$

$$\sum_{g \in O(s)} z_g = b_s \quad \forall s \in S \tag{2-8}$$

$$\sum_{g \in T(t)} z_g = b_t \quad \forall t \in T \tag{2-9}$$

$$\sum_{\eta \in O(i)} x_\eta + \sum_{g \in O(i)} z_g = \sum_{\eta \in T(i)} x_\eta + \sum_{g \in T(i)} z_g \quad \forall i \in I \tag{2-10}$$

$$x_\eta = \{0,1\} \quad \forall \eta \in A \tag{2-11}$$

$$y_\eta = \{0,1\} \quad \forall f \in F \tag{2-12}$$

$$z_g \geqslant 0 \quad \forall g \in G \tag{2-13}$$

模型（2-6）~模型（2-13）中，目标函数（2-6）是最小化新得到的航班计划中的总成本，包括两部分，第一部分是所有飞机流经过的航班弧对应成本，第二部分是航班的取消成本。约束表达式（2-7）是边界限制，表示航班要么被取消，要么被一架飞机执行。约束表达式（2-8）和式（2-9）分别表示飞机流在起始点和宵禁点的平衡。约束表达式（2-10）表示飞机流在中间点的平衡。约束表达式（2-11）、式（2-12）和式（2-13）表示决策变量 x_f 和 y_η 一定是 0-1 变量，而 z_g 的值是正整数。

3. 时段网络模型

时段网络模型是基于时段网络建立的。下面给出时段网络模型对应的表达式。

（1）索引。

i, j：点的索引。

k：航班索引。

（2）集合。

F：航班集合。

I：时空点集合。

J：宵禁点集合。

$G(i)$：从时空点 i 出发的航班集合；$i \in I$。

$L(i)$：到达时空点 i 的航班集合；$i \in I \bigcup J$。

$Q(i)$：和宵禁点 i 通过停驻弧相连的时空点集合；$i \in J$。

$P(k)$：发出航班 k 的时空点集合；$k \in F$。

$H(k, i)$：从时空点 i 出发执行完航班 k 后的落点集合；$k \in F$，$i \in I$。

$M(k, i)$：发出航班 k 且落点是时空点 i 的时空点集合；$k \in F$，$i \in I \cup J$。

（3）参数。

a_i：在恢复时间窗开始的时候，在时空点 i 的可用的飞机数量；$i \in I$。

c_k：航班 k 的取消成本；$k \in F$。

d_{ij}^k：从时空点 i 到时空点 j 代表的航班 k 的延误成本；$k \in F$，$i \in I$，$j \in I \cup J$。

h_i：在宵禁点需要停驻的飞机数量；$i \in J$。

（4）决策变量。

x_{ij}^k：等于 1 表示从时空点 i 到时空点 j 代表的航班 k 被实际执行，否则等于 0；$k \in F$，$i \in I$，$j \in I \cup J$。

y_k：等于 1 表示航班 k 被取消，否则等于 0；$k \in F$。

z_i：从时空点 i 到对应的宵禁点的飞机流的数量；$i \in I$。

$$\min \sum_{k \in F} \sum_{i \in P(k)} \sum_{j \in H(k,i)} d_{ij}^k x_{ij}^k + \sum_{k \in F} c_k y_k \tag{2-14}$$

$$\sum_{i \in P(k)} \sum_{j \in H(k,i)} x_{ij}^k + y_k = 1 \quad \forall k \in F \tag{2-15}$$

$$\sum_{k \in G(i)} \sum_{j \in H(k,i)} x_{ij}^k + z_i - \sum_{k \in L(i)} \sum_{j \in M(k,i)} x_{ji}^k = a_i \quad \forall i \in I \tag{2-16}$$

$$\sum_{k \in L(i)} \sum_{j \in M(k,i)} x_{ij}^k + \sum_{j \in Q(i)} z_j = h_i \quad \forall i \in J \tag{2-17}$$

$$x_{ij}^k \in \{0,1\} \quad \forall k \in F, \; i \in I, \; j \in H(k,i) \tag{2-18}$$

$$y_k \in \{0,1\} \quad \forall k \in F \tag{2-19}$$

$$z_i \geqslant 0 \quad \forall i \in I \tag{2-20}$$

模型（2-14）~模型（2-20）中，目标函数（2-14）表示所有航班延误成本及取消成本总和。约束表达式（2-15）为边界限制，表示航班要么被取消，要么被一架飞机执行。约束表达式（2-16）表示在每个时空点飞机流的平衡。约束表达式（2-17）表示在宵禁点飞机流的平衡。约束表达式（2-18）和式（2-19）表示所有决策变量 x_{ij}^k 和 y_k 是 0-1 变量。约束表达式（2-20）表示变量 z_i 是正整数。

机组路径的生成大多基于连接网络或者时空网络，在上述两种网络的基础上，我们可以建立机组恢复的模型表达式。

（1）索引。

f：航班的索引。

k：机组成员的索引。

p：机组路径。

（2）集合。

F：航班集合。

K：可用的机组集合。

$M(k)$：机组成员 k 能够飞的机组路径的集合；$k \in K$。

$N(f)$：包含航班 f 的机组路径集合；$f \in F$。

（3）参数。

d_{kp}：路径 p 由机组 k 执行所对应的成本；$p \in M(k)$，$k \in K$。

c_f：航班 f 的取消成本；$f \in F$。

q_k：机组成员 k 不执行任何航班的成本；$k \in K$。

（4）决策变量。

x_{kp}：等于 1 表示路径 p 被机组 k 执行，否则等于 0；$p \in M(k)$，$k \in K$。

y_f：等于 1 表示航班 f 被取消，否则等于 0；$f \in F$。

v_k：等于 1 表示机组成员 k 未被安排任何任务，否则等于 0；$k \in K$。

$$\min \sum_{k \in K} \sum_{p \in M(k)} d_{kp} x_{kp} + \sum_{f \in F} c_f y_f + \sum_{k \in K} q_k v_k \tag{2-21}$$

$$\sum_{p \in N(f)} x_{kp} + y_f = 1 \qquad \forall f \in F \tag{2-22}$$

$$\sum_{p \in M(k)} x_{kp} + v_k = 1 \qquad \forall k \in K \tag{2-23}$$

$$x_{kp} = \{0,1\} \qquad \forall p \in M(k),\ k \in K \tag{2-24}$$

$$y_f \in \{0,1\} \qquad \forall f \in F \tag{2-25}$$

$$v_k \in \{0,1\} \qquad \forall k \in K \tag{2-26}$$

模型（2-21）~模型（2-26）中，目标函数（2-21）表示重新安排机组路径的成本、航班取消的成本及不安排机组成员的成本总和。约束表达式（2-22）表示在新得到的航班计划中，所有的航班最多被一条机组路径覆盖，约束表达式（2-23）表示在新得到的航班计划所对应的机组路径中，每个机组成员最多参与一条机组路径的执行。约束表达式（2-24）、式（2-25）和式（2-26）表示决策变量 x_f、y_η 和 v_k 一定是 0-1 变量。

为了使得对机组路径的安排尽量和原计划的路径安排匹配，我们可以在机组路径的成本上进行改变，如果一个机组成员执行的是其原计划的机组路径，则对应的成本可以很低，而对于未被原计划机组成员执行的机组路径则成本很高。

2.3　民航干扰管理实践

除了航班计划由商务部门根据航空市场需求状况做出，各种运力、机组资源的配备由专业部门负责外，航班的签派放行、运行监控，以及不正常航班的调整都是由运行控制中心做出的。在航空公司生产过程中，运行控制中心负责对来自商务部、机务部门、气象部门等各方面的信息进行汇集、加工，对航班进行签派放行，并对航班运行进行监控和调整（图2-4），这对于保证航空公司航班运行的安全生产具有重大意义。下面主要分析运行控制中心的相关情况。

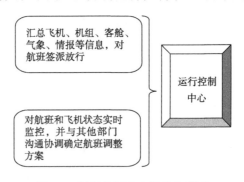

图 2-4　运行控制中心的业务范围

2.3.1　运行控制中心

1. 组织结构

运行控制中心一般设有主运营基地和分控中心，以及在某些地方设有航务管理中心。图2-5是主运营基地与航班运行的相关部门岗位及相应席位介绍。

运行控制中心内部的相关部门岗位职责如下。

总经理：负责航空公司中运行控制中心的全面工作；在应急情况发生时，根据运行主任和相关岗位提供的统计信息和情报，确定航班运行的调整策略。

运行主任：协助航空公司领导负责运输生产的组织指挥；负责航班运行统计分析、正常性管理及日常的不正常管理。

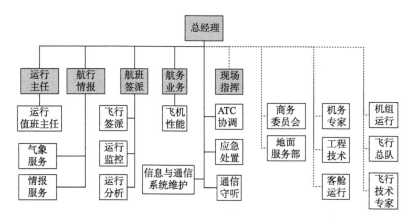

图 2-5　运行控制中心相关部门岗位及席位

灰色框表示部门；白色框中，左边实线连接的表示岗位，右边虚线连接的表示席位

航行情报部门：负责航空公司的航行资料和航行情报的管理工作；机载导航数据库的管理；航行通告的管理和服务；负责航空公司航线参考手册的管理。

航班签派部门：负责航空公司的航班运行计划和动态管理；对航班实施飞行签派放行和监控。

航务业务部门：负责航空公司飞机性能管理和油量管理工作。

现场指挥部门：负责地面保障的现场指挥及相关的协调工作。

在运行控制中心的日常运行中，设有相关的岗位来完成航班运行生产的相关工作。

运行值班主任：组织航班运行生产工作，以及对航班运行调整做出决策；主持召开生产讲评会议；负责启动应急处置程序；实施对当日航空运行控制中心内部各个岗位的工作管理可综合考评；调查分析落实航空公司运行不正常事件的责任原因和部门，做出奖惩。

气象服务岗位：收集气象资料，并向机组和签派员提供天气解答和专业咨询；实时发出危险天气预警，并通过航空公司运行控制系统和运行网络向其他保障部门提供影响航班运行的天气信息。

情报服务岗位：收集、编制和发布航空公司的航行通告；向生产部门通报所有影响航班正常运行的各种通告信息；提供改航航路、备降航路、备降机场及航线高度相关信息，为航班运行提供保障与支持。

飞行签派岗位：评估放行条件放行航班；监控航班的运行状态；当航班不正常时，进行航空公司的运力调整，保证航班正常运行；制订申请与发布短期航班运行计划；根据需要，制订紧急加班，以及包机的组织、申请和保障工作计划。

运行监控岗位：实施对航站航班日常运行状况的动态监控，对可能的不正常航班提出预警；对航站当日运行提出的问题提供支援；建立航空公司总部与航站间的信息通报流程；收集、整理、生成航空公司要客保障单并向运行值班主任提交；监控、统计和分析不正常航班的实际客座和旅客分流方向并提供给运行分析部门。

运行分析岗位：收集、整理、汇总每日的航班运行信息；编制与提交各类通报和各类调查单据和协查责任；检查与维护统计数据库，并跟踪与分析影响运行正常的各种因素。

飞机性能岗位：指导载重平衡工作及为航班运行提供飞机性能技术支持；监控飞机的故障保留清单及缺件放行单，及时调整并确定飞机的油量。

信息与通信系统维护岗位：监控和维护运行控制中心的地空系统、各席位系统内网络设备工作情况、各系统的数据库的运行，以及保障应急行动的通信设施设备的正常使用。

通信守听岗位：根据运行的需要，建立地空的转接与传递；根据应急的需求，建立应急的通信联系。

ATC（air traffic control，空中交通管制）协调岗位：根据航空公司的航班运行需要，联系和协调ATC和机场等部门，监控空中交通流量，并通报飞行签派；收集国内、国际航行管制的政策及信息，并通报飞行签派。

应急处置岗位：维护应急手册的有效性，管理应急设施、设备和资料；制订演练方案并保证其实施。

在日常的航班运行中，由图2-4反映的运行控制中心的业务范围可以看出，运行控制中心需要时常与其他各部门进行沟通协调，来完成签派放行及动态监控和调整工作，以保证航班生产的正常进行。为此，运行控制中心设置了一些与运行相关的席位，这些席位的相关人员是由其他各部门派出的，负责与运行控制中心与各部门的沟通协调，协助运行控制中心完成航班的签派放行及动态监控和调整工作。

商务委员会席位：提供准确、稳定、可行的航班计划；根据市场变化向运行控制中心提出运行计划调整需求并协助落实运行计划的调整；对不正常航班未到机场的旅客进行通知；协调处理特殊旅客的安排；参加航空公司每日生产讲评会；根据应急处置手册，实施本部门的应急处置程序。

地面服务部席位：提供准确全面的航班配载信息，并对配载技术问题提供支持；监控枢纽运行状况，执行运行控制中心的指令；根据航班运行状况，实施对航班现场旅客的安置、改签、补偿等；根据运行控制中心发布的要客保障计划，部署枢纽的要客保障计划。

机务专家席位：为飞行中的飞机故障提供技术支援，当飞机在外站发生故障时，负责分析故障、查找航材；向飞行机组、运行签派提供机务方面的技术咨询。

工程技术席位：根据航班计划，提供准确的飞机排班计划、维修计划和备份飞机计划；收集、提供飞机的故障保留和机务运行限制信息并维护航空公司运行控制系统的机务信息；对飞机故障判断、录入系统并排除故障；根据运行控制中心航班的运行调整计划，落实 72 小时内航班的飞机调配；根据应急处置手册，实施本部门的应急处置程序。

客舱运行席位：根据运行计划，维护乘务人员的短期计划，并向航空公司运行控制系统提供乘务组运行信息；实时监控乘务人员值勤和飞行时间限制，并做出调整计划；管理航班运行的配餐计划；根据运行控制中心的航班运行调整计划，落实乘务组的配置及备份任务。

机组运行席位：根据运行计划，收集航空公司机组的中短期航班计划及信息；协助生产运行中机组的安排；监控机组值勤和飞行时间，并根据不正常情况进行相应调整；根据运行状况，统一调配不正常航班机组的航班计划。

飞行总队席位：根据运行计划，汇总优化飞行机组的短期计划，并向航空公司运行控制系统提供机组运行信息；实时监控机组值勤和飞行时间限制，并做出相应调整；根据运行控制中心航班的运行调整计划，落实 72 小时内飞行机组的配置及备份任务，根据应急处置手册，实施飞行总队的应急处置程序。

飞行技术专家席位：维护运行控制中心各机型飞行手册和快速检查单；分析在飞行中出现的故障，向飞行签派提供最有利于飞行的技术方案；监控故障保留清单，对相关飞行操作限制进行初步的技术评估，向签派人员提供建议；在运行中对地面和空中各机型的飞行机组提供技术支持。

2. 运行控制中心的业务流程

图 2-6 描述了航空公司运行控制中心的业务流程，先登录航空公司的运行控制系统，如中国国际航空股份有限公司的运营管理信息系统（operation management information system，OMIS）、中国南方航空股份有限公司的系统运行控制（system operation control，SOC）等，根据运行计划，选取需要放行的航班，然后从各席位（飞机性能、气象服务、客舱运行、飞行总队、工程技术、商务委员会、地面服务部）收集相关的航班运行信息（飞机性能信息、天气、乘务人员安排、机组信息、飞机的机务维修信息、航班计划信息、航站及旅客信息），进行放行前的准备工作。

根据机长和各席位提供的相关信息，飞行签派人员对航班的签派放行进行评估，包括机长的各项标准、飞机的适航状态、相关机场及航路的天气状况和航行通告、飞机的无油重量和最大业载，以及结合可能的备降机场评估航班的油量。飞行签派人员需要至少在航班预计起飞时间前 1 小时完成相关的签派放行评估程序。

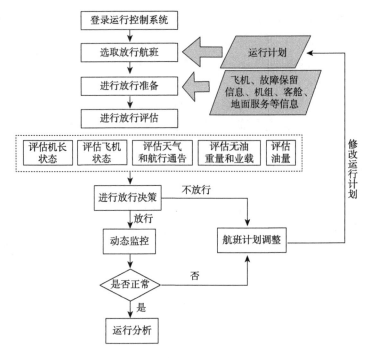

图 2-6　运行控制中心的业务流程

在综合评估飞机的性能及油量后，航班飞行签派岗位进行放行决策，判断航班是否达到放行标准。如果未达到放行标准，则可能会对后续的航班造成影响，需要进行航班计划的调整，并修改运行计划；如果达到放行标准，则对航班进行放行。

在飞行的整个过程中，运行监控岗位随时掌握飞机的准确位置、剩余油量及航路的天气，并用通信手段及时通知机组，飞行机组遇到飞行不正常或紧急情况，除了向空中交通管制部门报告外，主动向运行控制中心报告，运行控制中心根据运力、机组、机务维修及旅客要求等相关信息，生成航班调整方案，并修改运行计划。

运行分析岗位定期整理统计航班运行信息，分析影响航班正常的各种因素，并反馈到航班运行控制系统，各部门通过运行控制系统得到与该部门相关的信息，重新安排飞机或者机组排班计划，并录入航班运行控制系统。

3. 签派评估与放行

每次航班的飞行都必须经过飞行签派人员的明确批准之后，才能放行。如果该航班的飞行符合签派放行条件，则飞行签派人员和机长共同签署签派放行单。

签派放行单的内容如表2-2所示。

表2-2 签派放行单的内容

序号	内容	详细内容
1	航班	航班号、计划起飞时间
2	机场	起飞机场、中途停留机场、目的地机场、备降机场名称
3	运行规则	仪表飞行、目视飞行等
4	油量	起飞油量
5	气象	目的地机场、中途停留机场和备降机场的最新天气预报
6	飞行计划	飞行计划
7	其他	飞行签派人员需要向机长说明的其他内容

飞行签派人员在签署签派放行单以前，必须核实以下签派放行条件。

（1）确认飞机适航。

（2）通信导航设施符合航路批准的要求。

（3）航路和机场的天气条件符合航空公司最低运行标准。

（4）机场及相关的设施适合飞机运行。

（5）计划油量符合航空公司的燃油政策。

（6）飞机的载重平衡数据处于安全范围内。

如果其中某一个条件不符合要求，则表示该航班不符合签派放行条件，不予放行，并通知相关部门采取相应措施使航班满足签派放行条件，重新签派放行，并根据收集到的相关信息，对后续不正常航班进行调整，修改运行计划。

4. 动态监控和调整

根据中国民用航空局规定的"谁放行，谁监控"的原则，航班起飞后，飞行签派人员通过无线电设备对飞机状态进行不间断的监听，并随时掌握航路、目的地机场及备降机场的天气和限制状况，一旦发现有影响飞行安全的情况，就立即通知机组人员。如果发现飞行不正常或者可能会影响航班运行的紧急情况，则同时还应向运行控制中心及相关部门报告。如果需要改变飞机路径，则需要联系相关部门，综合考虑飞机剩余油量、飞行高度、可选航路、落地机场和备降机场的天气状况，且机长和飞行签派人员共同更改签派放行单。

在航班起飞后，各部门或者各席位需要收集的监控信息见表2-3。如果发生了不正常航班，且可能会影响后续航班的运行状况，则根据各部门或者各席位提供的监控信息，如航班的运行情况（有特殊的保障需求的航班）、机场航站的保障情况、运力可提供及使用状况、机组的执勤状况等，在该航班出港机场采取合适的航班调整措施，并及时通知各部门和各席位。如果调整后航班的延误仍旧没有完全消除，且波及后续的航班出港延误，则在后续航班的出港机场，采取一定的措施对后续航班进行调整。

表2-3　运行控制中心各部门和各席位收集的内容

部门/席位	收集内容
飞行签派	航班的起飞油量、航班的剩余油量、最大落地重量限制、飞机位置、起飞时间、预计落地时间、管制部门的信息、通信联络的内容、除出港机场外的机场应急信息
情报服务	降落机场的航行通告
气象服务	降落机场的气象实况和预报
ATC 协调	空中交通流量信息
工程技术	与运行控制中心相关的机务信息
飞行技术专家	飞机的故障保留单
机务专家	飞机的相关系统的维修记录、有无随机人员、地面机务技术支持人员
地面服务部	旅客的构成（总数、成人/孩子/婴儿、要客、国际旅客），转港旅客的信息（人数、航线），机场的应急信息
飞行总队	机组人数和机长姓名、准备机组的技术资料
客舱运行	乘务人员人数和姓名
机组运行	机组人数和机长姓名、准备机组的技术资料、乘务人员人数和姓名
商务委员会	航班后续运行的人数统计，以及转港客人的后续航班

2.3.2　民航干扰管理的业务流程

不正常航班出现后，结合上述的一般运行计划的签派放行原则，以及考虑特殊航班的优先保障顺序，来说明不正常航班调整的流程，如图 2-7 所示。

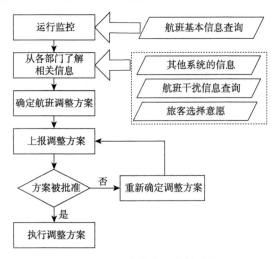

图 2-7　不正常航班调整的流程

当航班不正常时，首先，运行监控岗位获得航班不正常或者即将发生不正常情况的信息。运行监控岗位从各席位了解航班不正常的原因、不正常航班的要客情况，以及目的地机场的宵禁情况，并根据航空公司的运力、旅客及运行要求情况等确定航班调整方案。确定航班调整方案时应主要考虑如下情况：《运行规范》对起降机场机型的要求；航班旅客对机型座位容量的要求；机组、乘务组的限制；航空公司运行主任的特定航班保障要求。其次，把航班调整方案上报运行主任。运行主任对不正常航班的原因和各种情况进行全面了解，认真分析运行控制中心上报的各种恢复航班运行的调整方案，做出决断，其做出的决断应符合《航空公司运行手册》的要求。如果对个别航班不能做出决定，则上报航空公司领导。运行计划调整方案被批准后，需要通过各席位通知飞行总队、客舱部门、机务部门、现场指挥部门等，并更改航空公司运行控制系统。

在确定航班调整方案时，针对运力、旅客及运行要求的不同，所参考的调整原则也不同。

（1）如果航空公司运力不足，航班延误无法避免，决定延误航班时应参考以下原则：运行计划调整优先保证的航班类型为转机、特殊任务航班，以及国际长航线飞行。

（2）如果航空公司运力不足，航班长时间延误无法避免，或考虑航空公司运行效益，在报航空公司运行主任批准的情况下，取消、合并航班，以保障其他或大多数航班的正常运行。

（3）如果航空公司运力不足，并且在旅客情况不允许取消的情况下，报航空公司运行主任同意后进行长时间延误，或安排航班次日执行。

（4）如果发生大面积延误，航空公司运力严重不足，则在保证飞行安全的前提下，采用合理、经济便捷的调整方案，以尽快恢复航班计划为原则进行调整。同样条件下，航班按照以下优先顺序放行：①转机、特殊任务；②有宵禁时间限制的航班；③国际航班；④大型、宽体客机（按照旅客人数）；⑤基地进出港衔接航班；⑥航班的出港时间顺序；⑦机位的远近。

2.3.3　民航干扰管理的常用手段

运行控制中心在对不正常航班进行调整时常用的调整手段可以按照不同的资源和对象来梳理。对于飞机资源来说，主要包括飞机交换和调机两种：①飞机交换（用任务安排少的飞机调换受到干扰的飞机）；②调机（从一个机场到另外一个机场的空机飞行）。对航班造成的影响也主要包括两种后果：①航班顺延（重新安排受到干扰的航班的出港时间）；②航班取消。

对旅客的调整常用手段分为以下三种：①退，指的是机票的退票，机票的退票分为几类，全价机票可以无条件退票，特价、打折机票要看具体的条件；②改，是指机票可以更改时间，全价票可以更改，特价、打折机票要看具体条件；③签，是指机票可否变更到别的航空公司，如中国国际航空股份有限公司的机票签到中国南方航空股份有限公司等。

2.4　民航干扰管理问题可行性分析

在日常的航班生产运行中，所有的飞机都必须在宵禁时刻之前到达指定的机场，以避免对第二天的正常航班运行产生干扰。如果飞机因干扰不能执行当天的任何生产任务，机场就会缺失相应的飞机资源。基于该报告提出的飞机不能空载飞行的假设，飞机只能依赖航班才能完成地点的转移。如果某些机场之间不存在直飞的航班，飞机就不能在两个机场之间直接转移。飞机的缺失会导致飞机流的平衡性约束在宵禁时刻之前无法被满足。基于上述实践情况，我们想分析得出飞机恢复问题（aircraft recovery problem，ARP）存在可行解的条件。

在给出必要条件之前，先给出一些符号假设。

ARP：飞机恢复问题。

$\widetilde{\text{ARP}}$：飞机恢复问题的松弛，不存在宵禁和最大延误时间的约束，即恢复时间窗口无限大。

sol_{ARP}：APR 的可行解；

S_{ARP}：ARP 的可行解集合；$\text{sol}_{\text{ARP}} \in S_{\text{ARP}}$。

$\text{sol}_{\widetilde{\text{ARP}}}$：$\widetilde{\text{ARP}}$ 的可行解。

$S_{\widetilde{\text{ARP}}}$：$\widetilde{\text{ARP}}$ 的可行解集合；$\text{sol}_{\widetilde{\text{ARP}}} \in S_{\widetilde{\text{ARP}}}$。

介绍一个新的网络 $CN=(s, t, V, A, b)$，其中，$V=SN \cup FN \cup TN$，$A=\{(s, i), i \in SN_a\} \cup \{(i, j), i \in SN_a, j \in FN\} \cup \{(i, j), i, j \in FN\} \cup \{(i, j), i \in FN, j \in TN_a\} \cup \{(i, t), i \in TN_a\}$，$s$ 和 t 分别代表 CN 的起点和终点。

SN_a：在机场 a 的可用飞机集合。

$SN = \cup_a SN_a$：可用飞机集合。

FN：航班集合。

$TN = \cup_a TN_a$：在恢复时间窗口结束之际需要停驻在指定机场的飞机集合。

TN_a：在恢复时间窗口结束之际需要停驻在指定机场 a 的飞机集合。

(s,i)：表示一架飞机在点 $i \in SN_a$ 可用。

(i,j)：表示一架飞机在点 $i \in SN_a$ 准备执行航班 $j \in FN$。

(i,j)：表示航班 $i \in FN$ 的进港机场与航班 $j \in FN$ 的离港机场相同。

(i,j)：表示飞机 $j \in SN_a$ 执行完航班 $i \in FN$ 之后停驻在机场 a。

$(i,t), i \in TN_a$：在恢复时间窗口结束之际飞机 i 停驻在指定机场 a。

$f(i,j)$：从点 i 到点 j 的流量大小；$(i,j) \in A$。

$b(i,j)$：表示航班弧容量且 $b(i,j)=1$；$(i,j) \in A$。

设 dstn 表示从 s 到 t 的点不交的路径最大数量，stn 表示从 s 到 t 的路径最大数量。图 2-8 给出了由 Bard 等（2001）的小规模算例得到的 CN 网络示例。由 CN 的定义得知，$dstn \leqslant stn \leqslant |SN| = |TN|$。根据最大流—最小割集定理，我们可用 Ford-Fulkerson 标号算法得到 dstn 的值。在给出 ARP 存在可行解的必要条件之前，我们先给出 $\widetilde{ARP}$ 存在可行解的充分必要条件。

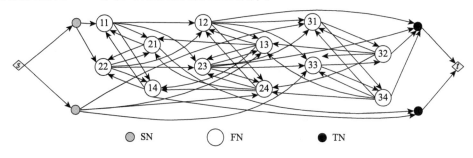

$\bigcirc$ SN　　　$\bigcirc$ FN　　　$\bullet$ TN

图 2-8　CN 网络示例

定理 2-1　$S_{\widetilde{ARP}} \neq \varnothing \Leftrightarrow dstn = |SN|$。

证明：（1）$S_{\widetilde{ARP}} \neq \varnothing \Rightarrow dstn = |SN|$。

下面来证明其等价命题 $dstn < |SN| \Rightarrow S_{\widetilde{ARP}} = \varnothing$。

可以将 $dstn < |SN|$ 等价地分成两种情况：$dstn \leqslant stn < |SN|$ 或者 $dstn < stn = |SN|$。

如果 $stn < |SN|$，不妨设 $stn = |SN| - 1$，根据 CN 的定义，在恢复时间窗结束时，只有 $|SN| - 1$ 架飞机到达指定机场，违背了飞机流的平衡性约束。因此，$\widetilde{ARP}$ 问题不存在可行解，即 $S_{\widetilde{ARP}} = \varnothing$。

如果 $dstn < stn = |SN|$，不妨设 $dstn = stn - 1$，则 $\exists i, j_1, j_2 \in FN$，$f(i,j_1)=1$ 且 $f(i,j_2)=1$，根据 CN 网络的定义，存在同一个航班被两架飞机执行的情况，这违背了航班唯一性约束。因此，$\widetilde{ARP}$ 问题不存在可行解，即 $S_{\widetilde{ARP}} = \varnothing$。

（2）$S_{\widetilde{ARP}} \neq \varnothing \Leftarrow dstn = |SN|$。

由于 $dstn = |SN|$，根据 CN 和 $\widetilde{ARP}$ 的定义，$\widetilde{ARP}$ 的恢复时间窗口无限制，会

有 $|SN|$ 个飞机流并满足飞机的平衡性和航班连续性的约束，对于那些未被飞机流覆盖的航班则可以被取消，即得到一个可行解，$\text{sol}_{\widetilde{ARP}}$。证毕。

定理 2-1 给出了 $\widetilde{ARP}$ 问题存在可行解的充分必要条件，现在给出 ARP 存在可行解的必要条件。

推论 2-1　$S_{ARP} \neq \varnothing \Rightarrow \text{dstn} = |SN|$。

证明： 由 ARP 和 $\widetilde{ARP}$ 的关系可知 $S_{ARP} \subseteq S_{\widetilde{ARP}}$，$S_{ARP} \neq \varnothing \Rightarrow S_{\widetilde{ARP}} \neq \varnothing$。又由定理 2-1 可知，$S_{\widetilde{ARP}} \neq \varnothing \Leftrightarrow \text{dstn} = |SN|$。因此，$S_{ARP} \neq \varnothing \Rightarrow \text{dstn} = |SN|$。

2.5　民航干扰管理问题复杂度分析

日常的航班计划运行问题的构建可以看作多中心点的车辆调度问题（multi-depot vehicle scheduling problem，MDVSP），Bertossi 等（1987）已经证明 MDVSP 为 NP[①]-hard 问题。依据 MDVSP 来分析这一系列问题的复杂性，需要解决两个问题：第一个是航班取消的选择；第二个是航班离港时刻如何使用航班离港时间窗口来代替。

定理 2-2　ARP 是 NP-hard。

证明： 我们将分析得出带时间窗且无容量限制的多种车辆路径问题（NU-VRPTW[②]）能够在多项式时间内转化为 ARP。NU-VRPTW 同样也是 m-TSPTW[③]问题（其也是 NP-hard）。给定停驻在同一个中心点（可类比为机场）的 m 个车辆（可类比为飞机）及 n 个客户（可类比为航班），每个客户都必须在指定的时间窗口内由一个车辆来进行服务，即$[a_f, b_f]$，$f = 1, 2, \cdots, n$。在计划时间段（可类比为恢复时间窗口）结束之际，所有的车辆必须回到中心点。问题的目标为在满足车辆流的平衡性、路线及时间窗口约束的情况下最小化服务所有客户的成本，且假设车辆无容量限制。该问题可以看作一个有向图 $G = (V, A)$，其中 V 包括航班点和机场点。

给定一个 NU-VRPTW 的例子，我们能够构建一个飞机恢复的例子。在恢复

---

① NP：non-deterministic polynomial，非确定性多项式。

② NU-VRPTW：nonhomogeneous, uncapacitated vehicle routing problem with time windows，带时间窗车辆路径问题。

③ m-TSPTW：multiple traveling salesman problem with time windows，带时间窗的多旅行商问题。

时间窗口的开始时刻，m 架飞机中的前 g 架飞机停驻在一个统一的机场 O，在恢复时间窗结束时，所有的 m 架飞机都应该停驻在该机场。这 g 架飞机中的任何一架飞机所执行的航班即可认为是被取消的。有向图网络中包含一些成本为 0 的弧（其从航班指向机场 O），用来表示一条飞机路径的结束。令 c_{fk} 表示航班 f 被飞机 k 执行的成本，则对于 $k = 1, 2, \cdots, g$，$c_{fk} = c_f$，对于 $k = g+1, g+2, \cdots, m$，c_{fk} 表示该航班的延误成本，其等于实际离港时刻与计划离港时刻之差。

为了构建合适的时间窗口，我们设 $a_f = \mathrm{std}_f$、$b_f = \min\{\mathrm{maxd}+\mathrm{std}_f, \mathrm{curf} - \mathrm{dur}_f\}$，其中 std_f 表示航班的计划出港时刻；maxd 表示航班延误的最大阈值；curf 表示宵禁时刻；dur_f 表示航班的计划飞行时间。从任何一个航班到停驻机场 O 的弧保证了飞机流的连续性和在机场之间的平衡性。其实最简单的一个例子就是所有的飞机都执行其原计划的航班，包括一直停驻在机场 O 的飞机，而对应的航班即被全部取消。

同样地，如果给定 NU-VRPTW 的一个最优解，我们同样可以找到 ARP 的一个最优解，且确保 g 架停驻飞机同样满足时间窗及飞机流平衡等限制。因此两个问题的最优解可以在多项式时间内相互转化，即完成了该证明。

对于 VRPTW，从实证方面来说，随着时间窗口的缩小，问题会变得越来越简单。当时间窗口缩小为 0，车辆的种类数量为 1 且中心点数量为 1 时，该问题即可化简为最小费用流问题，在多项式时间内是可解的。对于 ARP，为了满足旅客行程恢复的需要，航班的离港时刻会无限顺延，因此时间窗口会比较大。如果时间窗口足够小，则不会存在圈，但是该问题仍然为 NP-hard，这个分析可类比为考虑准备时间和最晚加工时间且目标为最小化完工时间的平行机排序问题。

推论 2-2 飞机和旅客恢复问题是 NP-hard。

证明： 根据定理 2-2，已经证明 ARP 是 NP-hard，而旅客恢复问题并不能简化整个问题的复杂性。

2.6 本章小结

首先，本章基于以往文献梳理，对民航干扰管理的基本概念进行简要概述。其次，本章对民航干扰管理用到的主要网络模型进行量化描述。再次，本章对民航干扰管理的实践情况分别从运行部门、业务流程及面对的相关问题等若干方面进行简要的分析梳理。最后，本章以飞机资源恢复为例，对民航干扰管理问题的可行性和复杂度进行系统阐述分析。

第3章　旅客意愿概述

3.1　民航生产过程及旅客心理

3.1.1　民航生产过程分析

航班运行是一个复杂的系统，飞行、机务、空管、机场和油料等专业部门必须相互合作、密切配合才能保证航班运行的安全。

由图 3-1 看出，航班生产一般涉及四个主要部分，即计划、资源调度、放行、监控调整。

首先，由航空公司根据航空市场的需求，制订满足市场需求的航班计划；编制好的航班计划被分发到各个部门，如飞行总队、客舱服务部、运行控制中心、飞行技术管理部、工程技术部，飞行技术管理部根据已有的航班计划配备相应的飞机运力，并安排飞机排班，飞行总队根据已有的航班计划制订相应机组排班计划，客舱服务部配备相应的乘务人员排班计划，地面服务部门提供必要的服务保障设施；运行控制中心的飞行签派人员综合考虑航空公司的航班计划、飞行技术管理部提供的飞机排班计划、飞行总队提供的机组排班计划、气象和情报部门提供的气象和航路信息、机务部门提供的飞机故障保留信息等，对该航班是否放行做出决定，如果该航班符合放行条件，则进行放行；放行后，运行监控人员对所管辖的飞机状态进行实时监控，并对天气状况、机场和航路上导航设备的工作情况进行监控，一旦发现不正常或者影响飞机飞行安全的情况，就立即使用航空公司通信手段通知机组，并向运行控制中心报告；运行控制中心综合考虑飞机的位置、剩余油量及航路上的天气等信息，对该航班及后续航班的状态做出调整。

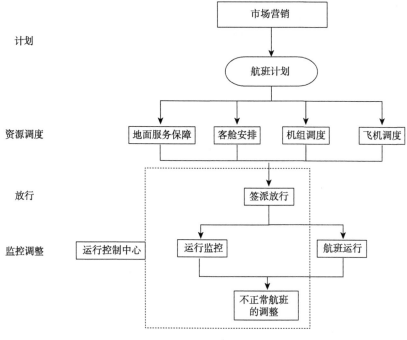

图 3-1　民航生产过程示意

3.1.2　旅客心理分析

在整个民航生产过程中，与旅客直接发生关系的环节包括售票阶段、值机阶段、候机阶段、民航空中飞行阶段及行李查询阶段。不同阶段，旅客的心理需求有所不同。民航干扰管理主要关注由于不正常航班的发生，处在值机阶段和候机阶段的旅客心理变化。

1. 售票阶段

旅客比较担心是否有自己所要到达的目的地的机票。如果有机票，就会将关注点转移到时间、机型和价格等条件是否适合自己方面。如果全部达到旅客要求，旅客就会进一步关注服务人员的服务态度和购票处的内外环境等。

2. 值机阶段

在值机阶段，民航生产过程较为复杂，与旅客接触也较多，如帮助旅客办理登机手续、交运行李和制作飞机配载平衡表等。旅客在当前阶段主要担心时间紧张、耽误登机、行李过重或行李标准不符合要求等，甚至有些旅客还会担心由于自己无知出现不受人尊重的情形。

3. 候机阶段

候机阶段旅客心理主要受到航班状态的影响。如果飞机没有出现延误问题，旅客主要关注候机室环境的舒适性、购物的便捷性、服务态度、信息传递的及时性和准确性等；如果发生航班延误，旅客通常就会出现焦虑、愤怒、怀疑、求补偿及被重视的心理需求。

4. 民航空中飞行阶段

在民航空中飞行阶段，旅客心理需求主要体现在对优质服务的期待方面，具体表现为怕吃亏的焦急心理、希望自己获得更多关注的独占心理、对机舱设备的好奇和探索心理、尽可能享受更多服务的求全心理等。另外，一些特殊旅客，如老人、儿童、国际旅客等还会有一些特殊的心理需求。

5. 行李查询阶段

此时民航生产过程已经基本结束，但是旅客仍有得到更多地面服务的心理诉求，如行李查询等。如果旅客行李的到达和安全出现问题，旅客的情绪变化一般会比较明显，迫切地想获得行李的行踪并急于拿到自己的行李。

3.2　旅客意愿分析

在出行前，旅客对自己的计划行程做好了决定和选择。旅客购买机票后，除非有特殊原因，一般都想按照计划到达目的地。但是，由于各种原因，旅客的行程可能会受到影响，以至于不能按照计划完成旅行。旅客行程的变更分为退、改、签三种（具体参见 2.3.3 小节）。

面对行程可能发生的变更，旅客不得不改变自己最初的选择（从原行程变化到新行程），并面临一个非常复杂的问题："接下来我该如何选择，退票还是改签？"一些因素，如旅客的主观心理状况、客观属性、干扰持续时间、计划行程延误时间及航空公司服务等，都会直接或间接地影响旅客接下来的选择和决定，并且旅客的选择会随着上述因素（尤其时间）的动态变化而不断发生改变。原则上，旅客有权利根据上述因素及变化情况自主决定接下来的安排，并且航空公司也应根据旅客的选择进行航班干扰管理，以最大限度地满足旅客的选择意愿。

旅客行程的任何恢复措施一般应通过尊重旅客意愿来实施。旅客行程的恢复及意愿分析如图 3-2 所示。旅客行程的恢复意愿可以在两种不同的中断情况下描述。当旅客原来的行程因其中某个航班被取消或相邻两段航班衔接时间不足（被中断的行程）而中断时，旅客在恢复期间不能通过他们原来的行程到达目的地。被打乱行程的旅客只能选择改签和退票。如果空座位的改签不足，那么选择改签的旅客必须退掉机票，他们不仅要承受退票费用，还要承受偏好损失。当旅客原来的行程可以在恢复期结束时延迟到达目的地（表示为延误行程）时，一些旅客可以承受如此长的延误，而另一些旅客也许不能承受。前者将停留在原来的行程，而后者可以选择改签或退票。一旦为旅客预留的座位容量不足，他们必须停留在原来的路线上，才能以长时间的延误到达目的地，旅客不仅要忍受长时间的延误成本，还要忍受意愿损失。总的来说，无论航班干扰情况如何，选择退票的旅客总是可以实现他们的愿望，而选择改签的旅客，结果可能和他们的意愿相冲突，他们的损失与干扰情况则是密切相关的。

运行控制中心针对日常的不正常航班情况，如何站在旅客意愿视角进行民航干扰管理，可以从以下几个方面进行思考：第一，不同的旅客意愿有所不同，民航相关部门不可能将所有旅客意愿都考虑进来；第二，面对不同的意愿，民航干扰管理决策方案也有所不同。因此，本书根据旅客意愿的不同，由简到繁地介绍不同旅客意愿下，民航干扰管理决策的优化理论方法。

（1）所有旅客面对干扰都会选择退票的情况。这里的退票是指旅客面对原航班行程无法达到计划目的地时，就会选择退票。这种角度其实等同于原来不考虑旅客的民航干扰管理问题，因为其优化目标中，航班取消成本可以认为是旅客全部退票的民航损失。这种情况下，本书将其分为轻度干扰和重度干扰两种状态，分别进行民航干扰管理决策的优化理论方法研究。因为在轻度干扰下，民航干扰恢复优化理论方法具有较好的最优化性质。重度干扰下，民航干扰恢复问题是NP-hard，可以采用启发式算法进行求解。

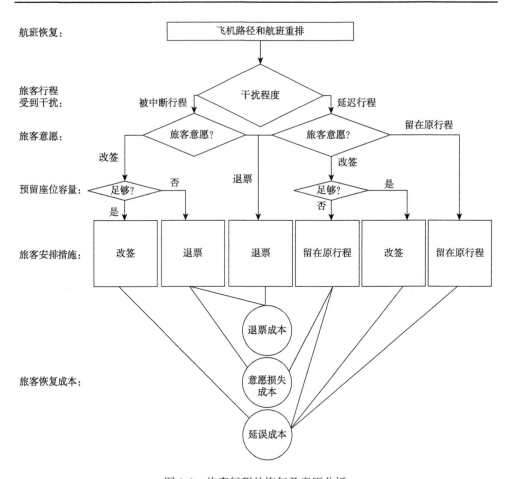

图 3-2　旅客行程的恢复及意愿分析

（2）所有旅客面对干扰都会选择改签的情况。与上述类似，这里的改签是指旅客面对航班行程无法到达计划目的地时，会全部选择改签。虽然这种情况看似比较极端，但这确实是当前民航干扰管理方向在考虑旅客资源的一体化恢复研究时的主要研究范式。此时，根据旅客原计划行程和要改签行程的复杂程度，可以将研究分为考虑旅客单行程的民航干扰管理问题和考虑旅客多行程的民航干扰管理问题。两者的区别主要在于，当旅客的行程为单行程时，虽然和实际情况有些差别，但是旅客的改签网络流具有较好的优化性质，可以在多项式内找到最优解；当旅客的行程为多行程时，问题同样比较复杂，此时可以用启发式算法来求解。

（3）面对干扰旅客具有双重意愿的情况。面对行程干扰，有的旅客想改签，有的旅客则会选择退票，因此考虑旅客的这种双重意愿符合实际。

3.3 面对干扰旅客有限理性心理分析

面对航空公司的中断，旅客希望在航空公司完成所有内部资源的恢复后，他们可以做出选择，包括飞机和航班。航空公司也有类似的想法，即其希望根据旅客的意愿重新安排内部资源。这两种参与者的上述决定之间的冲突将导致综合恢复航班改期行动的风险和不确定性。受到干扰后，旅客心理是呈现有限理性的，他们在不同选择之间的意愿，如停留在原来的行程、改签和退票，很难用预期效用理论来描述，这就是著名的阿莱和埃尔斯伯格悖论（Allais，1953；Ellsberg，1961）。

因此，我们采用前景理论来反映旅客在综合恢复过程中的有限理性意愿（Hu et al，2021）。前景理论框架主要包括以下四个特征：①参考依赖。旅客损失和收益的定义偏离原来的飞行调度计划（作为参考点）。它对应于中断管理的原则，最小化了与原始调度的偏差。②风险厌恶。旅客对损失比对从行程恢复中获得的收益更敏感。③敏感性下降。旅客在收益和损失领域倾向规避风险和寻求风险。④超重和高估。旅客倾向高估罕见干扰的影响，特别是这种干扰的发生概率小于30%。行程恢复期间的旅客损失和收益可在编辑和评估两个阶段描述。

在行程受到干扰情况下，旅客的选择通常是基于损失和收益的主观价值，而不是实际结果。根据 Kahneman 和 Tversky（1979）的说法，损失和收益的主观价值可以从式（3-1）中得出。在式（3-1）中，V 表示主观结果对做出决定的个人的总体或预期效用。函数 π 是一个概率加权函数，它捕捉了人们倾向对小概率事件反应过度，但对大概率反应不足的想法。v 表示为结果分配主观价值的价值函数。x 表示潜在损失($v(x)<0$)，y 表示潜在结果($v(y)>0$)。p 和 q 相应地表示它们各自的概率。

$$V= \pi(p) \cdot v(x)+ \pi(q) \cdot v(y) \tag{3-1}$$

无论旅客是否改签，其最终恢复状态可分为两种（延误和取消）。旅客的主观恢复损失相应可分为延误损失和取消损失两部分。延误损失是主观描述的。

根据前景理论，旅客的主观延误损失不仅与他们原来的行程有关，还与他们的新行程和原来的行程之间的时间差异有关。当旅客过分担心他们的行程延误（表示为 d）时，我们有式（3-2）。

$$\pi(p(d)) >0> \pi(p)>0, \quad \pi(q)> \pi(q(d))>0 \tag{3-2}$$

因此，旅客的主观延误损失可以表述如下：

$$V(T)= \pi(p(d)) \cdot v(x)+ \pi(q(d)) \cdot v(y)< \pi(p) \cdot v(x)+ \pi(q) \cdot v(y)=V \tag{3-3}$$

图 3-3 为航线中断旅客主观价值曲线。

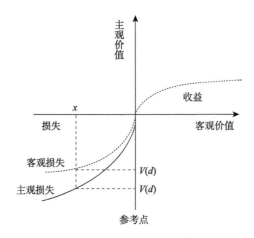

图 3-3　航线中断旅客主观价值曲线

考虑到行程中断，没有一个旅客可以获得额外的收益，只能遭受损失。根据前景理论的特征"参考依赖"，当他们的行程延迟小于参考点（表示为 $d < d_0$），旅客的不满和主观恢复成本微不足道，可以忽略不计。当 $d > d_0$ 时旅客的不满和恢复成本将迅速增加。然后，旅客的主观恢复损失曲线可以从旅客的主观延误损失曲线中导出（图 3-4）。

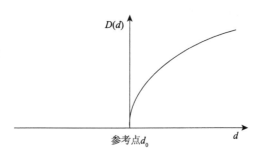

图 3-4　旅客的主观延误损失

根据前景理论的价值函数（Tversky and Kahneman，1992），可以用式（3-4）给出旅客的主观延误损失。同样，当旅客面临取消行程时，主观取消损失由式（3-5）给出。其中，$D(d)$ 表示面临行程延误的旅客的主观延误损失，即基于旅客行程延误时间的不满函数。$B(b)$ 是指旅客因取消行程而面临的主观取消费用，即基于取消旅客行程的不满功能，定义为旅客的实际延误成本。d_0 为延迟成本的参考点。β 表示功率函数的凹度，即与参考点相比的旅客损失。b 为旅客行程的实际取消费用。$\beta < 1$ 表示灵敏度随损失增加而下降，系数 $\lambda > 1$ 表示旅客对损失比对收益更敏感。

$$D(d) = \begin{cases} 0 & d \leqslant d_0 \\ \lambda(d - d_0)^{\beta} & d > d_0 \end{cases} \quad （3\text{-}4）$$

$$B(b) = \begin{cases} 0 & b \leqslant b_0 \\ \lambda(b - b_0)^{\beta} & b > b_0 \end{cases} \quad （3\text{-}5）$$

前景理论在本书应用的核心问题是对 β、λ 和 x 等几个参数的确定。在 Tversky 和 Kahneman（1992）中，数据分析显示 β =0.88，λ =2.25。参数 d_0 和 b_0 主要指旅客行程的延误和退票。在行程延误方面，根据航空公司运营的实际规定，30 分钟以下的航班延误将被视为正常情况。航班预定起飞时间指关门时间。在实际操作情况下，飞机起飞表明航班起飞过程的实际完成。从关门到飞机起飞的时间几乎是 30 分钟。因此，行程延迟损失的参考点可以对应 30 分钟延误时间的损失。在行程机票退票方面，没有任何旅客可以获得额外的收益，只能遭受损失。因此，行程取消的参考点可以定义为 0，即 b_0=0。

由于缺乏关于旅客原始和实际行程的真实数据历史，我们无法评估旅客不同偏好的比率。鉴于本书只是提出这样的想法，即在恢复过程中应强调旅客的有限理性，我们建立了一个关于在原行程内停留、改签和退票率的假设，以继续进行研究。

3.4　本　章　小　结

本章首先在梳理民航生产过程的基础上，总结出民航生产过程中与旅客密切相关的若干阶段，并系统分析了不同阶段中的旅客心理需求。其次，本章分析了民航干扰管理过程中旅客针对等待、改签和退票等接下来行程的意愿，并基于前景理论分析了在不正常航班情况下的旅客非理性心理，为后续旅客意愿视角下的民航干扰管理奠定理论基础。

第 4 章　航班延误补救对顾客意愿的影响

近年来，随着我国经济快速发展，乘坐飞机出行已经变得普遍，全年旅客吞吐量、全年货邮吞吐量和全年起降架次都以惊人的速度增长，根据中国民用航空局数据，2019 年我国机场全年旅客吞吐量超过 13 亿人次，比 2018 年增长 6.9%；完成全年货邮吞吐量 1 710 万吨，比 2018 年增长 2.1%；完成全年飞机起降 1 166 万架次，比 2018 年增长 5.2%。

虽然各项指标增长速度惊人，但是旅客的投诉量逐渐增多，从数据显示来看，2019 年投诉量为 24 303 件，其中不正常航班投诉量达到 11 744 件，占总投诉量的 48.32%，2018 年不正常航班（航班延误）投诉量仅为 6 653 件，同比增长 43.30%，不正常航班（航班延误）投诉量的增长速度远远超过游客增长速度。因此，随着居民可支配收入增加，生活质量的提高促使消费者对服务水平有更高的要求，那么，我国各大航空公司要抢占和巩固市场份额服务水平，航空公司的服务水平尤为重要，尤其是出现航班延误时的延误补救措施。基于此背景，本书从航班延误补救角度出发，研究当航班出现延误时航空公司提供的延误补救措施对顾客意愿的影响。

在航班延误补救对顾客意愿的影响中，主要是以顾客满意度模型为核心，对其进行改进，得到本书的理论模型。顾客满意度是一种衡量经济产出质量的宏观指标，是以产品和服务消费的过程为基础，对顾客满意度水平的综合评价指数。航班延误补救主要表现为航空公司在延误发生时的一些补救措施，"服务补救"一词最早来自一家英国航空公司，指的是当企业出现服务失误时为弥补该失误所做的努力。服务补救是指服务提供者为回应服务失误所采取的措施与行动（李四化，2009）。本书中的航班延误补救既包括民航干扰管理措施的实施，也包括配套的服务和经济方面的补偿。顾客意愿是指当出现航班延误时，旅客会有三种选择，分别为等待、改签和退票，航空公司不同程度的航班延误补救会影响旅客的选择。

　　本书首先根据顾客满意度指数模型进行改进得到本书的理论模型，并根据模型提出假设，其次进行实证分析，最后根据实证分析结果提供一些对策和建议。

4.1　理 论 模 型

　　对于顾客满意度的测评标准，主要是参考 ACSI（American customer satisfaction index，美国顾客满意度指数）模型，ACSI 是一种衡量经济产出质量的宏观指标，是以产品和服务消费的过程为基础，对顾客满意度水平的综合评价指数，由国家整体满意度指数、部门满意度指数、行业满意度指数和企业满意度指数四个层次构成，是目前体系最完整、应用效果最好的一个顾客满意度理论模型。其是由 Fornell 等在瑞典顾客满意指数模式（Sweden customer satisfaction barometer，SCSB，瑞典顾客满意度晴雨表）的基础上创建的顾客满意度指数模型。

　　在 ASCI 模型（图 4-1）中，整体满意度被置于一个相互影响、相互关联的因果互动系统中。该模型可解释消费经过与整体满意度之间的关系，并能指示出满意度高低带来的后果，从而赋予了整体满意度前向预期的特性。ACSI 模型是由多个结构变量构成的因果关系模型，其数量关系通过多个方程的计算经济学模型进行估计。

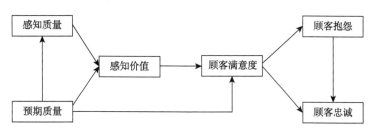

图 4-1　ASCI 模型

　　该模型共有六个结构变量，顾客满意度是最终所求的目标变量，预期质量、感知质量和感知价值是顾客满意度的原因变量，顾客抱怨和顾客忠诚则是顾客满意度的结果变量。模型中六个结构变量的选取以顾客行为理论为基础，每个结构变量又包含一个或多个观测变量，观测变量则通过实际调查收集数据得到。

　　（1）预期质量是指顾客在购买和使用某种产品或服务之前对其质量的估计。决定顾客预期质量的观察变量有三个，即产品顾客化（产品符合个人特定需要）预期、产品可靠性预期和对产品质量的总体预期。

（2）感知质量是指顾客在使用产品或服务后对其质量的实际感受，包括对产品顾客化（即符合个人特定需求程度）的感受、对产品可靠性的感受和对产品质量的总体感受。

（3）感知价值体现了顾客在综合产品或服务的质量和价格以后对他们所得利益的主观感受。顾客在给定价格下对质量的感受，是指顾客以得到某种产品或服务所支付的价格为基准，通过评价该产品或服务质量的高低来判断其感知价值。

（4）顾客满意度结构变量是通过计量经济学变换最终得到的顾客满意度指数。顾客满意度主要取决于顾客实际感受同预期质量的比较。同时，顾客的实际感受同顾客心目中理想产品的比较也影响顾客满意度，差距越小顾客满意度水平就越高。

（5）顾客抱怨结构变量的观察变量只有一个，即顾客的正式或非正式抱怨。通过统计顾客正式或非正式抱怨的次数可以得到顾客抱怨这一结构变量的数值。

（6）顾客忠诚是模型中最终的因变量。它有两个观察变量，即顾客重复购买的可能性和对价格变化的承受力，顾客如果对某产品或服务感到满意，就会产生一定程度的忠诚，表现为对该产品或服务的重复购买或向其他顾客推荐。

根据图 4-1，结合航班延误特点，提出本章的理论模型（图 4-2）。

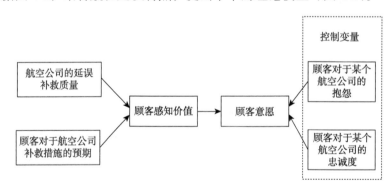

图 4-2　本章的理论模型

目前学术界对于影响顾客意愿主导因素的研究说法不一，有价值主导论、满意度主导论和间接作用主导论。董大海和金玉芳（2003）指出，顾客价值主导论的学者倾向将顾客价值作为行为倾向最重要的直接前因。但是，在价值主导论的模型中，顾客满意度作为一个影响顾客感知价值的因变量出现。考虑到顾客会因为之前经历过某个航空公司的服务，会提前形成对某个航空公司的忠诚度或抱怨。

因此，在本章模型设计中，遵循价值主导论，本章将顾客对于某个航空公司的忠诚度和抱怨作为顾客意愿的控制变量，来减少忠诚度和抱怨对顾客意愿的影响。进而研究当出现航班延误时航空公司的补救程度或方式对顾客意愿的影响。在顾客感知质量结构变量上，能够直接体现的就是出现航班延误时航空公司的延误补救质量，顾客在出行前会对此次行程有一定的预期，这两个结构变量影响着顾客感知价值，进而影响顾客意愿。

根据模型，航空公司的延误补救质量是指顾客在使用航空公司的产品或服务后对其质量的实际感受，包括对产品顾客化（即符合个人特定需求程度）的感受、对产品可靠性的感受和对产品质量的总体感受。顾客对于航空公司补救措施的预期是指顾客对某一件事情或消费前的心理预期，具体来说就是当出现航班延误时，顾客会对航空公司的补救措施有一定的心理预期。当出现航班延误时，顾客期望收到来自航空公司的服务或补偿，此时若该航空公司有相关的补救措施符合顾客的预期，会增加顾客满意度进而增加顾客意愿。综上所述提出以下假设。

假设 4-1a：航空公司的延误补救质量对顾客意愿有正向影响。

假设 4-1b：顾客对于航空公司补救措施的预期对顾客意愿有正向影响。

根据模型，顾客感知价值指的是顾客在感知到产品或服务的利益之后，减去其在获取产品或服务时所付出的成本，从而得出的对产品或服务效用的主观评价。出现航班延误时，顾客认为他们付出的时间和金钱成本在航空公司提供的补救措施上没有体现时，会导致顾客感知价值降低，进而影响顾客意愿。综上所述提出以下假设。

假设 4-2：顾客感知价值对顾客意愿有正向影响。

出现航班延误时，航空公司提供的相应补救措施，是航空公司最基础的行为，顾客享受这个服务就是对航空公司的延误补救质量进行评价的一个过程，当评价提高，时间和金钱成本对顾客的影响程度会减小。此外，当航空公司提供的补救措施满足顾客对于航空公司补救措施的预期时，顾客会感到满意，时间和金钱成本的影响程度也会随之减小。综上所述提出以下假设。

假设 4-3a：航空公司的延误补救质量与顾客感知价值呈正相关关系。

假设 4-3b：顾客对于航空公司补救措施的预期与顾客感知价值呈正相关关系。

虽然航空公司的延误补救质量对顾客意愿有着直接的影响，但是大多数影响路径中都存在顾客感知价值，顾客感知价值存在两面性。一方面，当出现航班延误时，航空公司提供的服务和成本不成正比时，顾客意愿会大幅下降，此时的顾客可能会选择退票。只有在和成本相匹配的基础上，才会促进顾客的正向意愿。另一方面，航班延误的补救措施不仅代表着航空公司的能力，也体现着顾客对航空公司的重视程度。一些体系较为成熟的大型航空公司在顾客心里已经具有一定的地位，顾客会对这种航空公司具有一定的预期，当航空公司的补救措施符合顾客预期时，成本影响力极其微弱，一旦不符合顾客预期，时间成本的影响就会加倍出现。综上所述提出以下假设。

假设 4-4a：顾客感知价值在航空公司的延误补救质量对顾客意愿的影响中起中介作用。

假设 4-4b：顾客感知价值在顾客对于航空公司补救措施的预期对顾客意愿的影响中起中介作用。

4.2　实　证　分　析

4.2.1　数据来源

1. 调查问卷设计与构成

调查问卷共分为三部分。

第一部分是结构化问题，是对个人描述性和分类性信息的调查，包括性别、年龄、教育程度、职业和年收入。

第二部分是对调查者航班延误经历的调查。包括是否遭遇过航班延误，经历过航班延误的次数，延误时间及航空公司的问题处理方式等。

第三部分是情景模拟部分。被调查者要先阅读一个延误情景的描述，然后根据问题给定延误情景的可控性，即延误程度。每个情景之间的区分是通过调整航空公司不同的补救措施，由被调查者根据自己的感受进行打分。量表采用利克特5 分量表。

在第三部分情景模拟中，每一个情景下的题设根据考察的不同变量进行设计，其中每一个情景的（1）从航空公司的延误补救质量角度设计；情景的（2）和（3）从顾客对于航空公司补救措施的预期角度设计；情景的（4）从顾客感知价值角度设计；情景的（5）和（7）从控制变量顾客对于某个航空公司的忠诚度和顾客对于某个航空公司的抱怨角度设计；情景的（6）从顾客意愿角度设计。

调查问卷见附录。

2. 数据收集

本书的数据来源主要是调查问卷，为确保数据来源真实可靠，调查问题简单易懂，通过调整，最终确认无误后正式发放。本次调查问卷共发放 681 份，收回

681 份，其中发现并提出无效问卷 150 份，最终剩余可研究利用问卷 531 份。

4.2.2　数据分析

1. 同源偏差检验

使用 IBM SPSS Statistics 23 软件，采用 Harman 单因素分析方法对同源偏差（common method variance，CMV）进行检验，以未经旋转得到的第一个主成分解释方差为指标对同源偏差进行衡量。检测结果发现，未旋转第一个主成分分子，解释了 23.725%的变异量，未超过建议值（40%）（表 4-1）。据此，可认定在本书研究中同源偏差不会对模型中的变量关系产生显著影响。

表4-1　同源偏差检验

总方差解释						
成分	初始特征值			提取载荷平方和		
	总计	方差百分比	累计	总计	方差百分比	累计
1	9.253	23.725%	23.725%	9.253	23.725%	23.725%
2	3.706	9.502%	33.227%	3.706	9.502%	33.227%
3	3.167	8.121%	41.348%	3.167	8.121%	41.348%
4	2.402	6.159%	47.507%	2.402	6.159%	47.507%
5	1.673	4.290%	51.797%	1.673	4.290%	51.797%
6	1.377	3.530%	55.327%	1.377	3.530%	55.327%
7	1.247	3.198%	58.525%	1.247	3.198%	58.525%
8	1.213	3.110%	61.635%	1.213	3.110%	61.635%
9	1.130	2.899%	64.534%	1.130	2.899%	64.534%
10	1.002	2.570%	67.104%	1.002	2.570%	67.104%
11	0.892	2.286%	69.390%	—	—	—
12	0.850	2.178%	71.568%	—	—	—
13	0.793	2.034%	73.602%	—	—	—
14	0.763	1.956%	75.558%	—	—	—
…	…	…	…	…	…	…

2. 信度检验

本书研究利用 Cronbach's α 系数对数据进行信度检验，保证在进行数据分析验证时所收集的数据是真实可信的。此次检验共计包含航空公司的延误补救质量、顾客对于航空公司补救措施的预期、顾客感知价值、顾客对于某个航空公司的忠诚度、顾客对于某个航空公司的抱怨和顾客意愿六个变量，若各变量 Cronbach's α 系数大于 0.7，组成信度大于 0.7，说明有较好的内部一致性。

1）航空公司的延误补救质量信度分析

对航空公司的延误补救质量的量表进行信度检验，结果如表 4-2 所示，航空公司的延误补救质量的 Cronbach's α 系数为 0.763，表明该量表的内部一致性程度较高，信度较好。

表4-2　航空公司的延误补救质量信度分析

测量变量	题项数	Cronbach's α 系数
航空公司的延误补救质量	4	0.763

2）顾客感知价值信度分析

对顾客感知价值的量表进行信度检验，结果如表 4-3 所示，顾客感知价值的 Cronbach's α 系数为 0.776，表明该量表的内部一致性程度较高，信度较好。

表4-3　顾客感知价值信度分析

测量变量	题项数	Cronbach's α 系数
顾客感知价值	4	0.776

3）顾客对于航空公司补救措施的预期信度分析

对顾客对于航空公司补救措施的预期的量表进行信度检验，结果如表 4-4 所示，顾客对于航空公司补救措施的预期的 Cronbach's α 系数为 0.815，表明该量表的内部一致性程度较高，信度较好。

表4-4　顾客对于航空公司补救措施的预期信度分析

测量变量	题项数	Cronbach's α 系数
顾客对于航空公司补救措施的预期	8	0.815

4）顾客意愿信度分析

对顾客意愿的量表进行信度检验，结果如表 4-5 所示，顾客意愿的 Cronbach's α

系数为 0.797，表明该量表的内部一致性程度较高，信度较好。

表4-5 顾客意愿信度分析

测量变量	题项数	Cronbach's α 系数
顾客意愿	4	0.797

5）顾客对于某个航空公司的忠诚度信度分析

对顾客对于某个航空公司的忠诚度的量表进行信度检验，结果如表 4-6 所示，顾客对于某个航空公司的忠诚度的 Cronbach's α 系数为 0.832，表明该量表的内部一致性程度较高，信度较好。

表4-6 顾客对于某个航空公司的忠诚度信度分析

测量变量	题项数	Cronbach's α 系数
顾客对于某个航空公司的忠诚度	8	0.832

6）顾客对于某个航空公司的抱怨信度分析

对顾客对于某个航空公司的抱怨的量表进行信度检验，结果如表 4-7 所示，顾客对于某个航空公司的抱怨的 Cronbach's α 系数为 0.832，表明该量表的内部一致性程度较高，信度较好。

表4-7 顾客对于某个航空公司的抱怨信度分析

测量变量	题项数	Cronbach's α 系数
顾客对于某个航空公司的抱怨	8	0.832

3. 回归分析

在回归分析中，研究变量分为自变量与因变量，研究目的为确认因变量与自变量的统计关系是否存在。本书在研究中，将调查问卷中的每个情景下的（6）情况，即"如果有需要，我还会选择这家航空公司"及每个情景下的（4）情况，即"航班延误的时间影响我对其补救措施的感受，我不满意"作为因变量，其余六种情况作为自变量进行回归分析，采用最小二乘法，利用 SPSS 23 统计软件进行数据分析，采用强制进入法考察所有变量间的统计关系。

因本书设计的调查问卷采用情景模拟，共四个情景，后期进行数据处理后结果相同，故分别对主效应回归分析（表 4-8）和中介效应回归分析（表 4-9）进行说明。

表4-8　主效应回归分析

变量	情景四：（6）				情景四：（4）		
	模型一	模型二 假设 4-1a	模型三 假设 4-1b	模型四 假设 4-2	模型五	模型六 假设 4-3a	模型七 假设 4-3b
情景四（1）	—	0.367	—	—	—	−0.284	—
情景四（2）	—	—	0.243	—	—	—	−0.099
情景四（3）	—	—	0.180	—	—	—	−0.197
情景四（4）	—	—	—	−0.056	—	—	—
情景四（5）	−0.098	−0.070	−0.039	−0.064	0.600	0.578	0.563
情景四（6）	—	—	—	—	—	—	—
情景四（7）	0.504	0.335	0.320	0.495	−0.168	−0.037	−0.037
F	136.701	129.21	99.189	93.469	191.471	140.777	104.516
R^2	0.341	0.424	0.430	0.345	0.420	0.445	0.443
调整的 R^2	0.339	0.421	0.426	0.341	0.418	0.442	0.439
VIF 值							
情景四（1）	—	1.448	—	—	—	1.448	—
情景四（2）	—	—	1.639	—	—	—	1.639
情景四（3）	—	—	1.581	—	—	—	1.581
情景四（4）	—	—	—	1.725	—	—	1.283
情景四（5）	1.199	1.218	1.283	1.799	1.199	1.218	—
情景四（6）	—	—	—	—	—	—	—
情景四（7）	1.199	1.561	1.607	1.224	1.199	1.561	1.607
DW 值	2.010	2.126	1.991	2.024	2.061	2.069	2.067

表4-9　中介效应回归分析

变量	情景一：（6）			
	模型一	模型二 假设 4-1a	模型三 假设 4-1b	模型四 假设 4-4a	模型五 假设 4-4b
情景一（1）	—	0.295	—	0.279	—
情景一（2）	—	—	0.225	—	0.214
情景一（3）	—	—	0.125	—	0.117
情景一（4）	—	—	—	−0.084	−0.069
情景一（5）	−0.1	−0.058	−0.015	−0.016	0.017
情景一（7）	0.481	0.380	0.346	0.375	0.345
情景二（1）	—	—	—	—	—

变量	情景一：（6）				
	模型一	模型二 假设 4-1a	模型三 假设 4-1b	模型四 假设 4-4a	模型五 假设 4-4b
情景二（2）	—	—	—	—	—
情景二（3）	—	—	—	—	—
情景二（4）	—	—	—	—	—
情景二（5）	—	—	—	—	—
情景二（7）	—	—	—	—	—
情景三（1）	—	—	—	—	—
情景三（2）	—	—	—	—	—
情景三（3）	—	—	—	—	—
情景三（4）	—	—	—	—	—
情景三（5）	—	—	—	—	—
情景三（7）	—	—	—	—	—
情景四（1）	—	—	—	—	—
情景四（2）	—	—	—	—	—
情景四（3）	—	—	—	—	—
情景四（4）	—	—	—	—	—
情景四（5）	—	—	—	—	—
情景四（7）	—	—	—	—	—
F	146.34	124.59	98.039	96.196	79.888
R^2	0.357	0.415	0.427	0.422	0.432
调整的 R^2	0.354	0.412	0.423	0.418	0.427

1）主效应回归分析

为了检验研究变量间是否存在多重共线性问题，在多元线性回归前，选取方差膨胀因子（variance inflation factor，VIF）指标对其进行测量，一般情况下，当 0<VIF<10 时，可认为变量之间不存在多重共线性问题。在主效应回归分析中，各变量的 VIF 值均小于 10，可认为各变量之间不存在多重共线性。DW（Durbin-Watson）值在 2 左右，即回归模型中的残差项之间具有较高的独立性，自相关问题不显著。

航空公司的延误补救质量对顾客意愿的影响：以模型一为基础，模型二加入航空公司的延误补救质量变量，经 SPSS 检验后航空公司的延误补救质量的回归系数是显著的。可以得出结论，航空公司的延误补救质量对顾客意愿的影响是显著的，故假设 4-1a 成立，可以认为航空公司的延误补救质量会对顾客意愿产生正向影响。

顾客对于航空公司补救措施的预期对顾客意愿的影响：以模型一为基础，模型三中加入顾客对于航空公司补救措施的预期变量，经 SPSS 检验后顾客对于航空公司补救措施的预期的回归系数是显著的。可以得出结论，顾客对于航空公司补救措施的预期对顾客意愿的影响是显著的，故假设 4-1b 成立，可以认为顾客对于航空公司补救措施的预期对顾客意愿产生正向影响。

顾客感知价值对顾客意愿的影响：以模型一为基础，模型四中加入感知价值变量，经 SPSS 检验后顾客感知价值的回归系数是显著的。可以得出结论，顾客感知价值对顾客意愿的影响是显著的，故假设 4-2 成立，可以认为顾客感知价值对顾客意愿产生正向影响。

航空公司的延误补救质量对顾客感知价值的影响：以模型五为基础，模型六中加入航空公司的延误补救质量变量，经 SPSS 检验后航空公司的延误补救质量的回归系数是显著的。故假设 4-3a 成立，可以得出结论，航空公司的延误补救质量对顾客感知价值产生正向影响。

顾客对于航空公司补救措施的预期对顾客意愿的影响：以模型五为基础，模型七中加入顾客对于航空公司补救措施的预期变量，经 SPSS 检验后顾客意愿的回归系数是显著的。故假设 4-3b 成立，可以得出结论，顾客对于航空公司补救措施的预期对顾客意愿产生正向影响。

2）中介效应回归分析

（1）顾客感知价值在航空公司的延误补救质量对顾客意愿影响中的中介作用。

在进行回归之前首先确定 VIF 值和 DW 值，经计算两个参数分别满足条件，不存在多重共线性，故可以做回归分析。

首先，根据模型二以顾客意愿为因变量，航空公司的延误补救质量为自变量，分析可以得出航空公司的延误补救质量对顾客意愿的影响是显著的（ β =0.295）；其次，在模型二的基础上加入中介，得出模型四，以顾客意愿为因变量，顾客感知价值和航空公司的延误补救质量为自变量，得出两个自变量的系数依然显著（ β =0.279； β =-0.084）。因此可以得出，顾客感知价值在航空公司的延误补救质量对顾客意愿的影响中起到中介作用，由于模型四中航空公司的延误补救质量的回归系数比模型二中有所下降（0.295>0.279），可以得出顾客感知价值为部分中介作用，假设 4-4a 成立。

（2）顾客感知价值在顾客对于航空公司补救措施的预期对顾客意愿影响中的中介作用。

首先，根据模型三以顾客对于航空公司补救措施的预期为自变量，顾客意愿为因变量，分析可以得出顾客对于航空公司补救措施的预期对顾客意愿的影响是显著的（β =0.225 和 β =0.125）；其次，在模型三的基础上加入中介，得出模型五，以顾客意愿为因变量，顾客感知价值和顾客对于航空公司补救措施的预期为自变量，得出两个自变量的系数也是显著的（β =0.214、β =0.117、β =−0.069）。因此可以得出，顾客感知价值在顾客对于航空公司补救措施的预期对顾客意愿的影响中起到中介作用，由于模型五中顾客对于航空公司补救措施的预期的回归系数比模型三中有所下降（0.214<0.225；0.117<0.125），可以得出顾客感知价值为部分中介作用，假设 4-4b 成立。

3）假设检验结果

假设检验结果见表 4-10。

表4-10　假设检验结果

假设	结果
假设 4-1a：航空公司的延误补救质量对顾客意愿有正向影响	通过
假设 4-1b：顾客对于航空公司补救措施的预期对顾客意愿有正向影响	通过
假设 4-2：顾客感知价值对顾客意愿有正向影响	通过
假设 4-3a：航空公司的延误补救质量与顾客感知价值呈正相关关系	通过
假设 4-3b：顾客对于航空公司补救措施的预期与顾客感知价值呈正相关关系	通过
假设 4-4a：顾客感知价值在航空公司的延误补救质量对顾客意愿的影响中起中介作用	通过
假设 4-4b：顾客感知价值在顾客对于航空公司补救措施的预期对顾客意愿的影响中起中介作用	通过

4. 研究结果与讨论

1）回归结果分析

（1）航空公司的延误补救质量对顾客意愿的影响。

本书通过实证研究验证了航空公司的延误补救质量对顾客意愿具有促进作用，当出现航班延误时，航空公司对于延误程度给予顾客的补救措施的质量根据当时顾客的选择或下一次出行时的航班选择形成正向影响，顾客对于服务质量感知程度越高，顾客会在延误时间短的情况下选择等待或者改签该航空公司的其他时间的航班，下一次选择该航空公司出行的意愿也更为强烈。

（2）顾客对于航空公司补救措施的预期对顾客意愿的影响。

本书通过实证研究验证了顾客对于航空公司补救措施的预期对顾客意愿具有

正向影响，顾客在出行前会对本次旅途有一定的预期，包括服务质量、航班延误时的处理情况。当出现问题时，航空公司的处理方式若没有达到顾客预期，会大大降低顾客对于该次航班的满意程度，进而影响顾客意愿，此时的顾客更大程度上会选择退票。

（3）顾客感知价值对顾客意愿的影响。

顾客感知价值是指顾客在感知产品或服务的利益后，减去获得该产品或服务时所付出的成本，从而得到产品或服务效用的主观评价。当航班出现延误时，从顾客获得的服务或产品利益中减去所付出的成本就是顾客感知价值。本书通过实证研究验证了顾客感知价值对顾客意愿具有正向促进作用，当顾客认为他花费的成本小于获得的利益时，顾客会出现抱怨心理，此时的顾客会和相关工作人员产生争执，甚至退票选择其他航空公司的航班；当顾客感觉花费的成本大于获得的利益时，顾客的情绪会正向发展。

（4）航空公司的延误补救质量对顾客感知价值的影响。

感知质量是指顾客对一种产品或一种服务所做的抽象评价，当顾客对产品的感知质量越接近实际质量或超过顾客感知质量时，顾客会对自己购买的产品或所体验的服务感到满意。本书中顾客感知质量是指航空公司的延误补救质量，通过实证研究验证了航空公司的延误补救质量对顾客感知价值具有正向影响，当顾客感受到的服务质量大于或超过实际服务质量时，顾客流失的成本会降低，感知价值会升高。

（5）顾客对于航空公司补救措施的预期对顾客感知价值的影响。

本书通过实证研究验证了顾客对于航空公司补救措施的预期对顾客感知价值具有正向影响，当顾客购买的产品或接受的服务满足顾客预期时，顾客会更愿意为这些产品或服务付出时间成本，因此，越是符合顾客预期，顾客感知价值就越高。

2）顾客感知价值中介作用分析

（1）本书研究验证了顾客感知价值在航空公司的延误补救质量对顾客意愿的影响中起到中介作用，可以通过提高航空公司的延误补救质量来提高顾客感知价值，只有提高顾客感知价值，顾客意愿才会增加。

（2）本书还验证了顾客感知价值在顾客对于航空公司补救措施的预期对顾客意愿的影响中起到中介作用。有时，当出现航班延误时，即使航空公司提供的服务满足了顾客预期，也不一定会影响顾客意愿，本书通过实证研究证明，当顾客感知价值增加时，顾客出行意愿提高，因此，要在满足顾客预期的基础上，不断增加顾客感知价值，进而增加顾客意愿。

4.3　对 策 建 议

本书通过理论分析和实证研究，对航空公司的延误补救质量、顾客对于航空公司补救措施的预期、顾客感知价值、顾客意愿、顾客对于某个航空公司的抱怨和顾客对于某个航空公司的忠诚度之间的关系进行了初步探索，得出前文所述的研究结论。在此基础上，针对航空公司的延误补救质量、顾客对于航空公司补救措施的预期方面来对航班出现延误时应当采取的措施提出建议，进而提高当顾客遇到航班延误时的正向选择及下一次出行时选择该航空公司的意愿。

1. 通过航空公司延误补救措施

航空公司与顾客之间的服务活动是一家航空公司最重要的外在表现之一。随着航空技术的发展，行业同质化的趋势愈加明显，同一个时间段内可选择的航空公司变多，机票的价格已经不再是各个航空公司绝对的竞争力。因此，航空公司要不断提升自己的服务质量来吸引新客户和挽留老客户。

为了提高服务质量，建议航空公司应该从有形补偿入手，为顾客提供较好的休息区，如果航班延误时间长可为顾客提供免费的食宿，或者给予一定的现金赔偿与下一次出行的机票折扣券。航空公司应该在航空公司网站和售票点向顾客详细介绍如果出现不同情况时航空公司和顾客各需承担的费用。

2. 充分了解顾客预期

顾客预期是指顾客在购买和使用某种产品或服务之前对其质量的估计，对于一家航空公司来说尤为重要。当出现航班延误时，若航空公司的处理方式和方法不能满足一个对其有着很高预期的顾客时，会出现双倍的抱怨心理，甚至直接失去该顾客，反之会增加双倍的忠诚度，促进该顾客与该航空公司之间的联系。

因此，对于一家航空公司来说，要定期对已经消费的顾客及还未消费的潜在顾客进行调查，充分了解。对网页上或者网络社区内的评论和舆论进行收集，尤其是服务失败的案例，要真正了解顾客需要的是什么。马斯洛需求理论提到人的需求是多样性的，并且会不断发生变化，因此，航空公司更加具体化地了解顾客对于航空公司的预期，了解顾客需求的变化，可以更好地保持自己的优势，完善自己的不足，提供具有针对性的延误补救措施。

3. 尽快缩短航班延误时间

从顾客对于航空公司延误补救预期的角度来看，一旦出现非不可抗力因素延误，从顾客预期角度来看，即使顾客意愿是正向的，但是等待时间仍然不宜过长，一旦超过顾客最大等待时间，顾客就会出现抱怨心里，此时对于顾客意愿会出现负面影响，故一旦出现非不可抗力因素导致的航班延误时要尽快恢复。

4. 延误信息及时通知

航空公司可以从反应速度和态度入手，根据实证调查，在模拟的情景四中，出现延误后，"相关工作人员迅速当面说明原因并道歉"，通过数据发现有 95% 的被调查者对于"迅速"这个态度感到很满意。目前国内大多顾客对于航班延误时的抱怨关键词集中在"不尊重人""空姐不理顾客""说不清原因"等。因此，当出现航班延误时，航空公司要通过诚恳的态度第一时间说明延误时间与原因，通过机场显示信息，通过航空公司的官方网站、售票网点，以及向顾客的手机、电子邮箱发送信息等方式公布情况，保持信息畅通。还要用相关数据支持，而并非一句话草草结束。

第5章　基于旅客全部退票的轻度干扰下民航干扰管理研究

如果飞机只是受到短时间的轻度干扰，不需要取消航班就能使得航班计划在当天恢复正常，那么运行控制中心的主要目的就是如何通过飞机交换、航班延误等调整手段降低航班的延误时间。按照中国民用航空局的规定，航班延误时间超过30分钟，需要向旅客通报延误信息。因此，尽量降低最大的航班延误时间，会有效地改善航空公司的服务质量。另外，如何在保证航班延误时间较短的目标下，实现动用尽可能少的飞机资源，也更符合航班干扰管理的基本思想。

因此，本书针对航班轻度干扰状况，以降低航班最大延误时间和参与交换的飞机数量为双重目标，对飞机路径恢复的分层目标规划问题展开研究（胡玉真等，2016，2017；胡玉真和张耸，2020）。本书在前期研究成果的基础上，结合航空公司日常运营的实际情况，研究在不正常航班出现后，以最小化航班的最大延误时间和最小化参与交换的飞机数量为双层目标的飞机路径恢复的全局优化问题。首先，根据常用的航班调整原则，分析问题的一些特点，揭示出以最小化航班最大延误时间为第一目标的问题的全局最优解仅通过交换一次航班序列即可得到，并设计基于快速排序的组合构造算法求得最优解。其次，分析在满足上层目标的所有最优解中，求解以最小化参与交换的飞机数量为目标的最优化问题可以等价为最小费用最大流问题。最后，设计基于网络流的组合算法求得双层目标的飞机路径恢复的全局最优解。

5.1　问题描述

本章研究多架飞机受到短时间干扰后飞机路径恢复的分层目标优化问题

（HOARP）。描述如下：已知同一个机场的若干架飞机受到干扰，其原计划执行的
航班不能按照原计划出港，求如何使用飞机交换（用航班任务少的飞机与受到干扰
的飞机交换）和航班顺延（根据受到干扰的飞机或者新交换的飞机可用时刻重新调
整航班的出港时间）等手段重新调整航班使得航班能够在短时间内恢复正常，并分
层实现航班干扰管理的双重目标（第一目标为最小化航班的最大延误时间，第二目
标为最小化参与交换的飞机数量）。在满足上述目标的同时也需要满足以下约束限
制：①每个航班只能被一架飞机执行；②每架飞机只能执行一个航班序列，即得到
一条飞机路径；③在当天宵禁结束之前，每个机场应该有足够数量的飞机停驻，且
和原计划的数量一致，以不影响第二天的正常航班运行。

　　依据上述目标设置、约束限制及相关的假设，基于连接网络建立如下分层目
标规划模型。

　　（1）索引。

i：飞机索引。

f：航班索引。

r：航班序列索引。

s：机场索引。

　　（2）集合。

P：受干扰的和参与交换的飞机集合。

F：航班集合。

R：航班序列集合。

S：机场集合。

$R(f)$：包含航班 f 的航班序列集合；$f \in F$。

$R(s)$：落地机场为 s 的航班序列集合；$s \in S$。

　　（3）参数。

y_{ri}：等于 0 表示航班序列 r 原计划被飞机 i 执行；$r \in R, i \in P$。

t_{rfi}：航班序列 r 被飞机 i 执行时，航班序列中航班 f 的延误时间；$r \in R(f)$，
$f \in F, i \in P$。

m_s：

　　（4）决策变量。

x_{ri}：等于 1 表示航班序列 r 由飞机 i 执行，否则等于 0；$r \in R, i \in P$。

$$\min Z_1 = Q_1 \max_f \sum_{i \in P} \sum_{r \in R(f)} t_{rfi} x_{ri} \qquad (5\text{-}1)$$

$$\min Z_2 = Q_2 \sum_{i \in P} \sum_{r \in R} y_{ri} x_{ri} \tag{5-2}$$

$$Q_1 \gg Q_2 \tag{5-3}$$

$$\sum_{i \in P} \sum_{r \in R(f)} x_{ri} = 1 \qquad \forall f \in F \tag{5-4}$$

$$\sum_{r \in R} x_{ri} \leqslant 1 \qquad \forall i \in P \tag{5-5}$$

$$\sum_{i \in P} \sum_{r \in R(s)} x_{ri} \leqslant m_s \qquad \forall s \in S \tag{5-6}$$

$$x_{ri} = \{0,1\} \qquad \forall i \in P, \ r \in R \tag{5-7}$$

模型目标表示如下：式（5-1）表示最小化第一目标 Z_1 为航班的最大延误时间；式（5-2）表示最小化第二目标 Z_2 为参与交换的飞机数量；式（5-3）表示目标 Z_1 的优先级远远大于目标 Z_2。

约束（5-4）表示每个航班都需要由一架飞机执行，约束（5-5）表示参与交换的每架飞机最多只能执行一条航班序列，约束（5-6）表示在每个机场应该有足够数量的飞机停驻，以至于不影响第二天的航班任务。

为了使问题具有一些较好的性质及后续分析和算法设计得方便，现给出假设条件及若干概念的定义。

（1）受干扰的飞机及参与交换的飞机都属于同一个机型，且干扰发生在同一个机场。

（2）在航班计划中，所有的航班都可以正常出港，即原计划执行该航班的飞机在出港机场的可用时刻不晚于该航班的计划出港时刻。

（3）本书采用的航班调整手段为飞机交换和航班延误，不包括航班取消、调机等措施。

（4）无论是否进行飞机路径恢复，所有的飞机能在机场宵禁之前完成所有的航班。

（5）干扰时间窗的长度小于所有的航班环长度，即所有受干扰飞机执行航班的计划出港时刻的最小值到所有受干扰飞机的实际可用时刻的最大值之间的时间段长度小于所有航班环时间跨度的最小值。

设航班集合为 $F = \{F_i | i \in P\}$，$F_i = \{f_{i1}, f_{i2}, \cdots, f_{in}\}$ 表示原计划由飞机 $i \in P$ 执行的航班序列，其中 n 为由飞机 $i \in P$ 执行的航班数量。在航班序列 $\{f_{iu}, f_{i(u+1)}, \cdots, f_{iv}\}$ 中（$\{f_{iu}, f_{i(u+1)}, \cdots, f_{iv}\} \subseteq \{f_{i1}, f_{i2}, \cdots, f_{in}\}$），如果航班 f_{iu} 的出港机场与航班 f_{iv} 的进港机场相同，则航班序列 $\{f_{iu}, f_{i(u+1)}, \cdots, f_{iv}\}$ 被称为航班环。

当干扰发生时，受干扰飞机（记为 P''，$P'' \subseteq P$）所对应的航班就会发生延误，

设 d_{ij} 表示航班 f_{ij} 的实际出港时刻，s_{ij} 表示航班 f_{ij} 的计划出港时刻，航班 f_{ij} 的延误时间记为 e_{ij}，则有 $e_{ij}=\max\{d_{ij}-s_{ij}, 0\}$，$i\in P''$，$j=1, 2, \cdots, n$，且该问题的第一个目标可以表示为 $Z_1^*=\min\max_{ij}e_{ij}$。

在航班运行的过程中，可以分为若干个时间区间，某一个时间区间内，出港航班数量远多于进港航班，称为出港航班波；在另一个时间区间内，进港航班数量远多于出港航班，称为进港航班波。当干扰发生时，航空公司一般运用出港航班波结构，依次在延误航班发生的各个机场进行调度。首先，需要在发生干扰的机场利用出港航班波，寻找可用飞机集合（记为 P'，$P'\subseteq P$），与受干扰的飞机 $P''\subseteq P$ 进行飞机交换，这被称为交换阶段 1。在交换阶段 1 之后，如果仍存在延误航班 f_{ik}，$\forall i\in P$，$k=2, 3, \cdots, n$（注意航班序列 $\{f_{ik}|i\in P, k=1, 2, \cdots, n\}$ 在飞机交换阶段 1 后，并不一定被飞机 $i\in P$ 执行）。其次，在航班 f_{i2} 的出港机场，再次利用出港航班波寻找可用的飞机与执行航班序列 $\{f_{ik}|k=2, 3, \cdots, n\}$ 的飞机继续进行交换。以此类推，直到后续的航班序列不存在延误航班。

对于每架可能用于飞机交换的飞机 $i\in P'$，都会在干扰机场经停一段时间（记为 $[a_i, s_{ij}]$），其中 a_i 表示飞机 i 准备执行航班 f_{ij} 的可用时刻，s_{ij} 表示下一个航班 f_{i1} 的计划出港时刻，且 $a_i<s_{i1}$。在这段时间区间内，飞机 i 准备找机会与受干扰的飞机 $i\in P''$ 进行交换，以降低后续航班的延误时间。这段时间被称为飞机 i 的交换区间，记为 in_i。同样，对于受干扰的飞机 $i\in P''$，其对应的干扰区间为 $[s_{i1}, a_i]$，且 $s_{i1}<a_i$，并且该问题的干扰区间为 $[ms, ma]$，其中 $ms=\min_{i\in P'}s_{i1}$，$ma=\max_{i\in P'}a_i$。

交换区间和干扰区间如图 5-1 所示。有三条飞机路径：第一条路径，原计划由飞机 $i=1$ 执行，从机场 PEK 出港，执行航班 f_{11} 和 f_{12} 之后，在机场 PEK 进港；第二条路径，原计划由飞机 $i=2$ 执行，从机场 PEK 出港，经航班 f_{21} 和 f_{22}，到达机场 TAO；第三条路径，原计划由飞机 $i=3$ 执行，先执行航班 f_{31}，最后执行航班 f_{33}，途经机场 PEK-WEH-PEK-YNJ。设飞机 $i=1$ 和飞机 $i=2$ 在机场 PEK 受到干扰，可用时刻分别为 a_1 和 a_2。此时，如果不进行飞机交换，则航班 f_{11} 和航班 f_{21} 及其后续的航班序列将会发生延误。因此，在机场 PEK 进行飞机交换可以有效地降低航班 f_{11} 和 f_{21} 及其后续航班序列的延误时间，而在其他机场的任何飞机交换都是无效的。航班 f_{31} 和 f_{33} 的出港机场（分别记为 dep_{31} 和 dep_{33}）都是 PEK，与航班 f_{11}、f_{21} 相同，即 $dep_{11}=dep_{21}=dep_{31}=dep_{33}=$ PEK。因此，飞机 $i=3$ 在机场 PEK 有两个交换区间，一个是 $[a_3, s_{31}]$，另一个是 $[a_3', s_{33}]$。受干扰的飞机 $i=1$ 和 $i=2$ 对应的干扰区间分别为 $[s_{11}, a_1]$、$[s_{21}, a_2]$。该例子的干扰区间为 $[s_{21}, a_1]$。

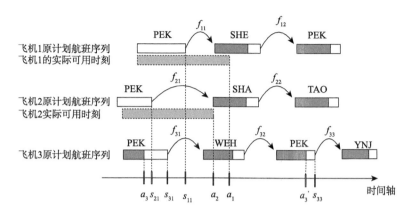

图 5-1　交换区间和干扰区间示意

基于航班环和干扰区间的定义，假设条件（5）可以用公式表示如下：

$$ma-ms<\min_c t_c \tag{5-8}$$

其中，c 表示航班环；t_c 表示航班环的时间区间长度，即从航班环中首个航班的计划出港时刻到航班环中最后一个航班的计划进港时刻之间的时间跨度。

5.2　性　质　分　析

在交换阶段 1 中，令可以参与飞机交换的交换区间集合记为 IN，则按照飞机交换区间的定义，以及与干扰区间的关系，我们把交换阶段 1 中找到的飞机交换区间集合 IN 分为 6 类。

$$\text{IN}=\text{IN}_1\cup\text{IN}_2\cup\text{IN}_3\cup\text{IN}_4\cup\text{IN}_5\cup\text{IN}_6 \tag{5-9}$$

$$\text{IN}_1=\{in_i\mid a_i\leqslant ms,\ ma\leqslant s_{i1},\ i\in P'\} \tag{5-10}$$

$$\text{IN}_2=\{in_i\mid a_i\leqslant ms<s_{i1}<ma,\ i\in P'\} \tag{5-11}$$

$$\text{IN}_3=\{in_i\mid ms<a_i\leqslant s_{i1}<ma,\ i\in P'\} \tag{5-12}$$

$$\text{IN}_4=\{in_i\mid ms<a_i<ma\leqslant s_{i1},\ i\in P'\} \tag{5-13}$$

$$\text{IN}_5=\{in_i\mid s_{i1}\leqslant ms,\ i\in P'\} \tag{5-14}$$

$$\text{IN}_6=\{in_i\mid a_i\geqslant ma,\ i\in P'\} \tag{5-15}$$

引理 5-1　对于任何一个可以参与交换的飞机 $i\in P'$，设其对应的交换区间集合为 N_i，且 $N_i'=N_i\cap(\text{IN}_1\cup\text{IN}_2\cup\text{IN}_3\cup\text{IN}_4)$，$|N_i'|\leqslant1$。

证明： 假设 $\exists i\in P'$，$|N_i'|>1$，不妨设 $|N_i'|=2$，并且 $N_i'=\{in, in'\}$。

则根据交换区间的定义，在交换区间 in 和 in' 之间，存在一个航班环 c，并且

满足 $t_c<\text{ma}-\text{ms}$。然而这与假设条件（5）和式（5-8）冲突。

设 SOL_m 表示在交换阶段 m 中得到的可行解集合，value_{sol} 表示可行解 $\text{sol}\in\text{SOL}_m$ 的第一个目标值，则可以得到以下引理。

引理 5-2　$Z_1^* = \min_{sol\in\text{SOL}_1}\text{value}_{sol}$

证明：根据交换阶段的定义，很容易得到

$$Z_1^* = \min_m\{\min_{sol\in\text{SOL}_m}\text{value}_{sol}\} \tag{5-16}$$

在交换阶段 m 中，对于任何 $\text{sol}\in\text{SOL}_m$，$m=1,2,\cdots,n$，如果 $\exists e_{im}>0$ 且 $e_{i(m+1)}>0$，则将会在机场 $\text{dep}_{i(m+1)}$ 进行交换阶段 $m+1$。需要注意的是，在交换阶段 $m+1$ 中，e_{im} 将保持不变。

设可行解 $\text{sol}'\in\text{SOL}_{m+1}$ 是在可行解 $\text{sol}\in\text{SOL}_m$ 之后得到的，则对于 $\forall\text{sol}'\in\text{SOL}_{m+1}$，有

（1）如果 $\text{value}_{sol}=e_{im}$，既然 e_{im} 保持不变，则：

$$\text{value}_{sol'} = \max\{e_{im},\max_i e_{i(m+1)}\} \tag{5-17}$$

（2）如果 $\text{value}_{sol}=e_{i'm}$，则 $e_{i'm}>e_{im}$。既然 $e_{i'm}$ 和 e_{im} 都保持不变，因此

$$\text{value}_{sol'} = \max\{e_{i'm},\max_i e_{i(m+1)}\} \tag{5-18}$$

由式（5-17）和式（5-18），我们得到

$$\text{value}_{sol'} = \max\{\text{value}_{sol},\max_i e_{i(m+1)}\} \tag{5-19}$$

$\therefore \text{value}_{sol'}\geqslant\text{value}_{sol}$

$\therefore \forall\text{sol}'\in\text{SOL}_{m+1}$，$\text{value}_{sol'}\geqslant\min_{sol\in\text{SOL}_m}\text{value}_{sol}$

$\therefore \min_{sol\in\text{SOL}_{m+1}}\text{value}_{sol}\geqslant\min_{sol\in\text{SOL}_m}\text{value}_{sol}\geqslant\cdots\geqslant\min_{sol\in\text{SOL}_1}\text{value}_{sol}$

$\therefore \min_{sol\in\text{SOL}_1}\text{value}_{sol}=\min_m\{\min_{sol\in\text{SOL}_m}\text{value}_{sol}\}$

$\therefore Z_1^*=\min_m\{\min_{sol\in\text{SOL}_m}\text{value}_{sol}\}=\min_{sol\in\text{SOL}_1}\text{value}_{sol}$

由引理 5-2 我们知道，Z_1^* 可以在交换阶段 1 中得到。由引理 5-1 可知，在交换阶段 1 中，飞机和飞机的交换区间是一一对应的。因此在后续的引理中，我们都是针对交换阶段 1 得到的，即只研究在受干扰机场发生的交换。倘若不同飞机在不同机场受到干扰，只要后续飞机之间没有交集，只需要对不同机场发生的干扰分别计算最优值，然后取最小值，即可得到 Z_1^*。引理 5-3 将会证明最优解中不包括交换区间子集 IN_5；引理 5-4 将会证明最优解中不包括交换区间子集 IN_6。

在以下的叙述中，设 (in_l,f_{i1}) 表示航班序列 $\{f_{ij}|j=1,2,\cdots\}$ 被飞机 l 执行，其中 $l,i\in P'$；OPT 表示问题的最优解集合；IN_{sol} 表示在实际中参与飞机交换的交换区间集合。

引理 5-3　$\nexists\text{sol}\in\text{OPT}$ 满足 $\text{IN}_5\cap\text{IN}_{sol}\neq\varnothing$，并且 $\text{value}_{sol}=Z_1^*$。

证明：假设 $\exists\text{sol}\in\text{OPT}$ 满足 $\text{IND}=\text{IN}_5\cap\text{IN}_{sol}=\{in_1,in_2,\cdots,in_k\}$，$s_{11}\geqslant s_{21}\geqslant\cdots$

$\geqslant s_{k1}$，并且 $value_{sol} = Z_1^*$。

我们将通过以下方式证明上述假设不成立。因为我们总能找到另外一个可行解，且目标值不超过 $value_{sol}$。设在可行解 sol 中，部分飞机和与航班序列的匹配是 (in_k, f_{u1}) 和 (in_v, f_{k1})。

则航班 f_{u1} 和 f_{k1} 的延误时间为

$$e_{u1} = d_{u1} - s_{u1} = \max\{a_k, s_{u1}\} - s_{u1} = \max\{a_k - s_{u1}, 0\} \tag{5-20}$$

$$e_{k1} = d_{k1} - s_{k1} = \max\{a_v, s_{k1}\} - s_{n1} = \max\{a_v - s_{k1}, 0\} \tag{5-21}$$

如果 $in_u \in IND$，则 $s_{u1} \geqslant s_{k1} \geqslant a_k$。

如果 $in_u \notin IND$，既然 $in_u \in IN_{sol}$，则 $in_u \notin IN_5$ 并且 $s_{u1} > ms \geqslant s_{k1} \geqslant a_k$。

从式（5-20），我们得知 $e_{u1} = 0$。

我们构造一个可行解 sol'，在解 sol' 中 $in_k \notin IN_{sol'}$ 且包含匹配（in_v, f_{u1}），其他匹配与 sol 相同。既然 in_k 在 sol' 中不参与任何飞机交换，则航班 f_{k1} 的延误时间等于 0，即 $e'_{k1} = 0$。

在解 sol' 中航班 f_{u1} 的延误时间，记为 e'_{u1}，有如下表示：

$$e'_{u1} = d_{u1} - s_{u1} = \max\{a_v, s_{u1}\} - s_{u1} = \max\{a_v - s_{u1}, 0\} \tag{5-22}$$

$\because s_{u1} \geqslant s_{k1}$

$\therefore a_v - s_{u1} \leqslant a_v - s_{k1}$

$\therefore$ 由式（5-21）和式（5-22）得知 $e'_{u1} \leqslant e_{k1}$，其中如果 $a_v \geqslant s_{k1} = s_{u1}$，则等号成立。

$\therefore value_{sol'} \leqslant value_{sol}$

这与 $value_{sol} = Z_1^*$ 冲突。因此最初的假设不成立。

引理 5-4　$\nexists sol \in OPT$ 满足 $IN_6 \cap IN_{sol} \neq \varnothing$，并且 $value_{sol} = Z_1^*$。

证明： 假设 $\exists sol \in OPT$ 满足 $IND = IN_6 \cap IN_{sol} = \{in_1, in_2, \cdots, in_k\}$，$a_1 \leqslant a_2 \leqslant \cdots \leqslant a_k$，并且 $value_{sol} = Z_1^*$。

我们通过以下方式证明上述假设不成立。因为我们总能找到另外一个可行解，且目标值不超过 $value_{sol}$。设在可行解 sol 中，部分飞机和与航班序列的匹配是 (in_k, f_{u1}) 和 (in_v, f_{k1})。

那么航班 f_{u1} 和 f_{k1} 的延误时间为

$$e_{u1} = d_{u1} - s_{u1} = \max\{a_k, s_{u1}\} - s_{u1} = \max\{a_k - s_{u1}, 0\} \tag{5-23}$$

$$e_{k1} = d_{k1} - s_{k1} = \max\{a_v, s_{k1}\} - s_{k1} = \max\{a_v - s_{n1}, 0\} \tag{5-24}$$

如果 $in_v \in IND$，则 $a_v \leqslant a_k \leqslant s_{k1}$。

如果 $in_v \notin IND$，既然 $in_v \in IN_{sol'}$，则 $in_v \notin IN_6$ 且 $a_v < ma \leqslant a_k \leqslant s_{k1}$。

由式（5-24）得知 $e_{k1} = 0$。

我们构造一个可行解 sol′，在解 sol′中 $in_k \notin IN_{sol'}$ 且包含匹配（in_v, f_{u1}），其他匹配与 sol 相同。既然 in_k 在 sol′中不参与任何飞机交换，则航班 f_{k1} 的延误时间等于 0，即 $e'_{k1}=0$。

在解 sol′中航班 f_{u1} 的延误时间，记为 e'_{u1}，有如下表示：

$$e'_{u1}= d_{u1}-s_{u1}=\max\{a_v, s_{u1}\}-s_{u1} = \max\{a_v-s_{u1}, 0\} \tag{5-25}$$

∵ $a_v \leqslant a_k$

∴ $a_v - s_{u1} \leqslant a_k - s_{u1}$

∴由式（5-23）和式（5-25）得知 $e'_{u1} \leqslant e_{u1}$。

∴ $value_{sol'} \leqslant value_{sol}$

这与 $value_{sol}=Z_1^*$ 冲突。因此最初的假设不成立。

由引理 5-3 和引理 5-4 得知，IN_5 和 IN_6 集合中的飞机交换区间不会参与最优解中的飞机交换。可以通过在集合 IN_1、IN_2、IN_3 和 IN_4 中选取交换区间进行飞机交换。在下一部分将会介绍多项式算法求解飞机路径恢复的分层目标规划。

5.3 算 法 设 计

第 m（$m \geqslant 2$）阶段的飞机交换并不影响目标值 Z_1^*，因此，第一阶段的飞机交换即可得到双层目标规划中 Z_1 的最优值，而每个航班序列中的后续航班跟随首个航班由同一架飞机执行，即得到双层目标规划中 Z_1 的最优解；另外，由于第 m（$m \geqslant 2$）阶段的飞机交换，或者 IN_5 和 IN_6 的飞机参与飞机交换，很明显会增加参与交换的飞机数量，但又不会降低 Z_1 的目标值，由此第一阶段的飞机交换即得到 Z_2 的最优解。因此，在第一阶段，集合 IN_1、IN_2、IN_3 和 IN_4 中的飞机参与交换即可得到 Z_1 和 Z_2 的最优解。

根据 Z_1 和 Z_2 的分层结构，本书设计两种多项式时间算法分别求得分层目标规划的最优解，并分别给出算法的时间复杂度分析和算法的最优性证明。第一个算法是二分搜索-最小费用流（binary search-minimum cost flow，BSMCF）算法，主要是通过二分法进行迭代缩小 Z_1 的搜索范围，并在每一次迭代中运用最小费用流求得当前范围下的最优值 Z_2^*。第二个算法为快速排序-最小费用流（quicksort-minimum cost flow，QSMCF）算法，先运用快速排序的方法得到 Z_1^*，然后运用最小费用流算法求解得到 Z_2^*。两个算法的具体步骤分别介绍如下。

5.3.1 二分搜索–最小费用流算法

在第一阶段，对飞机执行航班序列的匹配安排可以看作从飞机流向航班序列的 0-1 流。因此，建立一个新的网络图，$CN=(o, t, V, A, \omega, y, b)$。其中，$o$ 表示网络图的起点；t 表示网络图的终点；$V=I \cup J$，I 和 J 分别表示飞机集合和原计划要执行的航班序列集合；$A=A_1 \cup A_2 \cup A_3$，$A_1=\{(o, i)|i \in I\}$ 表示开始对飞机进行安排，$A_3=\{(j,t)|j \in J\}$ 表示所有航班序列已经被执行完毕，在 $A_2=\{(i,j), i \in I, j \in J\}$ 中，$(i, j) \in A_2$ 表示飞机 $i \in I$ 可能会被安排执行航班序列 $j \in J$。ω_{ij} 表示航班序列 j 被飞机 i 执行后其第一个航班的延误时间，即 $\omega_{ij}=\max\{a_i-s_{j1},0\}$。$y_{ij}$ 为航班序列 j 是否原计划被飞机 i 执行的标示，$y_{ij}=0$ 表示航班序列 j 原计划被飞机 i 执行，$y_{ij}=1$ 表示航班序列 j 原计划不被飞机 i 执行。b_{ij} 表示弧$(i, j) \in A_2$ 上流的容量大小，且 $b_{ij}=1$，$\forall(i, j) \in A_2$。类似地，$y_{oi}=0$，$b_{oi}=1$，$\forall i \in I$，$y_{jt}=0$，$b_{jt}=1$，$\forall j \in J$。

BSMCF 算法的具体步骤如下。

输入：IN_1、IN_2、IN_3、IN_4 及对应的航班序列。

第 1 步：构建网络图 $CN=(o, t, V, A, w, y, b)$ 且 I 或 J 中的点数 $n=|P'|+|IN_1|+|IN_2|+|IN_3|+|IN_4|$。

第 2 步：令 $\omega\max=\max\{a_i-s_{j1}|i=j, (i,j) \in A_2\}$，$\omega\min=0$，$sol=\{(i,j), i=j, (i,j) \in A_2\}$。

第 3 步：如果 $\nexists(i, j) \in A_2$ 满足 $\omega\min \leqslant \omega_{ij} < \omega\max$，则设 $value1_{BSMCF}=\omega\max$，$value2_{BSMCF}=\sum\limits_{(i, j) \in sol} y_{ij}$ 转第 11 步。

第 4 步：构建子网络 $CN'=(o, t, V, A_1 \cup A_2' \cup A_3, \omega, y, b)$，其中 $A_2'=A_2/\{\omega_{ij} > (\omega\min+ \omega\max)/2, (i,j) \in A_2\}$。

第 5 步：设在子网络 CN' 中，从 o 到 t 的初始流为 $valfl=0$。

第 6 步：如果 $valfl=n$，则转第 9 步，否则转第 10 步。

第 7 步：构建增量网络 $CN'(fl)$，并找到增广路 M，设其从 o 到 t 的最小费用为 y_{ij}。

第 8 步：设 $C(M)$ 为增广路 M 中弧容量的最小值，$\theta=\min\{C(M), n-valfl\}$，在子网络 CN' 中，沿增广路 M 在流 fl 上增加 θ，以获得新流 fl，转第 6 步。

第 9 步：更新 $sol=\{(i, j)|(i, j) \in fl \cap A_2'\}$，且令 $\omega\max=\max_{(i, j) \in sol} \omega_{ij}$，转第 3 步。

第 10 步：令 $\omega\min=(\omega\max+\omega\min)/2$，转第 3 步。

第 11 步：算法停止。

输出：sol、$value1_{BSMCF}$ 和 $value2_{BSMCF}$。

该算法的复杂度为 $O(n^4\log(n))$。第 3 步、第 4 步、第 5 步、第 9 步和第 10 步为二分搜索算法,在集合 I 和集合 J 之间有 n^2 个连接,因此,至少需要时间 $O(\log(n))$ 才能找到最优值。第 6 步、第 7 步和第 8 步描述了最小费用流算法,在最小费用路上最多需要增流 n 步,而每一次的最小费用路能在时间 $O(n^3)$ 内通过最小费用路算法找到。因此该算法的复杂度为 $O(n^3) \times O(n) \times O(\log(n))=O(n^4\log(n))$。

定理 5-1 BSMCF 算法可以获得 HOARP 的最优解,且 $Z_1^* =$ value1$_{\text{BSMCF}}$,$Z_2^* =$ value2$_{\text{BSMCF}}$。

证明: 首先,第 2 步、第 3 步、第 4 步、第 9 步、第 10 步运用二分法进行迭代,每一次的迭代求解都可以用最小费用最大流算法且每条弧 (i, j) 的网络流成本为 y_{ij}。value1$_{\text{BSMCF}}$ 表示飞机 i 执行航班序列 j 后,航班序列中航班延误时间的最大值,其对应目标 Z_1;value2$_{\text{BSMCF}}$ 表示调整后没有执行原计划航班序列的飞机数量,其对应目标 Z_2。在算法中由最小费用路算法得到的弧集合 $\{(i, j) \in$ sol$\cap A_2\}$ 表示在二分法的当前迭代中,飞机 i 执行航班序列 j。第 5 步、第 6 步、第 7 步、第 8 步运用最小费用路算法求解最小费用最大流问题得到 value1$_{\text{BSMCF}}$ 和 value2$_{\text{BSMCF}}$,该算法已经被 Tomizawa(1972)证明其有效性。因此,第 5 步、第 6 步、第 7 步、第 8 步可以得到二分搜索的当前迭代中飞机的最优安排。

其次,用反证法证明二分搜索法能够得到 HOARP 的最优值。假设∃sol′∈SOL,value1$_{\text{sol}'}$=Z_1^*<value1$_{\text{BSMCF}}$,或者 value2$_{\text{sol}'}$=Z_2^*< value2$_{\text{BSMCF}}$。由算法的第 3 步得知,$\because \nexists (i, j) \in A_2$,$\omega$min$\leqslant \omega_{ij} < \omega$max,$\therefore$ max$_{(i, j) \in \text{sol}'} \omega_{ij} < \omega$min。

令 CN″$=(o, t, V, A_1 \cup A_2'' \cup A_3, \omega, y, b)$,其中 $A''=A_2/\{(i, j)| \omega_{ij}>(\omega$max$+ \omega$min$)/2, (i, j) \in A_2\}$。然而,由第 3 步和第 10 步得知,在 CN″中,不存在从 o 到 t 的额外可行流 fl 使得 val$fl=n$,因此,这和假设冲突。

5.3.2 快速排序–最小费用流算法

QSMCF 算法是在快速排序算法和最小费用流算法相结合的基础上设计的多项式时间算法。在该算法中,首先运用快速排序算法求得航班的最大延误时间 value$_{\text{max}}$,其次根据飞机和航班的匹配状态,建立网络图 CN$=(o, t, V, A, \omega, y, b)$。在网络图中,$o$ 和 t 分别代表网络流的起点和终点;$V=I \cup J$,其中 I 和 J 分别代表飞机集合和对应的航班序列的集合;$A=A_1 \cup A_2 \cup A_3$,其中 $A_1=\{(o, i)|i \in I\}$ 代表飞机 I 开始被安排,$A_3=\{(j, t)| j \in J\}$ 代表所有航班序列已被飞机执行完毕,$A_2=\{(i, j), i \in I, j \in J\}$,在 A_2 中的每一条弧 $(i, j) \in A_2$ 代表飞机 $i \in I$ 可能会被安排执行航班序列 $j \in J$。对于每一条弧 $(i, j) \in A_2$,ω_{ij} 代表飞机 i 执行航班序列 j 时首个航班的延误时间,即 $\omega_{ij}=$max$\{a_i-s_{j1}, 0\}$;y_{ij} 为航班序列 j 是否由原飞机执行的标示,$y_{ij}=0$ 表

示航班序列 j 由原飞机 i 执行，$y_{ij}=1$ 表示执行航班序列 j 的飞机 i 不是航班序列 j 的原飞机；b_{ij} 表示弧 $(i, j) \in A_2$ 的容量，且 $b_{ij}=1$, $\forall (i, j) \in A_2$。对于弧 $(o, i) \in A_1$ 和 $(j, t) \in A_3$ 有 $y_{oi}=0$, $b_{oi}=1$, $\forall i \in I$, $y_{jt}=0$, $b_{jt}=1$, $\forall j \in J$。

依据网络图 CN，将 $value_{max}$ 作为阈值，删除弧集合 A_2 中延误时间大于 $value_{max}$ 的弧，更新为弧的集合 A_2'，从而构造出一个新的网络图 CN′，最后将 y_{ij} 作为网络图 CN′ 中每条弧的费用、b_{ij} 作为网络图 CN′ 中每条弧的弧容量，求得网络图的最小费用流。这样问题的最优解为最小费用流中属于 A_2' 的弧集合，第一目标的最优值为 $value_{max}$，第二目标的最优值为网络流的最小费用。

QSMCF 算法的具体步骤如下。

输入：IN_1、IN_2、IN_3、IN_4 及对应的航班序列。

第 1 步：运用快速排序算法分别对 $\{a_i | i \in P\}$ 和 $\{s_{j1} | j \in P\}$ 从小到大进行排序。

第 2 步：设 $a_{i(1)} \leqslant a_{i(2)} \leqslant \cdots \leqslant a_{i(|P|)}$，且 $s_{j(1)1} \leqslant s_{j(2)1} \leqslant \cdots \leqslant s_{j(|P|)1}$，$sol=\{(i(k), j(k)) | k=1, 2, \cdots, |P|\}$，$value_{max}=\max_{(i, j) \in sol} \omega_{ij}$。

第 3 步：令 CN′$=(o, t, V, A_1 \cup A_2' \cup A_3, \omega, y, b)$，其中 $A_2'=A_2 / \{\omega_{ij} | \omega_{ij} > value_{max}, (i, j) \in A_2\}$。

第 4 步：设网络图 CN 中从 o 到 t 的初始流为 fl，令初始流的大小 val $fl=0$。

第 5 步：如果 val $fl=|P|$，则转第 8 步，否则转第 6 步。

第 6 步：建立增量网络图 CN′(fl)，并找到一条从 o 到 t 的最小费用增广路 M，以及对应的最小费用 y_{ij}，转第 7 步。

第 7 步：设 $C(M)$ 为增广路 M 中的最小弧容量，设 $\theta=\min\{C(M), |P|-\text{val} fl\}$，在 CN′ 中沿 M 对 fl 增流 θ，得新流 fl，转第 5 步。

第 8 步：令 $solopt=\{(i, j) | (i, j) \in fl \cap A_2'\}$，$value1_{QSMCF}=\max_{(i, j) \in solopt} \omega_{ij}$, $value2_{QSMCF}=\sum_{(i, j) \in solopt} y_{ij}$ 算法停止。

输出：$solopt$、$value1_{QSMCF}$ 和 $value2_{QSMCF}$。

QSMCF 算法的复杂度为 $O(|P|^4)$。首先，根据 Hoare（1962），第 1 步的复杂度为 $O(|P|\log(|P|))$；第 4~7 步为最小费用路算法，其每次增流至少一个单位，因此需要经过至多 $|P|$ 次找最小费用增广路并增流；第 6 步中每次求最小费用增广路可以使用最短路算法，其计算量不超过 $O((2|P|+2)^3)$；第 7 步中沿增广路增流过程的计算量不超过 $O(2|P|+2)$。因此，计算得到 QSMCF 算法的复杂度为 $O(|P|\log(|P|)+|P| \times ((2|P|+2)^3+(2|P|+2)))=O(|P|^4)$。即 QSMCF 算法的复杂度较 BSMCF 算法更低，具有更好的性质。

本书下面给出一系列定义和定理，以证明 QSMCF 算法的有效性。先给出证明 $value_{max}=Z_1^*$，然后证明 $solopt$ 为 Z_1 和 Z_2 的最优解，且 $value2_{QSMCF}=Z_2^*$。

设 $\text{value}_{\max}=\max_{(i,j)\in\text{sol}}\omega_{ij}=\omega_{i^*j^*}=\max\{a_{i^*}-s_{j^*1},0\}$，我们先根据 a_{i^*} 和 s_{j^*1} 将集合 sol 里的元素分为四个子集，并以此将对应的飞机集合 I 和航班序列集合 J 分别分为四个子集，然后根据各子集之间元素的数量比对关系用反证法分析证明出 $a_{i^*}-s_{j^*1}$ 是 Z_1 的最优值。

定义 5-1　集合 sol 可以分为 M_1、M_2、M_3 和 M_4 四个子集。

如果 $a_{i^*}\geqslant s_{j^*1}$，子集如下所示：

$M_1=\{(i,j)\in\text{sol}\mid a_i<s_{j^*1},s_{j1}<s_{j^*1}\}$

$M_2=\{(i,j)\in\text{sol}\mid s_{j1}<s_{j^*1},s_{j^*1}\leqslant a_i<a_{i^*}\}$

$M_3=\{(i,j)\in\text{sol}\mid s_{j^*1}\leqslant s_{j1}<a_{i^*},a_i\geqslant a_{i^*}\}$

$M_4=\{(i,j)\in\text{sol}\mid a_i\geqslant a_{i^*},s_{j1}\geqslant a_{i^*}\}$

如果 $a_{i^*}<s_{j^*1}$，子集如下所示：

$M_1=\{(i,j)\in\text{sol}\mid a_i<a_{i^*},s_{j1}<a_{i^*}\}$

$M_2=\{(i,j)\in\text{sol}\mid a_i<a_{i^*},a_{i^*}\leqslant s_{j1}<s_{j^*1}\}$

$M_3=\{(i,j)\in\text{sol}\mid a_{i^*}\leqslant a_i<s_{j^*1},s_{j1}\geqslant s_{j^*1}\}$

$M_4=\{(i,j)\in\text{sol}\mid a_i\geqslant s_{j^*1},s_{j1}\geqslant s_{j^*1}\}$

定义 5-2　飞机集合 I 分为 A_1、A_2 和 A_3 三个子集；航班序列集合 J 分为 B_1、B_2 和 B_3 三个子集。

如果 $a_{i^*}\geqslant s_{j^*1}$，则 $A_1=\{i\in I\mid a_i<s_{j^*1}\}$，$A_2=\{i\in I\mid s_{j^*1}\leqslant a_i<a_{i^*}\}$，$A_3=\{i\in I\mid a_i\geqslant a_{i^*}\}$，$B_1=\{j\in J\mid s_{j1}<s_{j^*1}\}$，$B_2=\{j\in J\mid s_{j^*1}\leqslant s_{j1}<a_{i^*}\}$，$B_3=\{j\in J\mid s_{j1}\geqslant a_{i^*}\}$。

如果 $a_{i^*}<s_{j^*1}$，则 $A_1=\{i\in I\mid a_i<a_{i^*}\}$，$A_2=\{i\in I\mid a_{i^*}\leqslant a_i<s_{j^*1}\}$，$A_3=\{i\in I\mid a_i\geqslant s_{j^*1}\}$，$B_1=\{j\in J\mid s_{j1}<a_{i^*}\}$，$B_2=\{j\in J\mid a_{i^*}\leqslant s_{j1}<s_{j^*1}\}$，$B_3=\{j\in J\mid s_{j1}\geqslant s_{j^*1}\}$。

引理 5-5　如果 $a_{i^*}\geqslant s_{j^*1}$，则 $|A_1|=|M_1|$，$|A_2|=|M_2|$，$|A_3|=|M_3\cup M_4|=|M_3|+|M_4|$，$|B_1|=|M_1\cup M_2|=|M_1|+|M_2|$，$|B_2|=|M_3|$，$|B_3|=|M_4|$。

如果 $a_{i^*}<s_{j^*1}$，则 $|A_1|=|M_1\cup M_2|=|M_1|+|M_2|$，$|A_2|=|M_3|$，$|A_3|=|M_4|$，$|B_1|=|M_1|$，$|B_2|=|M_2|$，$|B_3|=|M_3\cup M_4|=|M_3|+|M_4|$。

定理 5-2　$Z_1^*=\text{value}_{\max}$。

证明： 假设 $\text{value}_{\max}\neq Z_1^*$，而 $\text{value}'_{\text{sol}'}=Z_1^*$，即 $\text{value}'_{\text{sol}'}<\text{value}_{\max}$。设 $\text{value}'_{\text{sol}'}=\max_{(i,j)\in\text{sol}'}\omega_{ij}=\omega_{i'j'}=\max\{a_{i'}-s_{j'1},0\}$，下面分三种情况进行证明。

情况 1：如果 $a_{i^*}\geqslant s_{j^*1}$，$j'=j^*$。

因为 $j'=j^*$，所以 $s_{j'1}=s_{j^*1}$，即 $a_{i'}-s_{j'1}=a_{i'}-s_{j^*1}$。

因为 value$'_{sol'}$= max$\{a_{i'}-s_{j'1}, 0\}<$value$_{max}=$ max$\{a_{i^*}-s_{j^*1}, 0\}$，所以 $a_{i'}-s_{j'1}<a_{i^*}-s_{j^*1}$，$a_{i'}-s_{j'1}<a_{i^*}-s_{j^*1}$，因此 $a_{i'}<a_{i^*}$，即 $i'\in A_1\cup A_2$。

$A_1\cap A_2=\varnothing$，因此 $|A_1\cup A_2/\{i'\}|<|A_1\cup A_2|=|A_1|+|A_2|=|M_1|+|M_2|=|B_1|$，故至少存在 $(i, j)\in$ sol'，满足 $i\in A_3$ 和 $j\in B_1$，即 $a_i\geqslant a_{i^*}$、$s_{j1}<s_{j^*1}$，$a_i-s_{j1}>a_{i^*}-s_{j^*1}>a_{i'}-s_{j'1}$，而这与 value$'_{sol'}=Z_1^*$ 矛盾，因此假设不成立。

情况 2：如果 $a_{i^*}\geqslant s_{j^*1}$，$j'\neq j^*$。

因为 value$'_{sol'}<$value$_{max}$，所以 $a_{i'}-s_{j'1}<a_{i^*}-s_{j^*1}$。

设 $(i'', j^*)\in$ sol'，则 $a_{i''}-s_{j^*1}\leqslant a_{i'}-s_{j'1}<a_{i^*}-s_{j^*1}$，因此 $a_{i''}<a_{i^*}$，即 $i''\in A_1\cup A_2$。

$A_1\cap A_2=\varnothing$，因此 $|A_1\cup A_2/\{i''\}|<|A_1\cup A_2|=|A_1|+|A_2|=|M_1|+|M_2|=|B_1|$，故至少存在 $(i, j)\in$ sol'，满足 $i\in A_3$ 和 $j\in B_1$，即 $a_i\geqslant a_{i^*}$、$s_{j1}<s_{j^*1}$，$a_i-s_{j1}>a_{i^*}-s_{j^*1}>a_{i'}-s_{j'1}$，这与 value$'_{sol'}=Z_1^*$ 矛盾，因此假设不成立。

情况 3：如果 $a_{i^*}<s_{j^*1}$。

因为 value$'_{sol'}=$ max$\{a_{i'}-s_{j'1}, 0\}<$value$_{max}=$max$\{a_{i^*}-s_{j^*1}, 0\}$且 $a_{i^*}<s_{j^*1}$，所以 value$'_{sol'}=$ value$_{max}=0$，这与假设 value$'_{sol'}<$value$_{max}$ 矛盾，因此假设不成立。

综上所述，假设不成立，故 $Z_1^*=$value$_{max}$。

定理 5-3　QSMCF 算法中，solopt 为 Z_1 和 Z_2 的最优解，且 $Z_1^*=$value1$_{QSMCF}$，$Z_2^*=$value2$_{QSMCF}$。

证明： 首先，证明 solopt 是 Z_1 的最优解，即 $Z_1^*=$value1$_{QSMCF}$。

因为 sol 为完美匹配且元素个数为 $|P|$，value$_{max}=$max$_{(i, j)\in \text{sol}}\,\omega_{ij}$，即 $\forall (i, j)\in$ sol，$\omega_{ij}\leqslant$value$_{max}$，而在网络图 CN'中 $A_2'=A_2\backslash\{\omega_{ij}|\omega_{ij}>$value$_{max}, (i, j)\in A_2\}$，所以 A_2' 至少存在一个完美匹配，即在网络图 CN'中找到的最大流一定为 $|P|$。因为 $\forall (i, j)\in A_2'$，$b_{ij}=1$，所以 solopt 为完美匹配且元素个数为 $|P|$，因此 solopt 为 Z_1 的最优解，即 $Z_1^*=$value1$_{QSMCF}$。

其次，证明 solopt 同样为 Z_2 的最优解，即 $Z_2^*=$value2$_{QSMCF}$。

鉴于第 4~8 步为最小费用路算法，根据 Tomizawa（1972），它能求得 CN'的最小费用流，且费用为 $\sum_{(i, j)\in \text{solopt}}y_{ij}$，solopt 为完美匹配且元素个数为 $|P|$，因此，solopt 同样为 Z_2 的最优解。

值得注意的是，上述两种算法都只解决了单机场的飞机受干扰的航班调整问题。对于多机场航班同时受干扰的问题时，如果受干扰航班序列及参与调换的飞机执行的航班序列所涉及的机场在时间上不发生重叠，则上述算法仍旧能够得到 HOARP 的最优值。

5.4　算 例 分 析

为了更精确地分析多目标规划用于航班干扰管理的效果，以及验证两种算法的有效性，我们给出一个恢复规模为 6 架飞机的算例，具体航班计划信息如表 5-1 所示。在该算例中，飞机在各机场的最小过站时间为 40 分钟，各机场的宵禁时间为当天的 24∶00。从表 5-1 可以看出，飞机 1、飞机 2 受到干扰，可用时刻分别为 12∶00 和 12∶10。如果没有其他飞机参与飞机 1 和飞机 2 的交换，则航班序列 $S_1 = \{f_{11}, f_{12}, f_{13}, f_{14}\}$ 中各航班的延误时间分别为 180 分钟、119 分钟、58 分钟和 0 分钟，航班序列 $S_2 = \{f_{21}, f_{22}, f_{23}, f_{24}\}$ 中各航班的延误时间分别为 132 分钟、58 分钟、56 分钟和 0 分钟，即所有的航班都能在宵禁之前完成生产任务。我们需要做的是，在机场 PEK 寻找其他可用的飞机与飞机 1 和飞机 2 交换，以降低最大的航班延误时间，并使得参与交换的飞机数量最少。

表5-1　航班计划表和飞机状态信息

飞机	飞机的可用时刻	航班	出港机场	进港机场	计划出港时刻	计划进港时刻
1	12∶00	11	PEK	XFN	9∶00	10∶44
		12	XFN	PEK	12∶25	14∶02
		13	PEK	SHE	15∶43	16∶43
		14	SHE	PEK	18∶30	19∶41
2	12∶10	21	PEK	HET	9∶58	10∶46
		22	HET	PEK	12∶40	13∶33
		23	PEK	HET	14∶15	15∶04
		24	HET	PEK	16∶45	17∶34
3	11∶30	31	PEK	WEH	12∶30	13∶31
		32	WEH	PEK	14∶15	15∶24
		33	PEK	HLH	16∶05	17∶37
		34	HLH	PEK	18∶20	19∶58
4	10∶20	41	PEK	SHA	11∶30	12∶27
		42	SHA	PEK	13∶40	14∶41

续表

飞机	飞机的可用时刻	航班	出港机场	进港机场	计划出港时刻	计划进港时刻
4	10：20	43	PEK	CHG	15：22	16：43
		44	CHG	PEK	17：25	18：50
		45	PEK	YNT	19：30	20：36
		46	YNT	PEK	21：25	22：21
5	9：30	51	PEK	TGO	10：50	12：11
		52	TGO	PEK	13：22	14：29
		53	PEK	YNZ	15：10	17：32
		54	YNZ	PEK	18：12	20：38
		55	PEK	TGO	21：20	22：12
		56	TGO	HET	23：02	23：52
6	8：50	61	PEK	XNN	10：00	12：16
		62	XNN	PEK	13：16	15：26
		63	PEK	XMN	16：26	18：58
		64	XMN	PEK	20：43	23：32

在第一阶段调整时，先由表 5-1 中 6 架飞机的可用时刻和首个航班的计划出港时刻之间的关系，找到飞机交换区间，$IN_1=\varnothing$，$IN_2=\{in_6\}$，$IN_3=\{in_4, in_5\}$，以及 $IN_4=\{in_3\}$。在进行飞机交换时，每个航班序列中的所有航班都和首个航班被同一架飞机执行，而且这些航班序列被任何一架飞机执行，都能在宵禁之前完成生产任务。经过计算，本章发现，两种算法都可以达到同样的优化效果，且得到的最优解相同。

图 5-2 和图 5-3 分别给出了 Z_1 的最优解 sol 中航班序列首个航班和飞机的匹配信息及双层目标规划的最优解 solopt 中航班序列首个航班和飞机的匹配信息。图 5-4显示了双层目标规划的最优解 solopt 中的所有航班信息。在图 5-2 和图 5-3 中，弧左边是飞机交换区间信息及对应飞机的可用时刻，弧右边是飞机交换区间后面的航班序列首个航班信息、首个航班的计划出港时刻，以及如果由弧所指的飞机交换区间对应的飞机执行得到的首班延误时间。例如，在图 5-2 中，飞机交换区间中飞机和航班序列的匹配为：(in_1, f_{41})、(in_2, f_{31})、(in_3, f_{51})、(in_4, f_{61})、(in_5, f_{21}) 和 (in_6, f_{11})，共有 4 架飞机（飞机 3、飞机 4、飞机 5、飞机 6）参与受干扰飞机 1 和飞机 2 的交换，至少有 3 个航班（f_{41}、f_{51}、f_{61}）发生延误，延误时间分别为 30 分钟、30 分钟和 20 分钟，且最大延误时间为 30 分钟。图 5-3 中，飞机和航班序列的匹配为：(in_1, f_{41})、(in_2, f_{31})、(in_3, f_{51})、(in_4, f_{21}) 和 (in_5, f_{11})，共有 3 架飞机（飞机 3、飞机 4、

飞机 5）参与受干扰飞机 1 和飞机 2 的交换。从图 5-3 可知，solopt 中共有 4 个航班（f_{11}、f_{21}、f_{41}、f_{51}）发生延误，延误时间分别为 30 分钟、22 分钟、30 分钟和 30 分钟。从图 5-2 和图 5-3 的对比可以看出，双层目标规划在保证航班的最大延误时间不变的情况下，能够最大限度地降低参与交换的飞机数量，这更符合航班干扰管理的原则。

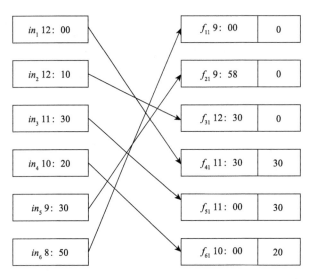

图 5-2　Z_1 的最优解 sol 中航班序列首个航班和飞机的匹配信息

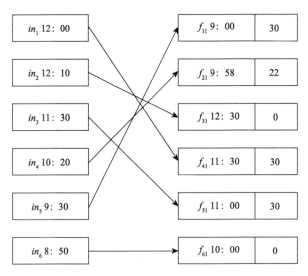

图 5-3　双层目标规划的最优解 solopt 中航班序列首个航班和飞机的匹配信息

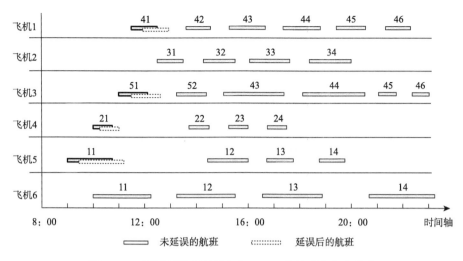

图 5-4　双层目标规划的最优解 solopt 中的所有航班信息

5.5　本 章 小 结

本章考虑了同一机场中多架飞机受到干扰后的双目标航班调整问题（HOARP），该问题目标为最小化航班的最大延误时间和最小化参与交换的飞机数量，并从分层目标规划的角度求解该问题。首先，基于航空公司在实际的航班调整中一般利用航班波的特点，分析该双层目标规划问题的一些性质，并且总结出第一个目标的最优值在第一阶段调整后就能得到；其次，设计两种多项式算法进行求解，得到问题的最优解，分别给出两种算法的复杂度；最后，给出一个小算例验证算法的有效性。

第6章 基于旅客全部退票的重度干扰下民航干扰管理研究

　　航空公司和学术界在航班排班、机队安排、飞机和机组调度等航空规划研究领域已经取得了不菲的成绩，最优化理论在航班调度领域的应用也取得了巨大的成就。然而，实际的航班生产运营经常会受到诸如恶劣天气或飞机故障等因素的影响，不能按照原计划正常运营，这被称为干扰。尽管干扰恢复的研究与航班生产规划在某些方面比较类似，但是也有一些不同，具体体现在以下方面。

　　首先，在干扰恢复阶段，运行控制中心的派遣人员需要综合考虑复杂的实际情况，如干扰原因、干扰规模、原始航班计划、飞机路径及机场宵禁限制等，并以此提出干扰恢复的策略。其次，在实际的日常运营恢复中，工作人员往往会考虑多个恢复目标，而不像航班生产规划时经常使用的以降低总的运营成本为目标。例如，干扰恢复时，某些航班超长时间的延误可能会导致旅客对航班延误的投诉量增加，因此控制某些航班极端延误的发生势在必行；有效控制飞机路径调换导致路线受到影响的飞机数量，也更符合干扰管理的优化原则。

　　迄今为止，很多研究者运用整数规划求解航班生产规划及航班生产运营问题，但是整数规划在干扰管理研究中应用很少。其中有一个很重要的原因是航班生产运营常以营利最大化为单目标进行优化，这与网络优化模型的结构类似。大多数航班干扰管理的研究者之前是做航班生产规划研究的，或者是从航班生产规划中得到的灵感，已经习惯于运用整数规划方法进行求解。然而，他们忽视了航班干扰管理在现实中的复杂度及目标的多样性。这样得到的优化解在运行控制中心是无法进行直接运用的，因为实际生产运行中，运行控制中心工作人员无法根据优化结果进行灵活选择运用。

　　本章旨在根据运行控制中心的调整原则，定义基于多目标的飞机路径恢复问题，并对其进行求解（Hu et al, 2017）。首先，根据实际情况描述航班调整过程，并基于航班连接网络构建多目标整数规划模型，模型中包含三个目标，即最小化航班调整的总费用、最小化航班最大延误时间、最小化参与调换的飞机数量。其次，

结合 ε-约束方法和大规模邻域搜索算法对多目标优化问题进行求解以获得帕累托最优解。最后，运用实际算例对算法进行验证。

6.1 问 题 描 述

给定一系列航班 F 及原计划执行这些航班的飞机 P，如果某些飞机 $P'\subseteq P$ 在区间（T_{begd}, T_{endd}）受到干扰，其中 T_{begd} 代表干扰发生的开始时间，T_{endd} 代表干扰发生的结束时间，则原计划被飞机集合 P' 执行的航班将可能无法正常运营。运行控制中心将根据收集到的干扰信息和航班计划信息，采取一系列措施使原始航班计划尽快恢复。

干扰恢复不会一蹴而就，需要一段时间才能恢复，这个区间段记为 T=（T_{begr}, T_{endr}），其中 T_{begr} 表示恢复区间的开始时间，T_{endr} 表示恢复区间的结束时间，一般来说，恢复区间比干扰区间要长，即 $T_{begr}\leqslant T_{begd}$，$T_{endr}>T_{endd}$。恢复区间的结束时间不固定，通常是在所有运行的航班恢复到原计划之后。日常的航班运行一般把恢复区间控制在当天航班结束之前，以避免干扰延续到第二天。

当干扰发生后，一般需采取以下恢复措施：飞机交换、航班顺延和取消（航班被取消而相应的旅客被重新安排）、调用空飞机等。鉴于不同机型之间的飞机座位数量不同，在进行不同机型之间的飞机交换时，需要遵循航空公司的规定，并参考飞机的相关配置。一般来说，大飞机可以代替小飞机执行航班任务，反之则不行。

在本章中，飞机恢复问题可以看成将有限的资源（飞机）分配给相关活动（航班），其类似于集合分割问题，主要区别在于该问题具有多个目标。一条路线定义为在时间和空间上连续且能够被一架飞机执行的航班序列；飞机路径是指能够满足最后落地机场宵禁的飞机和路线的组合。注意到飞机路径不仅包括原计划的航班序列，也包括延误的航班。由于每架飞机都有自己特定的可用时刻，同一个航班处在不同的飞机路径上，其延误时间会完全不同。因此，本章需要根据其所在的飞机路径来计算航班的延误时间，并根据航班的平均票价估计航班的取消成本。

该问题主要是描述航空公司在实际运行中遇到干扰时的情形。当飞机因为一些内外部因素而延误或者需要停驻一段时间时，其原计划执行的航班将会受到干扰，为了尽快恢复航班计划，需要重新调整飞机路径，航班可能会延误，其他可用飞机会参与计划的执行等。在调整的同时需要根据干扰的程度和航空公司的优先状态，满足以下几个目标。

（1）最小化与原航班计划之间的差距：主要包括航班延误及航班取消所带来的运作成本的增加，这在以往的参考文献里是比较常用的目标设定形式。

（2）最小化航班延误的最大时间。这个目标的设定主要是将极端延误给高价值旅客带来的伤害降到最低，以此提高顾客满意度。

（3）最小化参与飞机交换的数量。这个目标的设定有两个目的：一是避免第二个目标的设定把参与规模扩得太大；二是契合干扰管理的思想。

除了考虑以上三个目标，为了使飞机和航班满足时间和空间的连续性，还需考虑以下约束：①每个航班要么被某一架飞机执行，要么被取消；②每架飞机最多执行一条可行的飞机路径；③在新的航班计划中，每个航班的离港时刻不能早于其原计划离港时刻；④飞机在执行连续的航班时，只有前一个航班到港并经历最小过站时间之后，飞机才能继续执行下一个航班；⑤所有飞机都需要满足机场的宵禁时间限制，即要在机场宵禁时刻之前到达规定机场；⑥飞机不会因为维修任务而临时修改飞机路径；⑦在干扰恢复区间结束之前，在指定的机场应该有足够数量的飞机停驻，以满足之后的航班计划有效执行。

6.2　数　学　模　型

为了准确地描述多目标飞机恢复问题（multiple objective aircraft recovery problem，MOARP），本章基于连接网络建立数学规划模型。在该模型中，飞机和路线的匹配自动满足 6.1 节中的约束③~⑥，而约束①、②和⑦会在下面的模型中体现出来。

（1）索引。

i：飞机索引。

e：机型索引。

f：航班索引。

r：路线索引。

s：机场索引。

（2）集合。

P：在干扰恢复区间（T_{begr}, T_{endr}）所有参与交换的飞机集合。

E：飞机 P 所在的机型集合。

F：飞机 P 原计划要执行的航班集合。

R：飞机 P 能够执行的路线集合。

S：航班 F 经过的机场集合。

$P(e)$：属于机型 e 的飞机集合；$e \in E$。

$R(f)$：包含航班 f 的路线集合；$f \in F$。

$R(s)$：最后停驻机场为 s 的路线集合；$s \in S$。

（3）参数。

d_{rfi}：被路线 r 覆盖且被飞机 i 执行的航班 f 的延误成本；$r \in R, f \in F, i \in P$。

y_{ri}：表示路线 r 是否按照原计划被飞机 i 执行的参数，等于 0 表示路线 r 按照原计划被飞机 i 执行，否则，等于 1；$r \in R, i \in P$。

c_f：航班 f 的取消成本；$f \in F$。

t_{rfp}：被路线 r 覆盖且被飞机 i 执行的航班 f 的延误时间；$r \in R(f), f \in F, p \in P$。

m_{se}：干扰恢复区间结束之后应该在机场 s 停驻的属于机型 e 的飞机个数；$s \in S, e \in E$。

（4）决策变量。

x_{ri}：等于 1 表示调整后路线 r 被飞机 i 执行，否则等于 0；$r \in R, i \in P$。

该问题的第一个目标如式（6-1）所示，第一部分表示航班的延误成本，第二部分表示航班的取消成本。如果把含有 x_{ri} 的表达式合并，则见式（6-2）。

$$\min \ Z_1 = \sum_{f \in F} \sum_{i \in P} \sum_{r \in R(f)} d_{rfi} x_{ri} + \sum_{f \in F} c_f \left(1 - \sum_{i \in P} \sum_{r \in R(f)} x_{ri} \right) \tag{6-1}$$

$$\min \ Z_1 = \sum_{f \in F} c_f - \sum_{f \in F} \sum_{i \in P} \sum_{r \in R(f)} (c_f - d_{rfi}) x_{ri} \tag{6-2}$$

第二个目标和第三个目标见式（6-3）和式（6-4），其中 Z_2 表示在可行恢复方案中航班的最大延误时间，Z_3 表示参与交换的飞机数量。

$$\min Z_2 = \max_f \sum_{i \in P} \sum_{r \in R(f)} t_{rfi} x_{ri} \tag{6-3}$$

$$\min Z_3 = \sum_{i \in P} \sum_{r \in R} y_{ri} x_{ri} \tag{6-4}$$

$$\sum_{i \in P} \sum_{r \in R(f)} x_{ri} \leqslant 1 \quad \forall f \in F \tag{6-5}$$

$$\sum_{r \in R} x_{ri} \leqslant 1 \quad \forall i \in P \tag{6-6}$$

$$\sum_{i \in P(e)} \sum_{r \in R(s)} x_{ri} \leqslant m_{se} \quad \forall s \in S, \ e \in E \tag{6-7}$$

$$x_{ri} = \{0,1\} \quad \forall i \in P, \ r \in R \tag{6-8}$$

该多目标恢复问题的约束见式（6-5）~式（6-8）。其中，式（6-5）确保航班要么被一架飞机执行，要么被取消；式（6-6）保证每架飞机最多执行一条飞机路径；式（6-7）保证在机场宵禁时刻之前，所有飞机都能到达对应的机场停驻，以保证第二天的航班计划能正常执行；式（6-8）定义了 0-1 变量。

MOARP 可以用式（6-2）~式（6-8）精确表示，但是若想直接对模型进行求解，则是非常难的，主要是对于每个飞机 $i \in P$，都要生成其可能会执行的路线，但是路线的数量会随着飞机数量及恢复时间窗的增长而呈指数级增长。因此，为了有效解决 MOARP，本章设计了一个启发式算法，该算法结合了邻域搜索算法和 ε-约束方法。

6.3　算 法 设 计

基于邻域搜索算法和 ε-约束方法，本章设计了约束邻域搜索（constrained neighborhood search，CNS）算法来求解 MOARP。ε-约束方法是指通过将多目标中的一个目标作为单目标，将其他目标作为约束，通过对约束参数进行变化，求解一系列单目标优化问题，得到一系列帕累托最优解，而这一系列问题是由一组 ε 向量决定的。对每一个问题，本章设计基于邻域搜索算法的启发式算法来求得满意解。先设计一个初始解，然后通过邻域搜索算法迭代找到满意解。

在 CNS 算法中，目标 Z_1 最复杂，因此把目标 Z_1 选作优化目标。虽然目标 Z_2 取值可能为非整数，但是在实际运行中，延误时间可以被等分为若干个时间区间，如果每一小段时间区间足够小的话，则可近似认为是连续的。MOARP 可等价转化为如下的一系列 ε-约束优化问题 $SP(\varepsilon_2, \varepsilon_3)$。

$$\mathrm{SP}(\varepsilon_2, \varepsilon_3)\min Z_3(X) \qquad \text{s.t.} \begin{cases} Z_2(X) \leqslant \varepsilon_2 \\ Z_3(X) \leqslant \varepsilon_3 \\ X \in D \end{cases} \qquad (6\text{-}9)$$

其中，$X=\{x_{ri}\}$ 代表数学模型（6-2）~模型（6-8）中的决策变量集合；D 代表约束（6-5）~约束（6-8）表示的可行域。

该方法通过逐步改变 ε_2 和 ε_3 的值来求解一系列 ε-约束问题。在 CNS 算法中，将 $SP(\varepsilon_2, \varepsilon_3)$ 的最优解记为 $opt(Z_1, \varepsilon_2, \varepsilon_3)$。尽管 Abounacer 等（2014）已经证明了某些 ε-约束问题可以得到最优解，但是由于 MOARP 的复杂性，本章尝试给出一系列近似帕累托最优解。下面给出算法中 ε_2 和 ε_3 变动的具体规则。

在 CNS 算法的不等式 $Z_3(X) \leqslant \varepsilon_3$ 中，ε_3 的取值规则为：由 Z_3_min 变动到 Z_3_max，每次增加 1。对于每一个 ε_3，ε_2 则从 Z_2_max 变动到 Z_2_min，每次减少 $\Delta \varepsilon_2$。对于每一个 $(\varepsilon_2, \varepsilon_3)$，求解对应的 $SP(\varepsilon_2, \varepsilon_3)$ 问题，得到最优解 X^*。如果不存在 X'，满足 $Z_1(X^*) \geqslant Z_1(X')$，$Z_2(X^*) \geqslant Z_2(X')$ 和 $Z_3(X^*) \geqslant Z_3(X')$，则称 X^* 为帕累托最优解。

CNS 算法伪代码如下。

输入：原计划航班，P，Z_2_min，Z_2_max，Z_3_min，Z_3_max。

第 1 步：设 $S=\varnothing$，$\varepsilon_3 = Z_3\_min$，$\Delta\varepsilon_2 =(Z_2\_max - Z_2\_min)/m$。

第 2 步：如果 $\varepsilon_3 > Z_3\_max$，则算法停止，否则，令 $\varepsilon_2 = Z_2\_max$。

第 3 步：如果 $\varepsilon_2 < Z_2\_min$，则令 $\varepsilon_3 = \varepsilon_3 +1$，转第 2 步，否则转第 4 步。

第 4 步：令 $X^* = opt(Z_1, \varepsilon_2, \varepsilon_3)$，如果 $\exists X' \in S$，$Z_1(X^*) \geqslant Z_1(X')$，$Z_2(X^*) \geqslant Z_2(X')$ 和 $Z_3(X^*) \geqslant Z_3(X')$，则转第 5 步，否则令 $S=S \cup \{X^*\}$，转第 5 步。

第 5 步：如果 $\exists X' \in S$，$Z_1(X^*) < Z_1(X')$，$Z_2(X^*) < Z_2(X')$ 和 $Z_3(X^*) < Z_3(X')$，则令 $S=S/\{X'\}$，$\varepsilon_2 = \varepsilon_2 - \Delta\varepsilon_2$，转第 3 步，否则令 $\varepsilon_2 = \varepsilon_2 - \Delta\varepsilon_2$，转第 3 步。

输出：S。

基于对 CNS 算法的分析，在执行算法之前，我们需要弄清楚以下几件事情：①如何确定 Z_2_min、Z_2_max、Z_3_min 和 Z_3_max 的值；②对于问题 $SP(\varepsilon_2, \varepsilon_3)$，如何设计初始解；③如何设计邻域搜索算法改进初始解。下面我们对上述问题进行解决。

6.3.1　确定参数

参数 Z_2_min、Z_2_max、Z_3_min 和 Z_3_max 的值决定了解的搜索规模及帕累托最优解的数量，根据实际的运行情况，本节给出参数的确定规则。对于 ε_2 的取值范围，一般设 Z_2_min 为 0，而 Z_2_max 的值一般由旅客能容忍的航班最大延误时间确定。例如，Hu 等（2015，2016）在数学模型中给出了航班延误最大时间的约束，在基于实际运行数据的算例中，最大延误时间分别设为 4 小时、8 小时及 12 小时，本节运用类似的方法确定 Z_2_max 的值。对于 ε_3 的取值范围，Z_3_min 的值由最初受到干扰的飞机数量来决定，很显然，Z_3_max 的值不会超过参与交换的飞机数量。

6.3.2　初始解

如果没有其他可行的飞机参与交换，则航班的处理方式一般为延误或者取消。我们直接把航班延误和航班取消作为该算法的初始可行解。如果一个航班的延误时间超过 ε_2 或者延误导致后续的航班不满足机场宵禁时刻的限制，则暂时取消该航班或者该航班所在的航班环。无论 ε_2 和 ε_3 的值是多少，初始可行解都要满足不等式 $Z_2(X) \leqslant \varepsilon_2$ 和 $Z_3(X) \leqslant \varepsilon_3$。

6.3.3　邻域搜索算法

本小节基于邻域搜索算法设计启发式算法改进初始可行解，我们介绍该算法的邻域规则。

1. 规则（1）：暂时取消的航班环插入

一般来说，有三种插入航班环的方式：把航班环插入飞机路径的第一个航班前面，把航班环插入飞机路径的相邻航班之间，把航班环插入飞机路径的最后面。

图 6-1 给出了规则（1）的算例，其中航班环$\{f_{11}, f_{12}\}$被暂时取消，飞机 2 受到干扰，航班环$\{f_{11}, f_{12}\}$有五个位置可以执行插入操作：航班 f_{21} 之前、航班 f_{22} 和 f_{23} 之间、航班 f_{31} 之间、航班 f_{32} 和 f_{33} 之间、航班 f_{34} 之后。然而，只有其中三个才能得到可行解[图 6-1（a）]，分别为路线$\{f_{11}, f_{12}, f_{21}, f_{22}, f_{23}\}$被飞机 2 执行[图 6-1（b）]、路线$\{f_{11}, f_{12}, f_{31}, f_{32}, f_{33}, f_{34}\}$被飞机 3 执行、路线$\{f_{31}, f_{32}, f_{11}, f_{12}, f_{33}, f_{34}\}$被飞机 3 执行。因为航班环$\{f_{11}, f_{12}\}$插入航班 f_{22} 和航班 f_{23} 之间及航班 f_{34} 之间都会导致航班 f_{11} 的延误时间超过 ε_2。由于飞机 2 受到干扰，即使航班 f_{21} 前面没有插入航班环，飞机 2 也算参与了飞机交换。飞机 3 未受到干扰，在航班 f_{31} 后面或者在航班 f_{32} 和航班 f_{33} 之间插入航班环都会导致参与交换的飞机数量增加 1，因此这都需要验证是否满足不等式 $Z_3 \leqslant \varepsilon_3$，同时还需要验证是否满足机场宵禁。

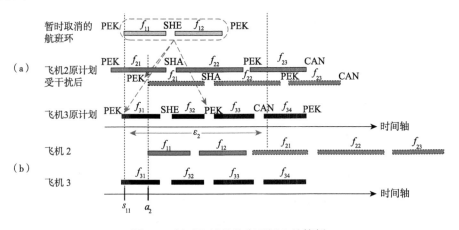

图 6-1　暂时取消的航班环插入的算例

2. 规则（2）：暂时取消的航班序列（航班环）与其他可行飞机路径中的航班序列（航班环）交换

有时候，航班环的插入可能会导致后续航班不能满足宵禁时刻的限制，这时候，一般会再取消其他的航班，这种插入—取消模式其实可以通过交换的规则来实现。另外，如果两条路线中的两个航班序列的起点和终点分别相同，也可以执行交换的规则。

图 6-2 给出了规则（2）的算例，在飞机 2 和飞机 3 中，共有 4 个航班环（$\{f_{21}, f_{22}\}$、$\{f_{31}, f_{32}\}$、$\{f_{33}, f_{34}\}$、$\{f_{31}, f_{32}, f_{33}, f_{34}\}$）可以和暂时取消的航班环$\{f_{11}, f_{12}\}$进行交换[图 6-2（a）]。最多有四个可行方案，分别为路线$\{f_{11}, f_{12}, f_{23}\}$被飞机 2 执行、路线$\{f_{11}, f_{12}, f_{33}, f_{34}\}$被飞机 3 执行、路线$\{f_{31}, f_{32}, f_{11}, f_{12}\}$被飞机 3 执行、路线$\{f_{11}, f_{12}\}$被飞机 3 执行。图 6-2（b）给出了暂时取消的航班环中的航班序列与其他飞机路径中的航班序列的可能交换方案，分别为$\{f_{11}\}$与$\{f_{31}\}$、$\{f_{12}\}$与$\{f_{32}\}$、$\{f_{12}\}$与$\{f_{32}, f_{33}, f_{34}\}$。图 6-2（c）给出了其中$\{f_{11}, f_{12}\}$与$\{f_{21}, f_{22}\}$的交换结果。

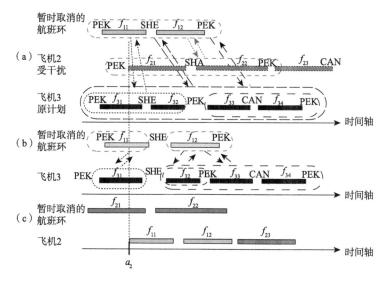

图 6-2　暂时取消的航班环与其他可行飞机路径中的航班环交换的算例

3. 规则（3）：延误航班环（航班序列）插入

与规则（1）类似，如果受干扰飞机的飞机容量比可行飞机的容量小，则受干扰飞机路径中的航班环也可以插入其他可行飞机路径中[图 6-3（a）]。另外，如果一个航班序列（非航班环）的起点与一个可行飞机路径的终点相同，则该航班序列可以插入其他可行飞机路径的最后面[图 6-3（b）]。但是，跟一般插入规则不同的是，为了保证停驻在各机场的飞机数量满足约束条件，要求受干扰飞机与可行飞机的机型相同。因此，运用规则（3），受干扰飞机 2 中的航班序列插入飞机 3，最多可产生四个可行方案，图 6-3（c）给出了其中的一个插入方案。

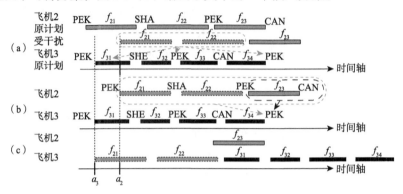

图 6-3　延误航班环（航班序列）插入的算例

4. 规则（4）：两个航班序列（航班环）交换

两条飞机路径之间的交换可以进一步降低航班的延误时间，一般来说，只有同一机型的两条飞机路径才可以交换。飞机 2 和飞机 3 之间共有 7 次交换机会，航班环的交换见图 6-4（a），航班序列的交换见图 6-4（b），另外还有两次交换分别为航班序列 $\{f_{21}, f_{22}, f_{23}\}$ 与 $\{f_{33}\}$ 的交换、航班序列 $\{f_{23}\}$ 与 $\{f_{33}\}$ 的交换。其中，$\{f_{21}, f_{22}\}$ 与 $\{f_{31}, f_{32}\}$ 的交换结果见图 6-4（c）。

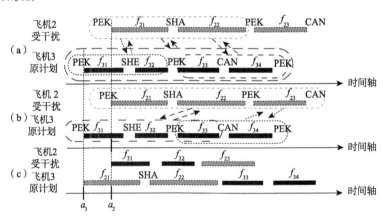

图 6-4　两个航班序列（航班环）交换的算例

5. 规则（5）：永久取消航班环

如果暂时取消的航班环无法插入其他飞机路径中，则会被永久取消。

6.3.4　算法步骤

图 6-5 给出了改进初始解的启发式算法步骤。首先，根据航班环的取消成本从大到小对暂时取消的航班环进行排序；其次，根据规则（1）依次将这些航班环尝试插入其他可行飞机路径，直到所有取消的航班环处理完毕，或者满足停止条件。如果规则（1）运行停止后，仍有取消的航班环存在，则根据规则（2）将这些航班环与其他可行飞机路径中的航班环交换，直到满足停止条件。如果所有的航班环都处理完毕，或者规则（2）运行停止后，交替执行规则（3）和规则（4），直到满足停止条件。如果算法的运行时间截止，则所有未被安排的航班环将被永久取消，并输出 $SP(\varepsilon_2, \varepsilon_3)$ 的最优解，否则按照上述的算法逻辑重新执行规则（1）~规则（4）。

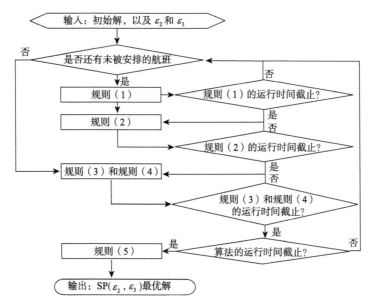

图 6-5　获得 $SP(\varepsilon_2, \varepsilon_3)$ 最优解的启发式算法步骤

6.4 算 例 分 析

为了评估算法的有效性，本节分别给出小规模和大规模算例进行分析。小规模算例的规模是 5 架飞机，主要用来验证多目标问题中帕累托最优解的优势；大规模算例取自国内某家航空公司的波音 737 机型，包括 104 架飞机在一天内执行的 410 个航班。所有的计算过程都在笔记本电脑 ASUS Y582L 上实现，其 CPU（central processing unit，中央处理器）和内存设置分别为 Intel i5-4200U CPU 和 4GB 的 RAM（random access memory，随机存取存储器）。

6.4.1 小规模算例

本小节用一个 5 架飞机的小规模算例来评估算法的效果，表 6-1 给出了飞机和航班的基本信息。前两列分别表示飞机号和对应飞机的可用时刻。后面几列分别表示航班号、离港机场、进港机场、计划离港时刻、计划进港时刻和取消成本。基于表 6-1 给出的航班基本信息表，本小节给出的干扰假设如下：两架飞机（飞机 1 和飞机 2）在 PEK 机场受到干扰，3 小时后才能用于执行航班生产任务，即飞机 1 在 12：00 才能恢复到可用状态，飞机 2 在 12：10 才能恢复到可用状态。

表6-1　小规模算例的基本信息（一）

飞机号	可用时刻	航班号	离港机场	进港机场	计划离港时刻	计划进港时刻	取消成本/元
1	12：00	11	PEK	XFN	9：00	10：44	104 000
		12	XFN	PEK	14：25	16：02	97 000
		13	PEK	SHE	16：43	17：43	60 000
		14	SHE	PEK	18：30	19：41	71 000
2	12：10	21	PEK	HET	9：58	10：46	48 000
		22	HET	PEK	13：40	14：33	53 000
		23	PEK	HET	15：15	16：04	49 000
		24	HET	PEK	16：45	17：34	49 000
3	11：30	31	PEK	WEH	12：30	13：31	61 000
		32	WEH	PEK	14：15	15：24	69 000
		33	PEK	HLH	16：05	17：37	92 000
		34	HLH	PEK	18：20	19：58	98 000

续表

飞机号	可用时刻	航班号	离港机场	进港机场	计划离港时刻	计划进港时刻	取消成本/元
4	10：20	41	PEK	SHA	11：30	12：27	57 000
		42	SHA	PEK	13：10	14：11	61 000
		43	PEK	CHG	14：52	16：13	81 000
		44	CHG	PEK	16：55	18：20	85 000
		45	PEK	YNT	19：00	20：06	66 000
		46	YNT	PEK	20：55	21：51	56 000
5	9：30	51	PEK	TGO	11：00	12：11	71 000
		52	TGO	PEK	12：52	13：59	67 000
		53	PEK	YNZ	14：40	17：02	142 000
		54	YNZ	PEK	17：42	20：08	146 000
		55	PEK	TGO	20：50	21：52	62 000
		56	TGO	HET	22：42	23：42	60 000

根据航空公司的运行实际情况，相关数据假设如下：在机场的最小过站时间为 40 分钟，Z_{2_max} 设为 4 小时，干扰的恢复时间窗口为 7：00~12：00，航班的平均延误成本设为 6 元/分。每个航班的取消成本与该航班的平均延误成本有关，该算例中的取消成本见表 6-1 的最后一列。

根据传统的航班调整优化方法，不考虑最小化航班的最大延误时间和最小化参与交换的飞机数量，构建新的模型包含式（6-2）、式（6-5）~式（6-8），并运用类似的启发式算法进行求解，得到的解（称为局部优化解）见图 6-6。由图 6-6 可知，如果不限制最大延误时间，航班 21 会延误近 2 个小时，可能会导致旅客的强烈不满，甚至出现一些机场混乱等。

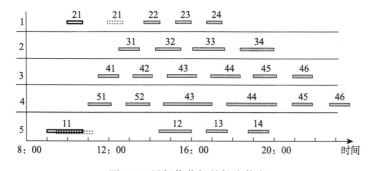

图 6-6　局部优化解的航班信息

表 6-2 给出初始解和局部优化解的相关值，具体包括解得的最大延误时间（max delay t）、参与交换的飞机数量（#swapping p）、所有航班总的延误时间（total delay t）、延误的航班数量（#delayed fls）延误时间超过 30 分钟的航班数量（#delayed fls>30 分）、取消的航班数量（#cancelled fls）、航班延误成本（delay cost）、航班取消成本（cancel cost）及总成本（total cost）。由表 6-2 看出，初始解中，最大延误时间、所有航班总的延误时间及航班延误成本都非常高，不满足优化的要求。传统的航班调整优化方法只针对目标 Z_1（与原计划的偏离程度，包括航班延误成本和航班取消成本）进行优化，因此在局部优化解中，虽然目标 Z_1 的值非常低，但是出现了极端延误的航班。上述两种解的对比凸显了多目标优化中帕累托最优解的优势。该算例的帕累托最优解见表 6-3，它包括每一个 ε_2 和 ε_3 的迭代值对应问题的解。航空公司签派人员可以根据航空公司实际的航班状态和不同解的特点来决定选择哪一个解作为航班调整方案。

表6-2　初始解和局部优化解的相关优化值对比

输出	初始解	局部优化解	BSMCF
max delay t/分	180	122	30
#swapping p	0	5	5
total delay t/分	312	152	357
#delayed fls	2	2	14
#delayed fls>30 分	2	1	0
#cancelled fls	0	0	0
delay cost/元	1 872	912	2 142
cancel cost/元	0	0	0
total cost/元	1 872	912	2 142

表6-3　小规模算例的帕累托最优解

Z_1^*/元	Z_2^*/分	Z_3^*	total delay t/分	#delayed fls	#cancelled fls	delay cost/元	cancel cost/元
1 872	180	2	312	2	0	1 872	0
201 732	122	2	122	1	2	732	201 000
302 000	0	2	0	0	4	0	302 000
1 632	150	3	272	2	0	1 632	0
121 822	132	3	637	2	2	3 822	118 000
222 030	110	3	505	1	4	3 030	219 000
1 212	122	4	202	2	0	1 212	0
101 480	80	4	80	1	2	480	101 000
912	122	5	152	2	0	912	0
101 180	30	5	30	1	2	180	101 000

6.4.2　大规模算例

为了更好地验证本章介绍的多目标优化方法的效果，本小节从航空公司得到实际运行的数据，并基于这些算例检验算法的优劣。数据被分成多个算例，且每个算例的干扰情景都是随机生成的。在算例中，多个机型之间的可替代关系如表 6-4 所示。

表6-4　机型替代规则

机型	733	73G	73D	738
733	—	Y	Y	N
73G	Y	—	Y	N
73D	Y	Y	—	Y
738	Y	Y	Y	—

注："Y"表示该行所在的机型可以代替该列所在的机型去执行其对应的航班，"N"表示不能代替

图 6-7 给出了某一个算例的帕累托优化解中各目标之间的关系图，共有三个子图，其中图 6-7（a）显示了三个目标之间的关系，图 6-7（b）显示了 Z_2 和 Z_1 之间的关系，图 6-7（c）显示了 Z_3 和 Z_1 之间的关系。由图 6-7（b）可以看出，随着航班最大延误时间的增加，干扰恢复的偏离成本明显减少，这是由于航班可以延误更长时间，不需要取消航班来达到原计划的恢复。由图 6-7（c）可以明显看出，随着更多飞机参与到航班生产计划的恢复中，干扰恢复的偏离成本也明显降低。

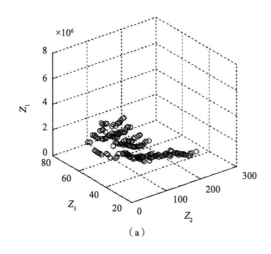

（a）

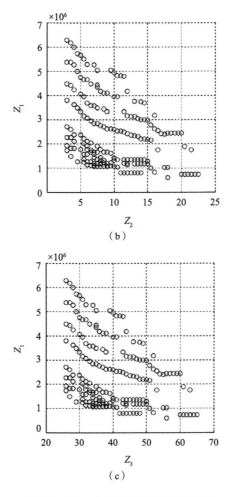

图 6-7　某一个算例的帕累托优化解

表 6-5 给出了 10 个算例的帕累托最优解的运行时间，表 6-5 中前三列表示干扰和恢复的规模，分别为因受干扰而停用的飞机数量（#grd p）、延误的飞机数量（#del p）及在恢复时可用的飞机数量（#ava p）。第四列为获得所有的帕累托最优解所需要的 CPU 时间（CPU t），最后三列分别给出了计算每个 SP(ε_2, ε_3)的运行时间的最大值（max t）、平均值（aver t）和最小值（min t）。所有算例都可以在 20 分钟之内得到所有的帕累托最优解，而对每个 SP(ε_2, ε_3)问题，都可以在 4 分钟之内得到优化解，绝大部分优化问题的运行时间甚至小于 0.5 分钟。这表明该方法适用于实际问题的解决。另外，本书还发现问题的复杂性与飞机交换数量的多少有关。并且随着 ε_3 的增加，求解 SP(ε_2, ε_3)的运行时间也显著增加。由此看来，当干扰发生时，根据干扰程度大小，选择适当的可行飞机数量

来参与航班计划的恢复，能够明显提高航班的恢复效率。

表6-5　10个算例的帕累托最优解的运行时间

算例	#grd p	#del p	#ava p	CPU t/分	max t/秒	aver t/秒	min t/秒
算例 1	3	27	74	12.2	1.81	0.58	0.19
算例 2	3	24	77	14.4	2.91	0.60	0.20
算例 3	3	21	80	14.3	1.99	0.60	0.19
算例 4	6	21	77	19.9	2.68	0.99	0.19
算例 5	6	24	74	18.5	2.64	0.93	0.18
算例 6	6	27	71	19.8	2.89	1.04	0.19
算例 7	3	30	71	16.9	3.77	0.83	0.19
算例 8	3	33	68	18.3	3.02	1.01	0.2
算例 9	8	14	82	20.1	2.66	0.63	0.21
算例 10	8	17	79	21.4	3.57	0.68	0.21

6.5　本章小结

　　本章重点研究了基于旅客全部退票的重度干扰下飞机路径优化问题。首先，本章建立该问题的多目标优化模型，其中三个目标分别为最小化与原航班计划之间的差距、最小化航班延误的最大时间、最小化参与飞机交换的数量。其次，基于 ε-约束方法和邻域搜索算法，本章给出启发式算法来求解多目标优化问题，并分别给出小规模算例和大规模算例验证算法的有效性。通过算例验证可以看出，该算法适用于基于旅客全部退票的重度干扰下飞机路径优化问题的求解。另外，这也证明了相对单目标问题来说，多目标优化问题更能反映实际的运行状况，在实际问题的应用中也能发挥更大的作用。

第7章 基于单航班行程旅客全部改签的民航干扰管理研究

当干扰发生后，旅客的行程常因频繁的航班取消而受到影响，此时如果仅从航空公司的角度出发来进行航班恢复，而不考虑旅客的行程恢复，就会使得航空公司在旅客心中的满意度受到损失，并导致重要旅客的流失。因此，对考虑旅客行程的航班计划恢复问题进行研究是非常有必要的。

本章对考虑旅客单航班行程的延误成本、旅客转机成本及旅客退票成本的飞机和旅客一体化恢复问题进行优化研究（Hu et al, 2015）。图 7-1 介绍了本章的研究思路。首先，本章将飞机和旅客一体化恢复问题转化为时段网络，在时段网络中体现出各种可能的恢复情况。其次，基于最小费用的时段网络构建飞机和旅客一体化恢复问题的数学模型，同时该问题可以松弛为线性规划模型。最后，运用Rounding 算法对线性优化解进行调整，得到整数可行解。

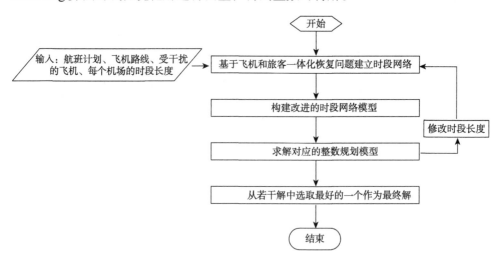

图 7-1　本章的研究思路

7.1　问　题　描　述

当若干架飞机在机场受到干扰而不能正常执行原计划航班，对应的旅客行程也会受到干扰。为了使航班计划尽快恢复，原计划的飞机路径就要发生改变，旅客也会被重新安排到其他航班。在进行航班计划恢复时，一般需要同时满足若干个目标，在本章中，航班计划恢复的设定优化目标为最小化与旅客相关的成本之和，包括延误成本、转机成本及退票成本。延误成本是指航空公司因航班延误而对旅客的赔偿或者提供餐食补助产生的成本，其主要与延误时间呈正相关关系。转机成本由转机服务成本和旅客因离开原航班而产生的埋怨和不满等隐性成本构成，其主要与接受旅客的航班实际离港时刻和旅客原计划航班的计划离港时刻之间的差值呈正相关关系。退票成本是指旅客退票对航空公司造成的经济损失，其主要与该航班的平均票价有关。

当干扰发生后，本章主要采用以下恢复手段，即飞机交换、航班顺延及航班取消。本章暂不考虑从本机场或者其他机场调用空飞机，因为这样产生的成本是巨大的，在实际运行中，也不是很常见。每一个航班都不能延误太长时间，否则就会被强制取消。本章不考虑飞机临时维修任务给航班生产计划带来的改变。而且，飞机路径修改对机组执勤时间的影响可以忽略不计。在飞机路径改变时，不同的机型之间的飞机可以相互代替，但是要满足大飞机可以代替小飞机、小飞机不能代替大飞机的基本原则。

对受干扰旅客的安排需要满足以下规则：如果旅客的原航班被顺延，则旅客继续乘坐原航班；如果原航班被取消，则旅客必须听从航空公司的安排。一般航空公司有三种对旅客的安排方式：第一种是退票或者为旅客改签到第二天的相同航班并为旅客提供食宿；第二种是将受干扰的旅客安排到与取消的航班目的地相同的其他航空公司的航班上；第三种是将旅客安排到航空公司内部与取消的航班目的地相同的航班上，但是前提是接受转机旅客的航班必须在转出旅客所在航班的计划出港时刻之后离港才行。既然本章研究的问题仅限于一家航空公司，因此，在后续的分析研究中，将第一、第二种旅客安排方式合并为一种。最后，考虑到不同航班之间转机及对应航班延误成本的复杂性，在计算航班的延误成本时，只考虑原计划乘坐的旅客数量，而不考虑转机旅客。转机旅客的延误成本包含在转机成本中。

在改变飞机路径及重新安排旅客时，也要满足以下约束限制：关于飞机及航班约束见 6.1 节。当对旅客进行重新安排时，接受旅客的航班实际离港时刻不能早于转出旅客航班的计划离港时刻，且接受旅客的航班应该有足够的空间来容纳这些旅客。

7.2　网　络　模　型

本节先介绍改进的时段网络和旅客转机网络，然后基于该双重网络构建整数规划模型。

7.2.1　时段网络

改进的时段网络是一个具有横纵两个方向坐标的二维图形，两个方向分别用 s 轴和 t 轴表示。s 轴表示机场，t 轴表示时间，其被等分为若干个时间段。在该网络图中，有三种点和两种弧。点记为 (s, t)，其中 t 表示时间段的开始时刻。

起始点 (s, t_0)：表示在恢复时间窗口开始时，飞机在机场 s 的初始状态。

中间点 (s, t)：表示以 t 为开始时刻的某一时间段内在机场 s 所发生的进港、过站和离港活动。

终结点 (s, T)：表示在机场 s 的恢复时间窗口的结束。

航班弧 $((s, t), (s', t'), f)$：在改进的时段网络中，连接不同的机场，代表航班或延误的航班 f 的空中飞行和在机场 s' 的最小过站时间。该航班弧的延误时间记为 $\mathrm{del}_{((s,t),(s',t'),f)}$。

停驻弧 $((s, t)，(s, t'))$：连接改进的时段网络中同一个机场 s 的相邻点，表示从时间 t 到 t' 的一段时间内，飞机一直停驻在机场 s。

在改进的时段网络中，每一个机型对应一个子网络。机型 $e(e \in E)$ 的飞机能够执行的航班集合记为 $F(e)$，属于机型 $e(e \in E)$ 的飞机集合记为 P_e，在恢复时间窗口结束时 P_e 应该停驻的机场集合记为 S_e。

同时还有以下简写。

ON：改进的时段网络中的起始点集合。

TN：改进的时段网络中的中间点集合。

J：改进的时段网络中的终结点集合。

Farc：改进的时段网络中的航班弧集合。

Garc：改进的时段网络中的停驻弧集合。

N：所有点的顺序表。

maxd：航班可延误的最大时间阈值。

std_f：航班 f 的计划离港时刻。

dur_f：航班 f 的空中飞行时间。

dep_f：航班 f 的离港机场。

arr_f：航班 f 的进港机场。

tura：最小过站时间。

$curf_s$：机场 s 的最小过站时间。

现在给出构建改进的时段网络的算法结构。

第 1 步：令 ON=$\varnothing$、TN=$\varnothing$、J=$\varnothing$、Farc=$\varnothing$、Garc=$\varnothing$。

第 2 步：对每一个 $e \in E$，

　　（2.1）令 $N=\varnothing$

　　对每一个 $p \in P_e$

　　　　创建起始点 (s, t_0)，且令 $N \leftarrow N \cup \{(s, t_0)\}$，ON$\leftarrow$ON$\cup \{(s, t_0)\}$。

　　（2.2）对每一个 $f \in F(e)$

　　　　创建 (s, t)，使 t=std_f，s=dep_f，令 $N \leftarrow N \cup \{(s, t)\}$、TN$\leftarrow$TN$\cup \{(s, t)\}$。

　　（2.3）根据 t 从小到大对 N 中的点进行排序。

　　（2.4）如果 $N \ne \varnothing$ 则循环执行如下：

　　　　从 N 中选择第一个点 (s, t)，并且令 $N \leftarrow N/(s, t)$。

　　　　如果 $\exists f \in F(e)$ 满足 dep_f=s、t+$dur_f \le curf_s$ 及 $0 \le t$–$std_f \le$ maxd，则令
　　　　s'=arr_f，$t' = t + dur_f + $ tura、$N \leftarrow N \cup \{(s', t')\}$、TN$\leftarrow$TN$\cup \{(s', t')\}$，
　　　　对 N 中的点重新进行排序，并且令 Farc$\leftarrow$Farc$\cup \{((s, t), (s', t'), f)\}$、
　　　　$del_{((s, t), (s', t'), f)} = t - std_f$。

　　（2.5）对于每一个 $s \in S_e$，

　　　　创建终结点 (s, T)，并且令 $J \leftarrow J \cup \{(s, T)\}$。

第 3 步：令 Garc=$\varnothing$

　　对于每一个 $(s, t) \in$ ON$\cup$TN$\cup J$ 和 $(s', t') \in$ ON$\cup$TN$\cup J$，

　　　　如果 $s'=s$、$t<t'$，并且$∄(s'',t'')∈\text{ON}∪\text{TN}∪J$ 满足 $t<t''<t'$，则令 Garc ←
　　　　Garc $∪\{(s,t),(s',t')\}$。

　　第 4 步：对于每一个$(s,t)∈\text{TN}$，

　　　　如果$∄((s',t'),(s,t),f)∈\text{Farc}$ 且$((s',t'),(s,t))∈\text{Garc}$，则令 TN←TN/$(s,t)$。

　　第 5 步：输出 ON、TN、J、Farc 及 Garc。

　　在第 1 步，对所有的点和弧进行初始化。在第 2 步，对每一个机型，创建其所能执行的航班弧：在步骤（2.1）中，对于每一架飞机，创建对应的起始点并对 N 进行初始化；在步骤（2.2）中，创建所有航班对应的时空点，每个时空点代表一个原计划航班；步骤（2.3）对 N 重新进行排序；步骤（2.4）迭代生成所有的航班弧 Farc；步骤（2.5）创建所有机场的终结点。在第 3 步，通过连接相邻的两个点，创建所有的停驻弧。第 4 步会将改进的时段网络中所有没有入弧的点删除，尤其对于那些代表航班原计划离港时刻的点，如果没有找到可行飞机来执行这些航班，则这些航班所对应的点将不存在航班入弧；如果某些点对应的时间是最小的，则将不存在停驻入弧，这些点就没必要存在，而可以直接从改进的时段网络中删除。第 5 步输出所有的点和弧。

　　上述算法的复杂度为 $O(mr\alpha^2\tau)$，其中 m 表示机型的总数，r 表示被一架飞机能够执行的航班最大数量，α 表示机场的数量，τ 表示时间轴被等分的数量。在第 2 步中对每一个机型 e 来说，步骤（2.1）中创建所有的起始点需要时间为 $O(p(\alpha+\tau))$，其中 p 属于某机型飞机数量的最大值。步骤（2.2）需要时间为 $O(r(\alpha+\tau))$，步骤（2.3）对 N 中所有点进行排序需要时间 $O((r+p)\log(r+p))$。在步骤（2.4）中，航班弧的数量不多于 $O(r\alpha\tau)$，搜寻目的地的点需要时间 $O(\alpha+\tau)$，将这些点进行排序需要时间 $O(\log(\alpha+\tau))$，因此步骤（2.4）共需要时间 $O(r\alpha\tau(\alpha+\tau+\log(\alpha+\tau)))=O(r\alpha^2\tau)$。在步骤（2.5）中生成所有的终结点需要时间 $O(\alpha^2)$。因此第 2 步共需要时间 $O(m(p(\alpha+\tau)+r(\alpha+\tau)+(r+p)\log(r+p)+r\alpha^2\tau+\alpha^2))=O(mr\alpha^2\tau)$。第 3 步构造所有的停驻弧需要时间 $O(\alpha^2\tau^2)$。第 4 步要删除所有冗余的点需要时间 $O(\alpha\tau(mr(\alpha+\tau)+\alpha\tau))=O(r\alpha^2\tau)$。

　　基于 Bard 等（2001）中的数据，图 7-2 给出了改进的时段网络的算例，其中共有 34 条航班弧，在 Bard 等（2001）中则有 66 条航班弧，对比可知，改进的时段网络可以显著地减少模型的变量个数。在改进的时段网络中，航班弧的起点代表航班的实际离港时刻，不需要用重复的航班弧来表示同一个航班，故能比 Bard 等（2001）中产生的航班弧的数量少很多。改进时段网络的定义和构造是本章的主要创新点。

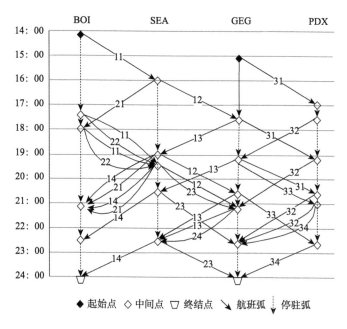

图 7-2　改进的时段网络的算例

7.2.2　旅客转机关系

现在介绍针对受干扰航班上旅客的可行安排所构造的旅客转机关系（passenger transiting relationship，PTR）。PTR 的基本元素共包含三个标签，即 f、k 和 λ，$(f, k, \lambda) \in$ PTR。其中，f 表示已取消且必须转出旅客的航班，k 表示能够接受旅客转入的航班，λ 指代表航班 k 的航班弧。本节依据如下原则构建 PTR：只要是在转机的衔接时间上满足要求，则取消航班中的旅客就可以转机到离港机场和进港机场与转出航班相同的航班中。例如，在图 7-3 中，共有三个航班，航班 1831、航班 1501 和航班 1519，都是从 PEK 到 SHA，计划离港时刻分别为 7：30、8：30 和 9：30，计划进港时刻分别为 9：40、10：40 和 11：40。假设航班 1501 受到干扰需要被取消，而航班 1831 和航班 1519 可以正常离港，则航班 1501 中的部分或全部旅客可以转机到航班 1519 中。如果航班 1831 延误到 8：30 离港，则航班 1831 和航班 1519 都可以接收从航班 1501 转机而来的旅客。当然，转机成本小的航班在转机选择上比较占优势。

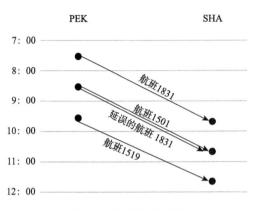

图 7-3　旅客转机示例

受干扰的航班可能会被与原计划机型不同的飞机执行。由于不同机型飞机的座位容量不同，恢复方案中每个航班的旅客数量可能与原计划完全不同。

PTR 的生成算法结构如下所示。

第 1 步：令 PTR=∅。

第 2 步：对于每一个 $f \in F$，

对于每一个 $\lambda \in$ Farc，

令 $\lambda = ((s, t), (s', t'), k)$，

如果 dep_f、$\text{arr}_f = \text{arr}_k$、$f \neq k$ 且 $t \geq \text{std}_f$，则令 PTR ← PTR ∪ {(f, k, λ)}。

第 3 步：输出 PTR。

在第 2 步中，有两个嵌套的循环往 PTR 中添加转机连接。外循环是针对每个航班来说的，而内循环是针对改进的时段网络中每个航班弧来说的，主要用来找到起点和终点与航班 f 相同、但实际离港时刻不早于航班 f 的计划离港时刻的航班弧。其复杂度为 $O(mn^2\alpha\tau)$，其中 n 为航班总数，而航班弧的总数不超过 $O(mr\alpha\tau)$。因此，总的复杂度为 $O(mnr\alpha) = O(mn^2\alpha)$。

7.2.3　整数规划模型

本小节基于改进的时段网络和 PTR，建立整数规划模型，具体的符号说明如下。

（1）集合和索引。

E：机型的集合；$e \in E$。

F：航班集合；$f, k \in F$。

$F(e)$：能够被机型 e 的飞机执行的航班集合。

$I = ON \cup TN$：时空点集合，包括起始点和中间点；$i, j \in I$。

J：终结点集合；$i, j \in J$。

$D(e, i)$：起点为时空点 $i \in I$ 且能被机型 e 的飞机执行的航班集合。

$G(e, f, i)$：起点为时空点 i 且代表被机型 e 的飞机执行的航班 f 的航班弧的终点集合。

$H(e, i)$：终点为时空点 $i \in I \cup J$ 且能被机型 e 的飞机执行的航班集合。

$K(e, f, i)$：终点为时空点 $i \in I$ 且代表被机型 e 的飞机执行的航班 f 的航班弧的起点集合。

$K'(e, f, i)$：终点为时空点 $i \in J$ 且代表被机型 e 的飞机执行的航班 f 的航班弧的起点集合。

$M(e, f)$：代表被机型 e 的飞机执行的航班 f 的航班弧的起点集合。

$O(e, i)$：代表起点为 $i \in I$ 的机型 e 的飞机停驻在机场的停驻弧的终点集合。

$S(e, i)$：代表终点为 i 的机型 e 的飞机停驻在机场的停驻弧的终点集合。

$P(f)$：与航班 f 的离港和进港机场都相同的航班集合。

$Q(e, f, k)$：代表能接受从航班 f 转入的旅客且能被机型 e 的飞机执行的航班 k 的航班弧的起点集合。

$R(e, k, i)$：起点为 $i \in I$ 且能够将旅客转入被机型 e 的飞机执行的航班 k 的航班集合。

$L(f)$：能够执行航班 f 的飞机所属机型集合。

$T(e, f)$：代表能接受从其他航班转入旅客且能被机型 e 的飞机执行的航班 f 的航班弧的起点集合。

（2）参数。

NP_f：航班 f 中原计划的旅客数量。

N_e：机型 e 飞机的座位容量。

a_i^e：在恢复时间窗口开始之前在时空点 i 机型 e 的可行飞机数量。

c_f：取消航班 f 对每位旅客的赔偿。

d_{ij}^{ef}：由时空点 $i \in I$ 到 $j \in I \cup J$ 的航班弧且代表被机型 e 的飞机执行的航班 f 的延误成本。

h_j^e：在恢复时间窗口结束之后应该停驻在时空点 $j \in J$ 的机型 e 的飞机数量。

e_f^{ek}：从航班 f 转机到由机型 e 的飞机执行的航班 k 的每位旅客的转机成本。

（3）决策变量。

x_{ij}^{ef}：等于 1 表示从时空点 i 到时空点 j 的代表航班 f 的航班弧且由机型 e 的飞机执行，否则等于 0。

z_{ij}^e：从时空 i 到时空 j 的停驻弧流过的机型 e 的飞机数量。

t_f^{eki}：从航班 f 转机到由机型 e 的飞机执行且起点为 $i \in I$ 的航班 k 的旅客数量。

r_f：因航班 f 被取消而导致退票的旅客数量。

该模型的目标为最小化在恢复航班和飞机路径及重新安排旅客行程时所产生的总费用。目标表达式（7-1）共有三部分，第一部分表示航班的延误成本，它与该航班中原计划旅客数量及延误时间有关。第二和第三部分主要用于平衡旅客转机和退票的人数。航空公司更希望将较多的旅客进行转机。

$$\min \sum_{e \in E} \sum_{f \in F} \mathrm{NP}_f \sum_{i \in M(e,f)} \sum_{j \in G(e,f,i)} d_{ij}^{ef} x_{ij}^{ef} + \sum_{e \in E} \sum_{f \in F} \sum_{k \in P(f)} e_k^{ek} \sum_{i \in Q(e,f,k)} t_f^{eki} + \sum_{f \in F} c_f r_f \quad (7\text{-}1)$$

约束表达式（7-2）保证每个航班要么被可行飞机执行，要么被取消（$x_{ij}^{ef} = 0$，$\forall i, j, e, f$）。

$$\sum_{i \in M(e,f)} \sum_{j \in G(e,f,i)} x_{ij}^{ef} \leqslant 1 \qquad \forall e \in E, f \in F(e) \quad (7\text{-}2)$$

约束表达式（7-3）和式（7-4）则分别确保了在时空点和终结点处飞机流的平衡性。

$$\sum_{f \in D(e,i)} \sum_{j \in G(e,f,i)} x_{ij}^{ef} + \sum_{j \in O(e,i)} z_{ij}^e - \sum_{f \in H(e,i)} \sum_{k \in K(e,f,i)} x_{ji}^{ef} - \sum_{j \in S(e,i)} z_{ji}^e = a_i^e \qquad \forall e \in E, i \in I$$

$$(7\text{-}3)$$

$$\sum_{f \in H(e,i)} \sum_{k \in K'(e,f,i)} x_{ji}^{ef} + \sum_{j \in S(e,i)} z_{ji}^e = h_i^e \qquad \forall e \in E, i \in J \quad (7\text{-}4)$$

约束表达式（7-5）表示被取消航班中的旅客要么进行转机，要么执行退票。

$$\sum_{k \in P(f)} \sum_{i \in Q(e,f,k)} t_f^{eki} + r_f = \mathrm{NP}_f \left(1 - \sum_{i \in M(e,f)} \sum_{j \in G(e,f,i)} x_{ij}^{ef} \right) \qquad \forall e \in E, f \in F(e) \quad (7\text{-}5)$$

约束表达式（7-6）则保证某个航班接收旅客转机的人数不能超过其本身的容量大小。

$$\sum_{k \in R(e,f,i)} t_k^{efi} \leqslant \left(N_e - \mathrm{NP}_f \right) \sum_{j \in G(e,f,i)} x_{ij}^{ef} \qquad \forall f \in F, e \in L(f), i \in T(e,f) \quad (7\text{-}6)$$

约束表达式（7-7）~式（7-11）给出了决策变量的取值定义

$$x_{ij}^{ef} \in \{0,1\} \qquad \forall e \in E, f \in F, i \in M(e,f), j \in G(e,f,i) \quad (7\text{-}7)$$

$$z_{ij}^e \in \{0,1,2,\cdots\} \qquad \forall e \in E, i \in I, j \in O(e,i) \quad (7\text{-}8)$$

$$t_f^{eki} \in \{0,1,2,\cdots\} \qquad \forall e \in E, f \in F, k \in P(f), i \in Q(e,f,k) \quad (7\text{-}9)$$

$$r_f \in \{0,1,2,\cdots\} \qquad \forall f \in F \quad (7\text{-}10)$$

模型（7-1）~模型（7-10）是实际问题的一种近似表达形式，并且随着时间区间被等分得越来越细，该模型对实际问题的描述也会越来越精确。然而，在改进的时段网络中，航班的离港和进港时刻被时段代替，该模型的最优值会低估延误成本和转机成本，因此，有必要在求解模型后，根据时间的自然连续性对优化值进行调整。

7.3　算例分析

本节的数据来源于中国的某一个航空公司，主要用来评估上述模型的有效性。本节所有算例的计算环境为戴尔 Inspiron N4110 CPU i5-2410 和 2.3GB RAM，改进的时段网络和 PTR 由 C++编程得到，整数规划模型的求解由 CPLEX 12.3 完成。

7.3.1　小规模算例

在介绍大规模算例之前，我们首先分析 Bard 等（2001）中的小算例，来验证模型中考虑旅客转机的有效性。由于 Bard 等（2001）中没有考虑受干扰的旅客，在验证之前需要给出一些假设。假设每架飞机的容量为 120 人，每个航班的原计划旅客人数为 100 人，每位旅客的延误成本为 0.2 美元/分，每位旅客的转机成本为 0.25 美元/分，具体数值由接受旅客的航班实际离港时刻与转出旅客的航班计划离港时刻之差决定。

上述模型的整数规划最优值为 20 912 美元，从实际问题的角度看这只是一个下界，调整之后的具体数值见表 7-1。其中，航班 21 的延误时间为 15 分钟，故延误成本为 300 美元。与此类似，航班 22、航班 23、航班 24 和航班 14 的延误成本分别为 300 美元、300 美元、200 美元和 4 500 美元。航班 12 被取消，其中的 20 位旅客转机到航班 23，转机成本为 0.25×20×220=1 100 美元，80 位旅客进行退票，退票造成的损失为 102.31×80 =8 184.8 美元。与此类似，航班 13 的转机成本和退票成本分别为 1 125 美元和 5 947.2 美元。故总成本为 21 957 美元，其比 Bard 等（2001）中的调整成本有所降低，主要是一些旅客被转机到其他航班，从而避免了退票造成的大量损失。注意到该模型最优值的下界与最优值之间的差别只有 4.8%。

表7-1　小规模算例优化解

飞机号	航班号	离岗机场	进港机场	离岗时刻	进港时刻	旅客人数	延误成本/美元	转机成本/美元	取消成本/美元
	11	BOI	SEA	2：10	15：20	100			
	21	SEA	BOI	16：00	17：15	100	300		
	22	BOI	SEA	17：55	19：05	100	300		
1	23	SEA	GEG	19：45	20：45	120	300		
	24	GEG	SEA	21：25	22：25	120	200		
	14	SEA	BOI	23：05	0：20	100	4 500		
	31	GEG	PDX	15：15	16：20	100			
3	32	PDX	GEG	17：30	18：30	100			
	33	GEG	PDX	19：10	20：20	100			
	34	PDX	GEG	21：00	21：55	100			
取消航班	12	SEA	GEG					1 100	8 184.8
	13	GEG	SEA					1 125	5 947.2

7.3.2　大规模算例

对于大规模算例的验证，本小节设计了 20 个算例。具体的数据包括航班信息（航班号、航班计划离港和进港时刻、离港和进港机场）、飞机信息（飞机号、飞机机型、飞机容量）及旅客信息（每个航班的旅客数量及每位旅客的退票成本）。上述信息中，航班和飞机信息来源于航空公司的实际数据，旅客信息是为模型验证的需要而假设的。算例中，飞机规模从 47~188 架不等，对应的飞机机型从 3~13 种，航班数量从 130~628 个。上述这些数据基本反映了一个中等规模航空公司一天的运营情况。

基于上述的原计划数据，本小节的干扰情景是随机假设产生的。对应的成本设置和旅客统计数据是在与航空公司的讨论中总结而来的。

大约 2~10 架飞机会在整个恢复时间区间内停驻在机场而不可用。

机场的最小过站时间假设为 40 分钟。

每位旅客的延误成本假设为 0.1 元/分。

每个航班的订票率假设为 80%。

转机成本为 0.15 元/分，由接受旅客的航班实际离港时刻及转出旅客的航班计划离港时刻之差决定。

航班的最大延误时间阈值（maxd）从 4 小时到 6 小时不等。

航班的恢复时间窗口为 7：00~24：00。

机型之间的替代规则和对应飞机容量如表 7-2 所示。

表7-2　机型之间的替代规则和对应的飞机容量

机型	A319	A320	A321	A332	A343	B733	B736	B737	B738	B744	B752	B767	B772
容量/人	120	150	170	220	220	120	120	120	160	250	200	200	300
A319	—	N	N	N	N	N	N	N	N	N	N	N	N
A320	Y	—	N	N	N	N	N	N	N	N	N	N	N
A321	Y	Y	—	N	N	N	N	N	N	N	N	N	N
A332	Y	Y	Y	—	Y	N	N	N	N	N	N	N	N
A343	Y	Y	Y	Y	—	N	N	N	N	N	N	N	N
B733	N	N	N	N	N	—	Y	Y	N	N	N	N	N
B736	N	N	N	N	Y	N	—	Y	N	N	N	N	N
B737	N	N	N	N	N	N	N	—	N	N	N	N	N
B738	N	N	N	N	Y	N	Y	Y	—	N	N	N	N
B744	N	N	N	N	N	N	N	N	N	—	N	N	N
B752	N	N	N	N	N	N	N	N	N	N	—	Y	N
B767	N	N	N	N	N	N	N	N	N	Y	—	N	N
B772	N	N	N	N	N	N	N	N	N	Y	Y	—	N

　　鉴于模型的目标为最小化航班延误、旅客转机及旅客退票的成本损失，优化结果主要包括新的飞机路径、旅客的转机关系、一系列被重新安排或取消的航班及退票的旅客等。表 7-3~表 7-5 分别给出了 20 个算例的优化结果，每个表格被分为五个部分。

表7-3　算例1~算例7的优化结果

数据		干扰情况						
		1	2	3	4	5	6	7
算例规模	flights#	215	184	130	184	184	184	184
	fleets#	5	3	1	3	3	3	3
	grdplane#	2	2	2	4	6	8	10
	avaplane#	64	45	28	43	41	39	37
参数	tblength	5	5	5	5	5	5	5
	maxd/小时	4	4	4	4	4	4	4
	farc	24 080	12 334	3 346	12 334	12 334	12 334	12 334
	node	12 355	6 735	1 690	6 735	6 735	6 735	6 735
	tran	25 093	11 586	2 370	11 586	11 586	11 586	11 586
运行时间/秒	trantime	10.05	3.06	0.89	3.19	3.23	3.14	3.34
	MIPtime	15.34	3.56	0.23	1.65	2.06	5.23	59.00

续表

数据		干扰情况						
		1	2	3	4	5	6	7
运行时间/秒	soltime	0.67	0.25	0.09	0.22	0.15	0.12	0.05
	btrantime	19.84	6.09	1.04	5.91	6.12	6.05	5.73
	bMIPtime	15.69	4.33	0.72	3.56	4.62	12.19	225.37
优化结果和对应优化成本/元	canceled f#	0	0	0	0	1	1	5
	canceled p#	0	0	0	0	96	96	480
	trans p#	0	0	0	0	0	0	0
	delay cost	13 688	4 896	5 280	8 696	19 062	28 112	47 336
	trans cost	0	0	0	0	0	0	0
	canceled cost	0	0	0	0	234 240	235 360	467 236
	total cost	13 688	4 896	5 280	8 696	253 302	263 472	514 572
对比效果	LP value	12 521	4 468	4 992	8 600	252 536	260 836	489 461
	gap	8.53%	8.74%	0	1.10%	0.30%	1.00%	4.88%
	cf#	10	12	12	18	26	34	44
	cp#	1 056	1 152	1 152	2 048	2 976	3 744	4 224
	ccost	1 284 20	1 007 040	1 007 040	2 480 240	3 838 800	4 698 000	4 891 200
	actualcost	474 505	6 877	6 877	300 386	633 394	637 956	646 638

表7-4　算例8~算例14的优化结果

数据		干扰情况						
		8	9	10	11	12	13	14
算例规模	flights#	215	567	628	628	628	628	628
	fleets#	5	9	13	13	13	13	13
	grdplane#	10	10	10	2	4	6	8
	avaplane#	56	153	178	186	184	182	180
参数	tblength	5	5	5	30	30	30	30
	maxd/小时	4	4	4	4	4	4	4
	farc	24 080	50 607	51 874	12 013	12 013	12 013	12 013
	node	12 355	59 373	88 166	19 344	19 344	19 344	19 344
	tran	25 093	58 823	66 747	13 461	13 461	13 461	13 461
运行时间/秒	trantime	10.49	70.00	72.09	3.52	3.15	3.48	3.35
	MIPtime	161.32	26.83	32.82	0.59	0.87	1.47	2.14
	soltime	0.10	0.25	0.74	0.02	0.02	0.02	0.02
	btrantime	19.84	150.43	183.63	9.20	9.28	9.17	9.24
	bMIPtime	23.55	54.68	88.84	4.22	3.58	4.8	10.63

续表

数据		干扰情况						
		8	9	10	11	12	13	14
优化结果和对应优化成本/元	canceled f#	6	6	7	0	0	0	2
	canceled p#	384	456	448	0	0	0	0
	trans p#	192	256	256	0	0	0	192
	delay cost	38 072	18 416	23 705	4 120	5 064	11 096	17 850
	trans cost	960	21 088	20 992	0	0	0	1 056
	canceled cost	389 760	314 240	395 840	0	0	0	0
	total cost	428 792	353 744	440 537	4 120	5 064	11 096	18 906
对比效果	LP value	423 389	351 089	437 906	1 040	2 896	5 760	12 922
	gap	1.26%	0.75%	0.60%	74.76%	42.81%	48.09%	31.65%
	cf#	44	40	44	8	16	28	36
	cp#	4 224	3 920	4 224	896	1 792	2 944	3 584
	ccost	4 891 200	4 621 200	4 807 680	893 120	1 770 880	2 777 920	3 622 400
	actualcost	646 638	771 986	774 461	4 581	249 171	257 165	23 163

表7-5　算例15~算例20的优化结果

数据		干扰情况					
		15	16	17	18	19	20
算例规模	flights#	628	567	215	628	628	628
	fleets#	13	9	5	13	13	13
	grdplane#	10	10	10	10	10	10
	avaplane#	178	153	56	178	178	178
参数	tblength	30	30	30	30	30	30
	maxd/小时	4	4	4	8	12	16
	farc	12 013	11 446	5 522	21 298	26 925	28 486
	node	19 344	12 861	2 850	24 622	26 533	26 962
	tran	13 461	11 400	4 917	25 449	34 676	37 434
运行时间/秒	trantime	3.34	2.87	0.98	8.36	16.38	18.82
	MIPtime	4.91	6.58	48.63	9.58	10.36	8.8
	soltime	0.02	0.02	0.02	0.1	0.3	0.3
	btrantime	9.28	6.86	1.35	21.13	32.84	38.46
	bMIPtime	8.32	5.49	2.98	15.04	13.118	15.06
优化结果和对应优化成本/元	canceled f#	0	0	5	2	2	2
	canceled p#	0	0	288	0	0	0

续表

数据		干扰情况					
		15	16	17	18	19	20
优化结果和对应优化成本/元	trans p#	0	0	192	192	192	192
	delay cost	26 448	26 836	32 364	24 360	24 360	24 360
	trans cost	0	0	3 664	1 056	1 056	1 056
	canceled cost	0	0	315 840	0	0	0
	total cost	26 448	26 836	351 868	25 416	25 416	25 416
对比效果	LP value	18 217	21 016	344 425	17 947	17 947	17 947
	gap	31.12%	21.69%	2.12%	29.39%	29.39%	29.39%
	cf#	44	44	44	44	42	40
	cp#	4 480	4 352	4 224	4 608	4 416	4 384
	ccost	4 500 160	4 590 080	4 891 200	4 767 360	5 095 680	4 997 680
	actualcost	270 724	278 580	646 638	319 122	334 184	336 779

第一部分介绍了不同算例的规模。

flight#：算例的航班数量。

fleets#：算例的机型数量。

grdplane#：算例中受到干扰而停驻的飞机数量。

avaplane#：算例中可用的飞机数量。

第二部分显示了与改进的时段网络有关的一些参数。

tblength：改进的时段网络中每个时段长度。

farc 和 node：改进的时段网络中航班弧和时空点的数量。

tran：PTR 中转机关系的数量。

第三部分给出了生成网络及模型求解的运行时间。为了更好地验证该模型的有效性，本小节将结果与 Bard 等（2001）的运行时间做了对比，为了对比的公平性，将转机网络加载到 Bard 等（2001）的网络模型中。

trantime：生成改进的时段网络和 PTR 的运行时间。

MIPtime：求解模型式（7-1）~式（7-10）的运行时间。

soltime：将模型式（7-1）~式（7-10）的整数解转化为可行解的运行时间。

btrantime：生成 Bard 等（2001）的网络及 PTR 的运行时间。

bMIPtime：求解 Bard 等（2001）中模型的运行时间。

由第三部分的显示结果可知，若时段长度为 30 分钟，所有算例的运行时间都不超过 1 分钟，而对于时段长度为 5 分钟，则最大的运行时间仅为 3 分钟左右。运用 Bard 等（2001）中的模型方法，求解同样的算例，得到类似的优化结果，运行时间则大约是使用本小节方法的 2 倍。

第四部分着重给出了优化结果和对应优化成本。

canceled f#：被取消的航班数量。

canceled p#：因航班取消而退票的旅客数量。

trans p#：转机到其他航班的旅客数量。

delay cost、trans cost 和 canceled cost：航班延误成本、旅客转机成本及旅客退票成本。

total cost：优化结果的总成本。

第五部分给出了松弛解和最终优化可行解的对比效果。

LP value：模型的线性松弛解。

gap：total cost 与 LP value 之间的相对差值，等于 100% × (total cost–LP value)/total cost。

cf#：取消的航班数量。

cp#：航班若被取消，对应的不得不退票的旅客数量。

ccost：所有停驻飞机原计划执行的航班被取消的取消成本。

actualcost：按照航空公司一贯的调整手段所导致的运作成本。

当航空公司在执行航班计划遇到干扰情况时，飞行签派人员会根据一系列调整原则来使航班计划尽快恢复。首先，考虑到优先级，航空公司会优先安排有 VIP（very important person，贵宾）旅客的航班，然后安排国际航班的离港和进港，最后对剩余的航班按照旅客的数量进行排序，并依次进行安排。为了计算 actual cost，本节编写一个算法来模拟航空公司的实际操作。在本节选取的算例中，由于不存在 VIP 旅客，而国际航班则是由实际情况决定的。国内航班按照旅客数量降序排序，依次被重新安排。此时如果还存在无法重安排的航班，则其会对对应的旅客进行转机或者退票操作。

算例 1~算例 10 的结果是由求解 5 分钟的时段网络模型得到的。由于算例 11~算例 20 的求解规模比较大，其结果是由求解 30 分钟的时段网络模型得到的。在算例 1~算例 17 中，航班延误时间的阈值（maxd）设置为 4 小时，而在算例 18~算例 20 中，航班延误时间的阈值分别设为 8 小时、12 小时和 16 小时。

在算例 1~算例 3 和算例 7~算例 10 中，随着机型规模的不断增加，需要更多的运行时间来构建改进的时段网络和 PTR。随着机型规模的增加，取消航班的旅客有更多机会进行转机，故转机成本稍微有所降低，这一点由算例 7~算例 9 的对比中更容易得出此结论。与此类似，随着因受到干扰而停驻在机场的飞机数量的增加，优化求解的运行时间、被取消的航班数量、延误成本、取消成本及总成本都会显著增加。

算例 15 和算例 18~算例 20 的机型规模、停驻飞机数量及干扰情景完全相同，本小节通过算例 15 和算例 18~算例 20 显示出 maxd 对优化解的影响。根据航空公司相关规定,当航班延误时间超过 4 小时,旅客一般会对航空公司产生抱怨。由此,本小节将该参数分别取值 4 小时、8 小时、12 小时及 16 小时,并分析该参数的变化对优化效果的影响。图 7-4 和图 7-5 分别显示了 maxd 和运行时间、maxd和优化总成本的变化关系。由图 7-4 和图 7-5 可以看出,运行时间随着 maxd 的增加呈增加的趋势,但增加的速度呈递减状态。但是,总成本基本保持不变。实际上,航空公司在实际运行中需要平衡算法的优化效率与可优化解质量之间的关系。从图 7-4 可以看出,随着 maxd 的增加,航班延误时间稳定在 7 小时附近。由此表明,在实际运行中将航班延误时间的阈值定为 8 小时比较恰当。

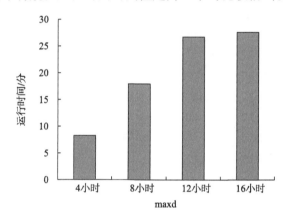

图 7-4　maxd 的不同取值对运行时间的影响

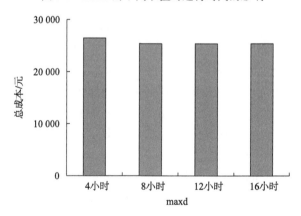

图 7-5　maxd 的不同取值对优化总成本的影响

在表 7-3~表 7-5 的第五部分中,LP value 和 total cost 分别给出了 ARPRP 问题优化值的上界和下界。对于 5 分钟时段来说,上界和下界之间的差别在 0~8%,平均差别低于 3%。对于 30 分钟时段来说,上界和下界的平均差别在 30%。然而,

30 分钟时段优化效果仍然好于航空公司的实际运行效果。因为在航空公司的实际运行过程中，对于受干扰的航班，一般会直接取消而不会重新安排。一般来说，较短的时段能够得出较好的优化值，但是运行时间也会随之呈指数级增加。

图 7-6 对比了几种方法的优化效果，与直接取消受干扰飞机的航班（成本为 ccost）或与航空公司的实际调整手段（成本为 actualcost）相比，本章的模型[式（7-1）~式（7-10）]的优化值明显要低很多。表 7-6 显示了两种方法的平均优化值的对比情况。第一行是式（7-1）~式（7-10）的优化解的平均值，第二行是模拟航空公司实际运行的优化解的平均值。其中，取消的航班平均数量大致相同。但是第一种方法得到旅客转机的平均人数比第二种多，旅客退票的人数比第二种方法少很多。

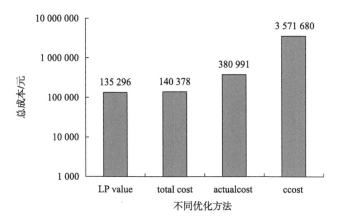

图 7-6　不同方法优化解之间的对比

表7-6　平均优化值的对比

优化方法	canceled f#	trans p#	canceled p#	delay cost/元	trans cost/元	canceled cost/元
改进的时段网络	2	83	112	20 206	2 829	117 626
航空公司部分调整	2.5	23	268	30 023	19 451	364 198

7.4　本章小结

本章针对旅客单航班行程的飞机和旅客一体化恢复问题，构建改进的时段网络和 PTR，并建立整数规划模型，然后基于实际运行的算例和随机产生的干扰情景，运用 CPLEX 商业优化软件对上述网络模型方法进行有效性验证。基于 30 分钟时段网络，干扰规模达到 10 架飞机、机队规模达到 13 个机型的算例能够在 30 秒之内求得优化解。并且基于 5 分钟的时段网络，可以将上界和下界的差别控制在 0~8%，将平均差别控制在 3%以下。这些算例充分验证了改进的时段网络模型方法的有效性。

第8章 基于多航班行程旅客全部改签的民航干扰管理研究

在航空公司的实际运行中，大部分旅客的行程是单航班的，但有一部分旅客的行程是由多个航班段组成的。本章针对多航班行程旅客全部改签的航班调整问题进行优化研究。与第 7 章有所不同，本章基于连接网络建立连接网络模型，并运用邻域搜索算法对该问题进行求解。

8.1 问 题 描 述

该问题的基本描述与 7.1 节类似，主要不同之处在于旅客的行程安排上（Hu et al，2016）。具体如下：在安排旅客时，如果旅客的原行程未受到干扰（即行程上任何一个航班都未被取消且行程中相邻航班之间的衔接时间充足），则旅客继续留在原航班。否则，旅客将被航空公司重新安排到与原行程起点和终点相同的其他行程上，但新行程的实际出发时刻要晚于原行程的计划出发时刻，且转入新行程的旅客人数不能大于其每个航班的剩余座位容量。

8.2 数 学 模 型

本节基于连接网络，建立考虑边界限制的集合分割模型，其中飞机路径自动满足飞机流的连续性约束和机场宵禁约束。

（1）集合。

E：机型集合；$e \in E$。

F：航班集合；$k, f \in F$。

R：飞机路径集合；$r \in R$。

S：机场集合；$s \in S$。

P：飞机集合；$p \in P$。

$P(e)$：属于机型 e 的飞机集合；$e \in E$。

I：旅客行程集合；$i \in I$。

$Q(i)$：能够接受行程 i 中旅客的行程集合；$i \in I$。

$M(j)$：旅客能够转入行程 j 的行程集合；$j \in I$。

（2）参数。

rf_{rf}：等于 1 表示飞机路径 r 包含航班 f，否则等于 0；$f \in F$，$r \in R$。

rs_{rs}：等于 1 表示飞机路径 r 最后停驻在机场 s，否则等于 0；$r \in R$，$s \in S$。

rp_{rp}：等于 1 表示飞机路径 r 被飞机 p 执行，否则等于 0；$r \in R$，$p \in P$。

re_{re}：等于 1 表示飞机路径 r 被属于机型 e 的飞机执行，否则等于 0；$r \in R$，$e \in E$。

fe_{fe}：等于 1 表示航班 f 被属于机型 e 的飞机执行，否则等于 0；$f \in F$，$e \in E$。

if_{if}：等于 1 表示旅客的行程 i 包含航班 f，否则等于 0；$i \in I$，$e \in E$。

c_i：航空公司因行程 i 中的旅客执行退票的损失；$f \in F$。

dcp_{rfp}：包含航班 f 的飞机路径 r 被飞机 p 执行时，航班 f 中每位旅客的延误成本；$r \in R$，$f \in F$，$p \in P$。

dt_{rfp}：包含航班 f 的飞机路径 r 被飞机 p 执行时，航班 f 的延误时间；$r \in \mathrm{RF}(f)$，$f \in F$，$p \in P$。

h_s^e：应该在机场 s 停驻的属于机型 e 的飞机数量；$s \in S$，$e \in E$。

M：航班延误时间阈值。

NP_f：航班 f 中的原计划旅客数量；$f \in F$。

N_i：行程 i 中的旅客数量。

N_e：机型 e 飞机的座位数量；$e \in E$。

e_i^j：从行程 i 转到行程 j 的每位旅客的成本；$i \in I$，$j \in Q(i)$。

（3）决策变量。

x_r：等于 1 表示飞机路径 r 被执行，否则等于 0；$r \in R$。

z_i：等于 1 表示行程 i 受到干扰，否则等于 0；$i \in I$。

t_i^j：因行程受到干扰而从行程 i 转到行程 j 的旅客数量；$i \in I$，$j \in Q(i)$。

r_i：原属于行程 i 中，但最后被取消的旅客数量；$i \in I$。

$$\min c(x_r, t_f^{rkp}, r_f) = \sum_{f \in F} \sum_{p \in P} \sum_{r \in RF(f)} \mathrm{dcp}_{rfp} \mathrm{NP}_f x_r + \sum_{i \in I} \sum_{j \in Q(i)} e_i^j t_i^j + \sum_{i \in I} c_i r_i \quad (8\text{-}1)$$

$$\sum_{r \in R} \mathrm{rf}_{rf} x_r \leqslant 1 \qquad \forall f \in F \tag{8-2}$$

$$\sum_{r \in R} \mathrm{re}_{re} \mathrm{rs}_{rs} x_r = h_s^e \qquad \forall s \in S,\ e \in E \tag{8-3}$$

$$\sum_{r \in R} \mathrm{rp}_{rp} x_r \leqslant 1 \qquad \forall p \in P \tag{8-4}$$

$$\sum_{p \in P} \sum_{r \in R} \mathrm{dt}_{rfp} \mathrm{rf}_{rf} \mathrm{rp}_{rp} x_r \leqslant M \qquad \forall f \in F \tag{8-5}$$

$$\sum_{j \in I/i} t_i^j + r_i = N_i z_i \qquad \forall i \in I \tag{8-6}$$

$$\sum_{i \in I} \mathrm{fe}_{fe} \mathrm{if}_{if} t_i^j \leqslant (N_e - \mathrm{NP}_f) \sum_{r \in R} \mathrm{rf}_{rf} x_r \qquad \forall f \in F,\ e \in E \tag{8-7}$$

$$z_i \geqslant 1 - \sum_{r \in R} \mathrm{rf}_{rf} x_r \qquad \forall f \in F(i),\ i \in I \tag{8-8}$$

$$\sum_{p \in P} \sum_{r \in R} \mathrm{dt}_{rf(i,k+1)p} \mathrm{rf}_{rf} \mathrm{rp}_{rp} - \sum_{p \in P} \sum_{r \in R} \mathrm{dt}_{rf(i,k)p} \mathrm{rf}_{rf} \mathrm{rp}_{rp} \geqslant v - q_{ik} \qquad \forall k \in \{1, 2, \cdots, n_i\}, i \in I$$

$$\tag{8-9}$$

$$x_r = \{0,\ 1\} \qquad \forall r \in R \tag{8-10}$$

$$z_i = \{0,\ 1\} \qquad \forall i \in I \tag{8-11}$$

$$r_f = \{0,\ 1,\ 2, \cdots\} \qquad \forall f \in F \tag{8-12}$$

$$t_i^j = \{0,\ 1,\ 2, \cdots\} \qquad \forall j \in Q(i),\ i \in I \tag{8-13}$$

在上述模型中，目标函数表达式（8-1）主要表示最小化旅客行程的延误成本、转机成本及退票成本。约束表达式（8-2）确保了飞机路径中航班的唯一性。约束表达式（8-3）保证了在机场宵禁时刻到来之前，规定数量的某机型飞机需要停驻在指定的机场。约束表达式（8-4）确保每架飞机只能执行一条飞机路径。约束表达式（8-5）限制了航班的最大延误时间。约束表达式（8-6）表达了旅客流在不同行程之间的平衡，即如果行程 i 受到干扰，则所有的旅客要么被转到其他相同目的地的行程上，要么被执行退票。约束表达式（8-7）保证了每个航班上的旅客总数不超过飞机的座位容量。约束表达式（8-8）和约束表达式（8-9）对行程是否受到干扰进行定义。约束表达式（8-10）~式（8-13）对决策变量的取值进行定义。

8.3　算 法 设 计

本章基于 GRASP 算法，设计启发式算法对该问题进行求解。对于解决实际问题的算法来说，可以通过控制参与航班恢复的飞机数量来达到控制优化求解规模的目的。GRASP 算法是由 Feo 和 Resende（1989）提出的，算法的基本思路共分为两个阶段：第一阶段为通过一个自适应的随机贪婪函数，求得问题的初始解；第二阶段为设计一个局部搜索程序来改进初始解。第一阶段的初始解创建原理类似于 Hart 和 Shogan（1987）提出的半贪婪算法。因此，GRASP 算法可以理解为是由半贪婪算法和局域搜索算法组合而成的启发式算法。

当飞机因受到干扰而发生停驻或延误时，可以将直接取消受干扰的航班作为航班调整的初始解，这使得初始解能尽量接近原计划的飞机路径，这正是干扰管理的基本思想。本章使用的 GRASP 算法与其基本思路类似。初始解的确定规则为：延误飞机原计划执行的航班在保证满足机场宵禁的前提下可直接往后顺延，停驻飞机原计划执行的航班会按照取消成本的大小依次插入其他可行飞机中，最后运用多航班行程旅客安排算法（passenger reassignment algorithm，PRA）对所有取消航班的旅客进行重新安排。GRASP 算法的主思路介绍如下。

第 1 步：获得初始解 (x_0, t_0, r_0)。

第 2 步：搜索初始解 (x_0, t_0, r_0) 的邻域 $N(x_0, t_0, r_0)$，并挑选成本最小的若干个解以成本从小到大的顺序（记为 $(x_1', t_1', r_1'), (x_2', t_2', r_2'), \cdots, (x_n', t_n', r_n')$）放入邻域候选池 rcl，从 rcl 中随机选择一个解 (x_i', t_i', r_i')。

第 3 步：如果 $c(x_i', t_i', r_i') < c(x_0, t_0, r_0)$，则令 $(x_0, t_0, r_0) = (x_i, t_i, r_i)$，转第 2 步，否则转第 4 步。

第 4 步：输出 (x_0, t_0, r_0)。

基于上述对 GRASP 算法的分析，在运用该算法之前需要解决以下问题：①针对每次迭代得出的飞机路径，如何对受干扰旅客进行重新安排？②如何确定可行解 (x_0, t_0, r_0) 的邻域 $N(x_0, t_0, r_0)$？③如何设计局部搜索算法来提高初始解？下面会依次解决这些问题，以达到对问题有效求解的目的。

8.3.1　旅客安排算法

每一个可行解都由可行的飞机路径、一部分取消的航班及适当的旅客安排算法组成。该部分开发一种新的旅客安排算法以达到最小化旅客重排的成本。该算法按照取消成本降序的方式对旅客的行程进行分类排序，然后运用最小费用流算法对每一个行程的内部安排进行求解。

设 PI 为受干扰的旅客行程集合，将其按照行程的起点和终点对行程进行分类，对于每一类行程 $i \in$ PI，其所有行程的起点相同且终点相同，则具有相同的起点和终点。对 PI 中所有的元素按照行程的取消成本进行排序。对于 $i \in$ PI，在恢复时间窗口范围内，寻找与 i 起点和终点都相同的可行路径，并将其构造成可行路径网络，记为 $N_i =(V, s, s', t, t', A, b, c)$。网络中的每条路径由若干个有剩余座位的航班组成。在网络中，V 表示机场所在的时空点，s 和 s' 表示行程 i 的起点，t 和 t' 表示行程 i 的终点。$A=\{(s, s')\} \cup \{(t', t)\} \cup A_1 \cup A_2 \cup A_3 \cup A_4 \cup \{(s', t')\}$，其中 $\{(s, s')\}$ 和 $A_1=\{(s, v)|v \in V\}$ 表示受干扰的行程 i 的初始安排状态，$\{(t', t)\}$ 和 $A_4=\{(v, t)|v \in V\}$ 表示受干扰行程 i 中的旅客的最终安排状态，A_2 中的每个弧表示实际离港时刻不早于行程 i 计划出港时刻的航班，A_3 中的每个弧表示两个行程之间的连接且满足约束（8-8）和约束（8-9），$\{(s', t')\}$ 表示行程 i 中的旅客被取消行程或转移到其他航空公司。在每个弧中共有两个标签，第一个（记为 b）表示转移一位旅客到新行程所需要付出的成本，其主要与新旧行程的时间差有关；第二个标签（记为 c）表示新行程中每个弧的容量大小。对于任意一个弧 (u, v) $\in \{(s, s')\} \cup \{(t', t)\} \cup A_1 \cup A_3 \cup A_4$，$b(u, v)=0$，$c(u, v)=n_i$，其中 n_i 表示行程 i 中的旅客数量，且 $b(s', t')=c_i$，$c(s', t')=n_i$。对于任意一个航班弧 $(u, v) \in A_2$，其对应的航班 f 中有 n_f 位旅客受到干扰，则 $c(u, v)=N_e - NP_f + n_f - res$ 且 $b(u, v)=delay_i$，其中 res 表示转入包含 f 的行程中的旅客人数，$delay_i$ 表示新行程相对原计划行程 i 的到达延误时间。

图 8-1 给出了一个从 PEK 到 SHA 行程的可行路径网络图 N_i，每个弧有两个标签，其中一个是成本，另一个是容量。从图 8-1 可以看出，从 PEK 到 SHA 共有三条可行路径，分别为 PEK-SHA、PEK-CKG-SHA、s'-t'，前两条路径表示受干扰的旅客被安排到航空公司内部的其他行程上，行程 s'-t' 表示旅客未被重新安排而直接执行退票操作，对应的退票成本为 1 040 元，容量为总的旅客数量。由图 8-1 看出，在受干扰的 96 位旅客中，有 24 位旅客被安排到新行程 PEK-SHA 中，有 24 位旅客被安排到新行程 PEK-CKG-SHA 中，而另外的 48 位旅客最后未被安排。

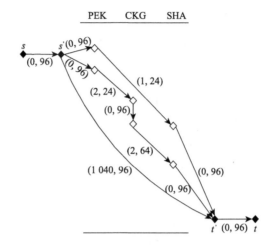

图 8-1　可行路径网络图 N_i 算例

旅客安排算法结构如下。

输入：PI=∅、I、新的飞机路径 R'、行程之间的转移关系 T。

第 1 步：对于任意的 $i \in I$，如果其违背了约束（8-8）和约束（8-9），则令 PI=PI $\cup \{i\}$，$I=I/\{i\}$。

第 2 步：对 PI 中的元素按照 c_i 降序排列，如果 $I \neq \varnothing$，则转第 1 步，否则转第 3 步。

第 3 步：从 PI 中选择一个元素 i，计算 n_i，并构建 $N_i =(V, s, s', t, t', A, b, c)$，令 PI=PI/$\{i\}$。

第 4 步：设 valfl=0 为从 s 到 t 的初始可行流。

第 5 步：如果 val$fl = n_i$ 且 PI≠∅，则令 $T=T \cup \{fl\}$转第 3 步；如果 val $fl=n_i$ 且 PI=∅ 则转第 8 步；如果 val$fl<n_i$ 则转第 6 步。

第 6 步：构建增量网络 $N(fl)$ 并找到从 s 到 t 最小费用路（记为 M），转到第 7 步。

第 7 步：设 $C(M)$ 表示路径 M 上的最小容量，令 $\theta = \min\{C(P), n_i-\text{val } fl\}$，在 N 中沿路径 M 流量改变为 $fl=fl+\theta$，转第 5 步。

第 8 步：输出 T，算法停止。

注意到 $\forall i, j \in$ PI，如果 N_i 和 N_j 包含同一个航班 f，当安排完网络 N_i 的旅客行程时，航班 f 中的剩余座位数量就会发生变化。因此，旅客行程安排的顺序会影响旅客安排的效果。

如果 N_i，$\forall i \in$ PI 中可行路径只包含一个航班，即该航班的离港机场和进港机场与行程 i 的起点和终点分别相同，则行程安排可进行简化，行程之间的影响也可忽略不计。令 dep(f) 和 arr(f) 分别表示航班 f 的离港机场和进港机场，ori(i) 和

des(i)分别表示行程 $i \in$ PI 的起点和终点，则得到以下定理。

定理 8-1　对于 N_i, $\forall i \in$ PI 中的任何一个航班弧（记为 f），如果 dep(f)=ori(i)
并且 arr(f)=des(i)，则对于每一次得到的新的飞机路径，旅客安排算法都能够为对
应的所有受干扰旅客找到最优安排方案。

证明： 首先，我们需要证明$\forall i, j \in$ PI，N_i 和 N_j 是相互独立的，即不存在航班
$f \in N_i \cap N_j$。

如果$\exists f \in N_i \cap N_j$，即 dep($f$)=ori($i$)、arr($f$)=des($i$)，以及 dep($f$)=ori($j$)、arr($f$)=
des(j) $\Rightarrow$ ori(i)=ori(j)、des(i)=des(j)。然而，根据 PI 中的元素分类规则，行程 i 和
行程 j 不应该具有相同的起点和终点，故初始假设不成立。

接下来，对于$\forall i \in$ PI，能够找到网络 N_i 中从 s 到 t 的最优解。

在旅客安排算法中，第 4~7 步对应最小费用路算法，由 Tomizawa（1972）可
知，网络图的最小费用流可由最小费用路算法获得。

由定理 8-1 可知，在不影响旅客行程目的地的前提下，旅客行程中的航班
数量越少，对旅客的安排越趋于最优，旅客的满意度也就越高。这也贴近现实
的情况：大部分旅客更愿意直接到达目的地，而不愿意通过在其他机场周转才
能到达。

8.3.2　邻域搜索定义

在给出邻域的定义之前，我们先给出几个符号表述。

Pair={S_1, S_2}：路径对，可以指两条飞机路径，即 $S_1, S_2 \in R$，也可以指一条飞
机路径和一条取消的路径，即 $S_1 \in$ RC，$S_2 \in R$。

Cap$_i$：飞机 p_i 的座位容量 $p_i \in P$。

dep(f)：航班 f 的离港机场。

arr(f)：航班 f 的进港机场。

本章介绍三种邻域产生的方法，即插入、交叉和取消。

插入和取消操作只能在路径对中应用。被小容量飞机原计划执行的航班能够
插入大容量飞机中，反之则不行。交叉操作只能在同机型的两条飞机路径之间进
行。取消操作可以只针对单条飞机路径执行。

令 $S_1 = \{f_{1,1}, f_{1,2}, \cdots, f_{1,n}\}$ 且 $S_2 = \{f_{2,1}, f_{2,2}, \cdots, f_{2,m}\}$。

1. 插入操作

如果 $S_2 \in R$，且 Cap$_1 \leqslant$ Cap$_2$，则从 S_1 中寻找一个航班序列 $S'_1 = \{f_{1,u}, f_{1,u+1}, \cdots, f_{1,v}\}$

$\subseteq S_1$，将 S'_1 插入 S_2，共有四种将 S'_1 插入 S_2 的方式：①head-insert（头部插入）；②mid-insert（中部插入）；③tail-insert（尾部插入）；④tail-del-insert（尾部删除插入）。

（1）head-insert：如果 $\text{dep}(f_{1,u})=\text{arr}(f_{1,v})=\text{dep}(f_{2,1})$，则令 $S_2=S_2\cup S'_1$ 且 $S_1=S_1/S'_1$，即插入后的两条飞机路径分别为

$S_1=\{f_{1,1},\cdots,f_{1,u-1},f_{1,v+1},\cdots,f_{1,n}\}$

$S_2=\{f_{1,u},\cdots,f_{1,v},f_{2,1},\cdots,f_{2,m}\}$

（2）mid-insert：如果 $\exists 1<j<m$ 满足 $\text{dep}(f_{1,u})=\text{arr}(f_{1,v})=\text{dep}(f_{2,j})$，令 $S_2=S_2\cup S'_1$ 且 $S_1=S_1/S'_1$，即插入后的两条飞机路径分别为

$S_1=\{f_{1,1},\cdots,f_{1,u-1},f_{1,v+1},\cdots,f_{1,n}\}$

$S_2=\{f_{2,1},\cdots,f_{2,j-1},f_{1,u},\cdots,f_{1,v},f_{2,j},\cdots,f_{2,m}\}$

（3）tail-insert：如果 $\text{dep}(f_{1,u})=\text{arr}(f_{1,v})=\text{arr}(f_{2,m})$，令 $S_2=S_2\cup S'_1$ 且 $S_1=S_1/S'_1$，即插入后的两条飞机路径分别为

$S_1=\{f_{1,1},\cdots,f_{1,u-1},f_{1,v+1},\cdots,f_{1,n}\}$

$S_2=\{f_{2,1},\cdots,f_{2,m},f_{1,u},\cdots,f_{1,v}\}$

（4）tail-del-insert：如果 $S_1\in R$，$v=n$ 且 $\text{dep}(f_{1,u})=\text{arr}(f_{2,m})$，令 $S_2=S_2\cup S'_1$ 且 $S_1=S_1/S'_1$，即插入后的两条飞机路径分别为

$S_1=\{f_{1,1},\cdots,f_{1,u-1}\}$

$S_2=\{f_{2,1},\cdots,f_{2,m},f_{1,u},\cdots,f_{1,v}\}$

2. 交叉操作

如果 $S_2\in R$，$S_1\in R$ 且 $\text{Cap}_1=\text{Cap}_2$，则找到两个航班序列 $S'_1=\{f_{1,u},f_{1,u+1},\cdots,f_{1,v}\}\subseteq S_1$ 和 $S'_2=\{f_{2,j},f_{2,j+1},\cdots,f_{2,l}\}\subseteq S_2$，共有两种飞机路径交叉操作的方式：①mid-cross（中部交换）；②tail-cross（尾部交换）。

（1）mid-cross：如果 $\text{dep}(f_{1,u})=\text{arr}(f_{2,j})$ 且 $\text{arr}(f_{1,u})=\text{arr}(f_{2,l})$，令 $S_2=S_2/S'_2\cup S'_1$ 且 $S_1=S_1/S'_1\cup S'_2$，即插入后的两条飞机路径分别为

$S_1=\{f_{1,1},\cdots,f_{1,u-1},f_{2,j},\cdots,f_{2,l},f_{1,v+1},\cdots,f_{1,n}\}$

$S_2=\{f_{2,1},\cdots,f_{2,j-1},f_{1,u},\cdots,f_{1,v},f_{2,l+1},\cdots,f_{2,m}\}$

（2）tail-cross：如果 $S_2\in R$，$S_1\in R$ 且 $\text{dep}(f_{1,u})=\text{arr}(f_{2,j})$，令 $S_2=S_2/S'_2\cup S'_1$ 且 $S_1=S_1/S'_1\cup S'_2$，即插入后的两条飞机路径分别为

$S_1=\{f_{1,1},\cdots,f_{1,u-1},f_{2,j},\cdots,f_{2,m}\}$

$S_2=\{f_{2,1},\cdots,f_{2,j-1},f_{1,u},\cdots,f_{1,n}\}$

3. 取消操作

如果 $S_1 \in R$，找到一个航班环 $fc = \{f_{1,u}, f_{1,u+1}, \cdots, f_{1,v}\} \subseteq S_1$，令 $S_1 = S_1/fc$ 且 $RC = RC \cup fc$。

产生邻域的三种方式对应的示例如表 8-1 和图 8-2 所示。表 8-1 给出了两条路径样本，其中路径 1 从 PEK 出发，经航班 11、航班 12、航班 13 共 3 个航班，最后到达 NGB；路径 2 由 PEK 出发，经航班 21、航班 22、航班 23、航班 24 共 4 个航班，最后到达 PEK。图 8-2（a）给出了两条路径的形象化表示，图 8-2（b）~（h）显示了产生的邻域路径。

表8-1　路径对算例

路径	航班	离港机场	进港机场
1	11	PEK	ZHA
	12	ZHA	PEK
	13	PEK	NGB
2	21	PEK	HFE
	22	HFE	PEK
	23	PEK	CAN
	24	CAN	PEK

第一个产生邻域的操作为插入操作：head-insert 操作示例是将航班 11 和航班 12 插入路径 2 的前面，图 8-2（b）给出了插入后的新路径（路径 1：13，路径 2：11-12-21-22-23-24）；mid-insert 操作示例为将航班 11 和航班 12 插入路径 2 中航班 22 的后面，图 8-2（c）给出了插入后的新路径（路径 1：13，路径 2：21-22-11-12-23-24）；tail-insert 操作示例为将航班 11 和航班 12 插入路径 2 的最后面，图 8-2（d）给出了插入后的新路径（路径 1：13，路径 2：21-22-23-24-11-12）；值得注意的是，上述三种插入操作都要求路径 1 和路径 2 原计划由同机型的飞机执行，这样才能够保证邻域操作不影响路径的起始和终止机场。例如，路径 1 的终止机场始终为 NGB，路径 2 的终止机场始终为 PEK。第四种插入方式为tail-del-insert，它要求两条路径必须都为同机型的飞机路径，其操作示例为将航班 13 插入路径 2 中的最后面，图 8-2（e）给出了操作后产生的新路径（路径 1：11-12，路径 2：21-22-23-24-13），如果路径 1 为取消路径，则被执行插入的航班序列必须为航班环。

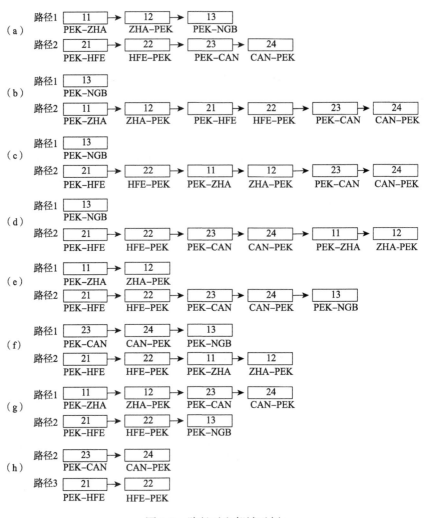

图 8-2　路径对和邻域示例

共有两种交叉操作用来产生邻域可行：第一种为 mid-cross，如图 8-2（g）所示，路径 1 中的航班 11 和航班 12 与路径 2 中的航班 21 和航班 22 进行交叉产生新的路径（路径 1：21-22-13，路径 2：11-12-23-24）；第二种交叉方式为 tail-cross，如路径 1 中的航班 13 可以与路径 2 中的航班 23 和航班 24 进行交换，产生新的路径（路径 1：11-12-23-24，路径 2：21-22-13）。值得注意的是，tail-cross 操作只能在两条飞机路径之间执行，如果有一条路径为取消路径，则 tail-cross 操作会打乱飞机流的平衡。

插入和交叉操作都在两条路径之间进行，而取消操作只在飞机路径上进行，具体操作是将飞机路径中的航班环去掉，自行组成一条取消路径。执行这样操作的目的是允许某些航班环无法执行插入或者交叉操作时，所执行的一种方式。如图 8-2（h）所示，路径 2 中的航班 21 和航班 22 被去掉，自行组成一个新的取消路径（路径 3：21-22）。

表 8-2 给出了由上述示例得到的所有邻域可行方案。如果路径 1 和路径 2 同属于飞机路径且飞机机型相同，则表 8-2 中的所有方案都是可行的。如果两条飞机路径的机型不同，如路径 1 对应的飞机容量小于路径 2 对应的飞机容量，则表 8-2 中的方案 5~方案 19 都不可行。方案 5 和方案 6 打乱了飞机流的平衡性。与此类似，如果路径 1 对应的飞机容量大于路径 2 对应的飞机容量，则方案 5、方案 6、方案 16、方案 17、方案 18、方案 19 不可行。同样地，这也是在所有路径都满足航班的最大延误时间阈值及机场宵禁时刻的前提下。

表8-2　路径对得到的所有可行路径方案

序号	路径 1	路径 2
1	11-12-13	21-22-23-24
2	13	11-12-21-22-23-24
3	13	21-22-11-12-23-24
4	13	21-22-23-24-11-12
5	11-12	21-22-23-24-13
6	NULL	21-22-23-24-11-12-13
7	21-22-11-12-13	23-24
8	11-12-21-22-13	23-24
9	23-24-11-12-13	21-22
10	11-12-23-24-13	21-22
11	21-22-23-24-11-12-13	NULL
12	11-12-21-22-23-24-13	NULL
13	21-22-13	11-12-23-24
14	23-24-13	21-22-11-12
15	21-22-23-24-13	11-12
16	11-12-21-22-23-24	13
17	23-24	21-22-11-12-13
18	11-12-23-24	21-22-13
19	21-22-23-24	11-12-13

注：NULL 表示没有航班

另外一个需要讨论的问题是如何确定邻域候选池 rcl 的容量。一般来说，有两种方式来限制 rcl 的大小：一种是数量规则，另一种是质量规则。数量规则是指给定一个常数 m，最多只能有 m 个邻域解放入 rcl；质量规则是指给定一个参数 α，且 $0 \leqslant \alpha \leqslant 1$，目标值在 $[c^{min}, c^{min} + \alpha(c^{max} - c^{min})]$ 范围内的邻域解都可以进入 rcl，其中 c^{min} 和 c^{max} 分别表示每次迭代的所有邻域解中目标的最小值和最大值。然而，只有对所有邻域解目标值进行计算，才能得到 c^{min} 和 c^{max}，这非常浪费算法的运行时间，而且 rcl 的容量大小也不固定，会浪费大量的空间。因此，本章选用数量规则来控 rcl 的容量大小。

8.3.3 算法设计思路

基于上述分析和证明过程，我们给出求解本章问题的算法思路。

第 1 步：将航班顺延或直接将航班环插入其他飞机路径中去，得到 (x_0, t_0, r_0) 的飞机路径，设 index=0，并给定一个正整数 N。

第 2 步：运用 8.3.1 小节中旅客安排算法求得旅客的安排。运用 8.3.2 小节的方法得到 (x_0, t_0, r_0) 的邻域解 $N(x_0, t_0, r_0)$，给定一个正整数 m，选择 n ($n \leqslant m$) 个邻域解（记为 $\{(x_1', t_1', r_1'), (x_2', t_2', r_2'), \cdots, (x_n', t_n', r_n')\}$，且满足 $c(x_n', t_n', r_n') \leqslant \min_{(x, t, r) \in N(x_0, t_0, r_0)} c(x, t, r)$ 和 $c(x_n', t_n', r_n') < c(x_0, t_0, r_0)$）放入 rcl，如果 $n=0$，则转第 5 步。

第 3 步：从 rcl 中随机选择一个邻域解 (x_i', t_i', r_i')，令 $(x_0, t_0, r_0) = (x_i', t_i', r_i')$ 且 index=index+1，转第 2 步。

第 4 步：如果 index=N，则转第 5 步，否则，令 index=index+1，转第 2 步。

第 5 步：算法停止，并输出 (x_0, t_0, r_0)。

8.4 算 例 分 析

本节给出两种算例以证明该优化方法的有效性。首先给出 5 个飞机的小例子，用来解释优化方法是如何工作的；其次，给出基于中国某个大型航空公司波音 737 机型的飞机执行计划作为实际算例来进一步验证算法的有效性。该机型包括 87 架飞机，覆盖每天运行的 340 个航班。所有的计算都是在戴尔 Inspiron N4110、Intel i5-2410 CPU 和 2.3 GB of RAM 进行的。算法的编程语言是 C++，算法的执行时间被限定在 600 秒以内。

当航空公司的航班计划受到干扰，飞行签派人员会根据一系列规则进行航班和旅客的恢复，首先包含 VIP 旅客的航班会被优先安排，其次是国际航班，最后对剩下的航班根据旅客的数量进行排序。为了评估实际运行算法的效果，我们设计了一个启发式算法模拟实际运行的情况，在算例情境中，我们只考虑国内航班且无法判断是否有 VIP 旅客，因此，只是对国内航班按照旅客的数量进行排序，然后依次由可行的飞机来执行。最后，如果仍旧有航班无法由飞机来执行，则这些航班将被取消，其中的旅客会被安排到其他目的地相同的行程。

目前，大多数航空公司仍然是将航班和旅客分别恢复，然而，我们发现对航班和旅客进行联合恢复要比单独恢复航班和旅客效果要好。由此我们介绍一个基准算法[单独恢复方法（separate recovery method，SRM）]来对比验证算法的效果。基准算法的基本思想如下：首先，运用 8.3.2 小节的邻域搜索算法得到满意的飞机路径；其次，运用 6.3.1 小节的旅客安排算法求解旅客的行程安排。

8.4.1 小规模算例

表 8-3 给出了 5 架飞机的小例子，并与 SRM 进行对比来验证本章算法的有效性。为了对比相对公平，本章设计的干扰情景如下所示：飞机 2 和飞机 3 不能执行当天的航班计划，飞机 1 和飞机 4 延误 2 个小时才能继续执行航班计划。航班恢复过程中，机场的最小过站时间为 40 分钟，最大延误时间阈值为 4 小时，恢复时间窗口为 7：00~12：00。

表8-3 小规模算例的基本信息（二）

飞机尾号	航班号	离港机场	进港机场	计划离港时刻	计划进港时刻	旅客数量	取消旅客的成本/元
1	11	PEK	XFN	9：00	10：44	96	1 040
	12	XFN	PEK	11：25	1：02	96	970
	13	PEK	SHE	17：43	18：43	96	600
	14	SHE	PEK	19：40	20：51	96	710

飞机尾号	航班号	离港机场	进港机场	计划离港时刻	计划进港时刻	旅客数量	取消旅客的成本/元
2	21	PEK	HET	9：58	10：48	96	480
	22	HET	PEK	11：42	12：35	96	530
	23	PEK	HET	19：55	20：45	96	500
	24	HET	PEK	21：32	22：22	96	490
3	31	PEK	WEH	7：13	8：14	96	610
	32	WEH	PEK	10：16	11：25	96	690
	33	PEK	HLH	15：44	17：16	96	920
	34	HLH	PEK	18：34	20：12	96	980
4	41	HET	PEK	7：47	8：31	96	440
	42	PEK	CHG	10：45	11：26	96	410
	43	CHG	PEK	12：20	13：05	96	450
	44	PEK	YNT	19：47	20：41	96	540
	45	YNT	PEK	21：27	22：27	96	600
5	51	PEK	TGO	7：46	8：50	96	640
	52	TGO	PEK	10：07	11：18	96	710
	53	PEK	YNZ	13：41	15：02	96	810
	54	YNZ	PEK	16：13	17：58	96	1 050
	55	PEK	HET	21：30	22：20	96	450

图 8-3 显示了由航班实际运行得到的飞机可行路径结果，在该结果中，航班 23、航班 24、航班 33 和航班 34 被取消，对于图 8-3 的飞机路径，行程 HLH-PEK-HET 的可行行程网络如图 8-6 所示，最后是所有的 48 位旅客全部退票。由 SRM 和本章算法得到的优化解分别见图 8-4 和图 8-5。在图 8-4 和图 8-5 中，航班 55 和航班 24 都被取消了。因为上述航班的取消，某些旅客的行程也由此受到干扰，以受干扰行程 HLH-PEK-HET 为例，其包括航班 34 和航班 55，约 48 位旅客乘坐该行程的航班。对于图 8-4 中由 SRM 得到的飞机路径，航班 23 延误后，新的离港时刻为 21：02，早于航班 55 的计划离港时刻，故没有可行的行程用来接纳 48 位受干扰的旅客，他们只能退票，其对应的可行行程路

径网络如图 8-6 所示。对于图 8-5 中由本章算法得到的优化飞机路径，航班 34
和航班 23 都有飞机 1 执行，航班 23 的实际离港时刻为 21：30，旅客改签的衔
接时间比较充足，因此行程 HLH-PEK-HET 对应的可行行程路径网络如图 8-7
所示，共 24 位旅客转移到新行程{34，23}中，剩余的 24 位旅客未得到有效安
排而执行退票操作。

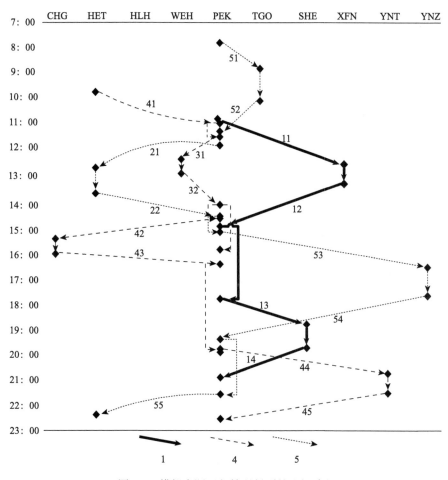

图 8-3　模拟实际运行情况得到的飞机路径

不同方法得到结果之间的对比见表 8-4，第一列表示未进行任何恢复操
作，即对受干扰航班直接延误、取消，并对旅客执行退票操作；第二列为航
班实际运行得到的结果；第三列是由 SRM 得到的结果；第四列是由本章算法

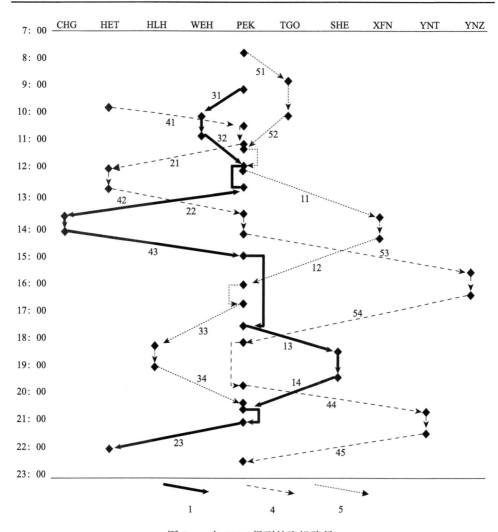

图 8-4　由 SRM 得到的飞机路径

得到结果。我们从不同的角度对比四种方法的优劣，这些角度对应的具体指标分别为：优化解中延误的航班数量（#delayedfls）、取消的航班数量（#cancelled fls）、航班总的延误时间（total delay t）、受干扰旅客中被安排到其他可行行程的人数（#reassigned p）、受干扰旅客中因未被安排而退票的人数（#not reassigned p）、航班延误成本（delay cost）、旅客安排成本（reassigned cost）、退票成本（refund cost）、优化解的总成本（total cost）。

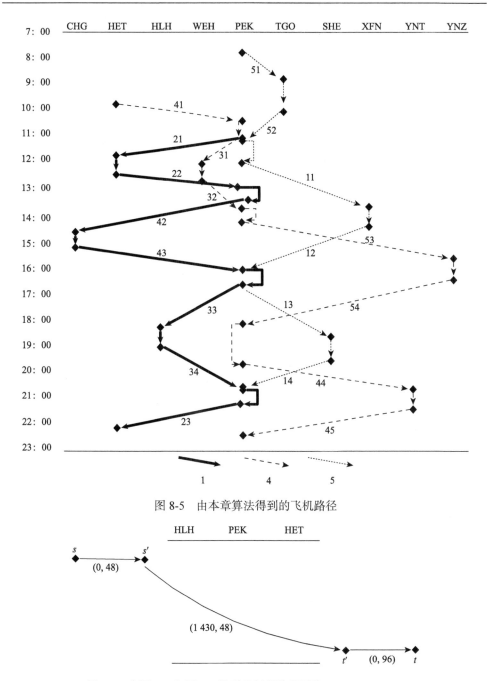

图 8-5　由本章算法得到的飞机路径

图 8-6　由图 8-3 和图 8-5 得到的行程路径网络 HLH-PEK-HET

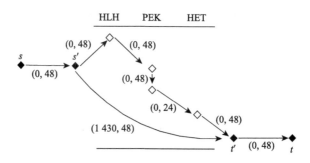

图 8-7　由图 8-5 得到的行程路径网络 HLH–PEK–HET

表8-4　基于小规模算例四种方法的优化解对比

指标	原始解	实际运行	SRM	本章算法
#delayed fls/个	5	11	13	14
#cancelled fls/个	8	4	2	2
total delay t/分	23 820	93 600	95 400	97 680
#reassigned p/人	—	24	0	24
# not reassigned p/人	5 200	360	192	168
delay cost/元	3 811	8 985	9 060	8 824
reassigned cost/元	—	346	0	0
refund cost/元	499 200	265 440	90 240	79 440
total cost/元	503 011	274 771	99 300	88 264

表 8-4 的数据表明，SRM 和本章算法都能够有效地对该问题进行求解，并且在优化结果中，取消的航班数量、未被安排的旅客都比较少，新生产计划与原计划的偏离成本也比较少。

最重要的是，相对于 SRM，本章算法在飞机恢复的迭代中同时考虑旅客的恢复，能够使更多的旅客得到有效安排，如对于图 8-4 中呈现的飞机路径，只有航班 23 延误到 21：30，正好可以等待航班 55 的旅客进行改签，因此可以作为行程 HLH-PEK-HET 的新行程。

8.4.2　大规模算例

本小节采用从国内某航空公司取得的航班运行的实际数据，来进一步验证算法在实际情况中的有效性。具体信息包括航班信息（航班号、航班的离港时刻、进港时刻、离港和进港机场）、飞机信息（飞机尾号、机型和飞机座位容量）。飞机的具体信息举例如表 8-5 所示，机型属于波音 737，共有 3 个子机型，飞机数量为 5~87 架，覆盖的航班规模为 22~340 个，覆盖的机场数量达 95 个。除此之外，本小节还假设了与旅客相关的数据，包括每个行程的旅客数量、旅客未被安排所对应的成本。

表8-5　实际算例中的飞机信息

飞机尾号	子机型	飞机可用时刻	宵禁时刻	座位容量
B2580	737-300	2013-06-02 07：45	2013-06-03 12：00	120
B2587	737-300	2013-06-02 09：00	2013-06-03 12：00	120
B2588	737-300	2013-06-02 07：15	2013-06-03 12：00	120
B2627	737-300	2013-06-02 19：47	2013-06-03 12：00	120
B2630	737-300	2013-06-02 07：46	2013-06-03 12：00	120
B5196	73D	2013-06-02 10：10	2013-06-03 12：00	160
B5197	73D	2013-06-02 19：49	2013-06-03 12：00	160
...	...	...	...	...

基于上述航班原计划信息，本小节还随机给出了航班干扰信息。
- 2~10 架飞机在当天停驻在对应的机场。
- 2~5 架飞机延误 1~4 个小时。
- 所有机场的最小过站时间为 40 分钟。
- 每位旅客的延误成本为 0.1 元/分。
- 每个航班的旅客人数是对应飞机容量的 80%。
- 每位旅客的安排成本大约为 0.15 元/分。
- 旅客未被安排的成本与该行程中所有航班的平均票价有关。
- 干扰的恢复时间窗口为 7：00~12：00。

飞机的不同子机型之间的相互替代关系如表 8-6 所示，其中"Y"表示行所在的机型可以代替列所在的机型，"N"表示不存在这种代替关系。同时，为了保证每个算例求解的可行性，飞机停驻的机场与恢复时间窗口结束时飞机需要进港的机场相同。

表8-6　飞机容量及相互代替关系

子机型	733	73D	738
容量	120	160	160
733	—	N	N
73D	Y	—	Y
738	Y	Y	—

本小节共求解 57 个算例，对于每个算例求解 5 次，每次计算时间限定在 600 秒以内。经验证，每个算例都可以在 30 秒之内得到可行解。某些轻度干扰的算例

甚至可以在不到 1 秒的时间内得到最优解。表 8-7 给出了 57 个算例平均值的对比，从表 8-7 中可以看出，本章算法明显优于其他三种方法，具体显示为：本章算法得到的求解结果中，受干扰旅客中因未被安排而退票的人数比 SRM 少 10.1%，对应的成本降低近 11%，相对于航空公司实际运行的方法，本章算法得到的退票成本的优化值降低近 66%。

表8-7　平均优化结果的对比

指标	原始解	实际运行	SRM	本章算法
#delayed fls/个	6	29	45	48
#cancelled fls/个	21	18	6	7
total delay t/分	33 368	1 641 089	1 591 185	1 590 927
#reassigned p/人	—	382	107	170
# not reassigned p/人	2 542	1 853	730	656
delay cost/元	5 531	8 286	11 746	11 385
reassigned cost/元	—	27931	11 301	12 193
refund cost/元	2 641 136	1 686 690	647 328	578 182
total cost/元	2 646 667	1 722 907	668 374	601 760

图 8-8 给出了本章算法中总成本与参与干扰恢复的飞机数量之间的关系，可以看出，随着参与干扰恢复的飞机数量的增加，总成本显著降低。并且，在试验中，我们还发现问题的复杂度主要受恢复机会多少的影响。对于最少的恢复机会，所有的算例都能在 100 秒之内找到干扰恢复的满意解，平均运行时间大概为 49 秒。因此，当干扰发生后，根据干扰的规模大小，选择合适数量的飞机参与干扰恢复，会有效促进干扰的高效恢复。

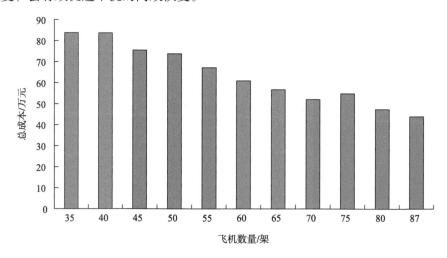

图 8-8　本章算法中总成本与参与干扰恢复的飞机数量之间的关系

8.5　本　章　小　结

　　本章对旅客多航班行程的飞机旅客一体化恢复问题进行研究，先建立整数规划模型，并设计基于 GRASP 算法的启发式算法对问题进行求解，在算法中，对旅客安排算法进行最优性的分析和证明。最后通过实际算例对本章开发的方法进行有效性验证。但是，该问题仍然要求旅客完全服从航空公司的规定和安排，面对受干扰的行程，不能自由选择改签后的行程。这样既不符合航空公司的实际运行情况，也不符合航空公司对旅客的服务宗旨。因此，研究考虑旅客选择的航班干扰恢复问题是下一步研究的重点。

第9章 基于旅客多重意愿的民航干扰管理研究

  按照旅客的意愿满足其航行需求是航空公司的核心竞争力。Chang 和 Yeh（2001）对航空公司的竞争力进行评估，指出服务质量是旅客在选择航空公司时考虑的首要因素，然后才是票价。因此，在干扰恢复的过程中，应该将旅客的需求放在首位。航班恢复应该尽量保证旅客的原始行程需求，并且干扰恢复应该尽快完成，因为与原计划的任何偏离不仅会造成航空公司的经济损失，也会造成旅客对航空公司的满意度降低，带来航空公司的信誉损失。

  经济损失只是航空公司的短期利益受损，而信誉损失则关乎航空公司的长期发展。因此，结合上述两点，对飞机和旅客进行一体化恢复对航空公司来说是比较有效的策略。但是，经济损失和信誉损失并不是完全正相关的，如有些短途航班连接比较重要的两个机场，如果这些航班总是延误或者受到干扰，虽然经济损失不大，但是信誉损失会很大，因为会有很多商务旅客的行程受到干扰，直接影响他们对航空公司的满意度。因此，在航班恢复过程中，应该考虑经济损失和信誉损失两个目标，并寻求帕累托最优解。

  本章主要对考虑旅客选择意愿的飞机和旅客一体化恢复问题进行定义、描述和求解（Yang and Hu, 2019）。首先，对实际运行中的航班恢复和旅客改签意愿进行描述，并建立多目标的整数规划模型，第一个目标为航班恢复的运作成本，第二个目标为旅客改签失败导致的航空公司的信誉损失。其次，基于多目标遗传算法（multi-objective genetic algorithms，MGA），开发启发式算法求解一体化恢复问题得到帕累托最优解。最后，基于实际算例，对方法进行有效性和实用性验证。

9.1　问　题　描　述

干扰发生后，航空公司的运行控制中心会收集航班、飞机、机组及旅客等信息，对资源进行重新安排，但是，面对修改后的行程，不同旅客也有自己的决定，旅客的意愿如果不能被有效满足，会影响旅客对航空公司的满意度。因此，如何在干扰发生后，合理考虑旅客的选择意愿，重新安排飞机资源和航班计划，是本章研究的重点。

在实际的航班生产运行中，旅客有选择改签行程或者退票的积极性和权利。这主要体现在以下方面：首先，旅客会根据新行程与原计划离港时刻之间的关系自由选择改签或者退票；其次，旅客发生改签的时刻，越接近原计划的离港时刻，对应的改签费用越高；最后，登机开始后，则不允许发生改签活动。然而，当干扰发生后，航空公司会通知旅客进行统一改签，并承担相应的改签费用。在航班干扰恢复过程中，原则上旅客有主动选择是否改签的权利。虽然旅客不直接参与航班干扰相关信息的收集，但是他们有权利决定是否听从航空公司关于改签的规定。

在本章中，当旅客所在的航班被取消时，旅客并不是被动地接受航空公司的安排，而是能够主动地选择改签和退票，航空公司根据旅客的意愿重新安排飞机等资源。然而，由于飞机的座位容量有限，某些旅客的意愿可能得不到满足，本章将旅客的不满意度量化为航空公司的信誉损失。

航班延误导致的航空公司信誉损失与航空公司的运作成本有很大的相关性，因此本章不考虑航班延误导致的信誉损失，而只单独考虑航班取消后旅客改签不成功导致的航空公司的信誉损失。

为了精确地描述和划定问题的边界，本章给出以下假设。

航班恢复只考虑飞机和旅客资源，并不考虑机组资源可行性对航班恢复的影响。恢复时间窗口限制在当天，当天结束之前，所有的航班必须完成生产任务。

飞机的恢复手段主要包括取消、自然顺延、飞机调换三种。在旅客行程的恢复过程中，设旅客的行程只包括单个航班段，这也基本符合国内航班的行程特点。

当航班计划发生干扰，旅客的行程不得不发生改变，只有原计划航班行程取消，旅客才会重新选择改签或者退票，旅客做出什么样的决定，与旅客的类型有很大关系，如商务旅客一般会倾向改签，而旅行的旅客会倾向退票或选择其他旅行方式。改签意愿能否被满足，与执行旅客新行程的飞机座位容量有很大关系，如果旅客的新行程不能容纳所有改签的旅客，则会有一部分旅客不得不退票，这会造成航空公司的信誉损失。

本章描述的问题与实际问题比较接近，当飞机受到各方面干扰而发生延误或直接停驻在机场时，被这些飞机覆盖的航班和旅客就会受到干扰，为了使航班和旅客行程尽快恢复，飞机资源会被重新安排，旅客行程会根据旅客的意愿和飞机的容量做出重新安排。旅客的满意度主要体现在以下两方面：等待的过程及改签座位容量的多少。

本章研究的问题包括航空公司的经济损失和信誉损失两个方面。

（1）经济损失：主要包括航班延误成本和航班取消成本。航班延误成本与航班的延误时间、航班的重要性及旅客数量的多少等因素有关；航班取消成本则与航班的空中飞行时间、航班票价及航班改签成本等因素有关。

（2）信誉损失：其与旅客的类型、航班类型及意愿未被有效满足的旅客数量等因素有关。

干扰恢复问题需要与实际相符，因此要同时满足以下约束限制。

（1）航班连接限制：在每一个航班序列中，相邻的两个航班之间，前序航班的进港机场要与后序航班的离港机场相同。

（2）时间连接限制：在每一个航班序列中，相邻的两个航班之间的连接时间要大于最小过站时间，主要用于下一个航班的旅客登机、机场清扫等生产服务工作；航班的延误时间不超过最大延误时间阈值；最后一个航班的进港时刻小于机场宵禁时刻；航班调整后航班新的离港时刻不早于原计划离港时刻。

（3）改签限制：对于每一个改签意愿，可接收改签的航班必须有剩余座位，且其离港时刻不能早于对应取消航班的原计划离港时刻；具有改签关系的航班对应的飞机机型必须相同，且离港机场和进港机场也分别相同；在每一个航班序列中，相邻的两个航班之间，前序航班的进港机场要与后序航班的离港机场相同。

（4）其他限制：航班调整完毕后，每个航班的状态应该是确定的，要么被可行的飞机执行，要么被取消。

9.2 优化模型

在对问题进行语言描述的基础上，为了更精确地描述该问题，本节给出整数规划模型，该模型是在满足飞机和旅客流平衡性、机场宵禁等约束情况下，将飞机和旅客资源分配给航班。

（1）索引。

c：飞机机型索引。

p：飞机路径索引。

a：飞机索引。

f：航班索引。

s：机场索引。

（2）集合。

C：飞机机型索引。

P：飞机路径索引。

A：飞机索引。

F：航班索引。

S：机场索引。

$A(c)$：属于机型 c 的飞机集合；$c \in C$。

$PF(f)$：包含航班 f 的飞机路径集合；$f \in F$。

$PS(s)$：最后进港机场为 s 的飞机路径集合；$s \in S$。

$PA(a)$：能够被飞机 a 执行的飞机路径集合；$a \in A$。

$PC(c)$：能够被属于飞机机型 c 的飞机执行的飞机路径集合；$a \in A$。

$FR(f)$：能够接收从航班 f 改签而来的航班集合；$f \in F$。

$FS(f)$：能够改签到航班 f 的旅客所在的原计划航班集合；$f \in F$。

（3）参数。

CD_{fpa}：由飞机 a 执行的路线 p 中航班 f 的旅客的延误成本；$f \in F$，$p \in P$，$a \in A$。

CC_f：航班 f 被取消导致的旅客的退票成本；$f \in F$。

CT_f^{gpa}：航班 f 被取消后，旅客改签到由飞机 a 执行的路线 p 中航班 g 的改签成本；$f \in F$，$g \in FR(f)$，$p \in P$，$a \in A$。

TD_{fpa}：由飞机 a 执行的路线 p 中航班 f 的旅延误时间；$f \in F$，$p \in P$，$a \in A$。

M：延误时间阈值。

NT_{cs}：属于机型 c 且应该停驻在机场 s 的飞机数量；$c \in C$，$s \in S$。

NI_f：航班 f 中原计划的旅客数量；$f \in F$。

NS_c：属于机型 c 的飞机作为容量；$c \in C$。

α_f：航班 f 被取消后，希望能够改签到其他可行行程的旅客比率；$f \in F$。

θ_f：航班 f 被取消后，改签意愿未能实现的旅客效用损失航班；$f \in F$。

（4）决策变量。

x_p：等于 1 表示飞机路径 p 被某架飞机执行，否则等于 0；$p \in P$。

t_f^{gpa}：航班 f 被取消后，改签到由飞机 a 执行的路径 p 中航班 g 的旅客数量。

r_f：航班 f 被取消后，退票的旅客数量。

$$\min c_1(x_p, t_f^{gpa}, r_f) = \sum_{f \in F} \sum_{a \in A} \sum_{p \in PF(f)} CD_{fpa} NI_f x_p + \sum_{f \in F} \sum_{g \in FR(f)} \sum_{a \in A} \sum_{p \in PF(g)} CT_f^{gpa} t_f^{gpa} + \sum_{f \in F} CC_f r_f \tag{9-1}$$

$$\min c_2(x_p, t_f^{gpa}, r_f) = \sum_{f \in F} \theta_f \left(\alpha_f NI_f - \sum_{g \in FR(f)} \sum_{a \in A} \sum_{p \in PF(g)} t_f^{gpa} \right) \tag{9-2}$$

$$\sum_{p \in PF(f)} x_p \leqslant 1 \qquad \forall f \in F \tag{9-3}$$

$$\sum_{p \in PS(s) \cap PC(c)} x_p = NT_{cs} \qquad \forall s \in S, c \in C \tag{9-4}$$

$$\sum_{p \in PA(a)} x_p \leqslant 1 \qquad \forall a \in A \tag{9-5}$$

$$\sum_{a \in A} \sum_{p \in PF(f)} TD_{fpa} x_p \leqslant M \qquad \forall f \in F \tag{9-6}$$

$$\sum_{g \in FR(f)} \sum_{a \in A} \sum_{p \in PF(g)} t_f^{gpa} + r_f \leqslant NI_f (1 - \sum_{p \in PF(f)} x_p) \qquad \forall f \in F \tag{9-7}$$

$$\sum_{g \in FS(f)} \sum_{a \in A(c)} \sum_{p \in PF(f)} t_g^{fpa} \leqslant (NS_c - NI_f) \sum_{p \in PF(f) \cap PA(a)} x_p \qquad \forall f \in F, c \in C \tag{9-8}$$

$$\sum_{g \in FR(f)} \sum_{a \in A} \sum_{p \in PF(g)} t_f^{gpa} \leqslant \alpha_f NI_f \qquad \forall f \in F \tag{9-9}$$

$$x_p = \{0, 1\} \qquad \forall p \in P \tag{9-10}$$

$$r_f = \{0, 1, \cdots, NI_f\} \qquad \forall f \in F \tag{9-11}$$

$$t_f^{gpa} = \{0, 1, 2, NI_f\} \qquad \forall f \in F, g \in FR(f), p \in PF(g), a \in A \tag{9-12}$$

目标函数（9-1）表示最小化航空公司的经济损失，即航班的延误成本、旅客改签成本及退票成本之和，目标函数（9-2）表示航空公司的信誉损失，即旅客因改签意愿未被满足的效用损失。约束表达式（9-3）表示每个航班都要有所安排，要么被某架飞机执行，要么被取消；约束表达式（9-4）确保在宵禁时刻之前，所有的飞机都能停驻在指定的机场；约束表达式（9-5）确保每架可行的飞机都需要执行一条飞机路径；约束表达式（9-6）给出了航班的延误时间限制；约束表达式（9-7）表示旅客改签流的平衡性；约束表达式（9-8）表示旅客改签的目的航班不能超过飞机的容量；约束表达式（9-9）表示某些旅客的意愿可能不能被满足。约束表达式（9-10）~式（9-12）表示决策变量取值为整数或者 0-1。

9.3　智能优化方法

由于考虑旅客意愿的飞机和旅客一体化恢复问题及模型的复杂性，本章结合模型的多目标结构和遗传算法的并行搜索机制，拟设计 MGA 来对问题进行求解。然而，传统遗传算法的应用机制会降低航班调整的效率，本章开发出一种比较好的编码、交叉和变异方式，使其更适合实际的航班调整情况。

9.3.1　MGA 思路

多数 MGA 的思路都类似，主要步骤介绍如下。

第 1 步：构建初始种群。

第 2 步：计算适应度。

第 3 步：进行交叉和变异操作。

第 4 步：选择下一代种群，如果迭代步数小于预先设定的阈值，则转第 2 步，否则转第 5 步。

第 5 步：输出最后的种群。

此外，MGA 还需要满足以下特征才能有效地求解本章提出的实际问题。

（1）编码策略：传统的 MGA 以决策变量作为基准进行编码，然而，本章以航班环作为基准进行编码可以有效地提高算法效率。

（2）初始种群：根据干扰管理的基本原则，本章使用实际情况下的初始解作为初始种群。

（3）适应度计算：适应度函数将对算法的计算效率产生明显的影响。

（4）交叉和变异操作：交叉和变异的操作机制主要是考虑不同的约束限制以避免产生过多的不可行解，并能适当地扩大搜索范围，以保证最后迭代解的有效性。

9.3.2　算法步骤分析

航空公司组织航班运行的方式被称为航班环。本章介绍的航班环主要是指各个非枢纽机场不直接相连，而是通过枢纽机场连接各个非枢纽机场，每个枢纽机场服务其周边的非枢纽机场（表9-1）。多数情况下，一架飞机若从一个机场到另一个机场，必须首先到达附近的枢纽机场。

表9-1　枢纽机场及对应的机场信息

枢纽机场	非枢纽机场	枢纽机场	非枢纽机场
	a_1	B	b_1
A	a_2		b_2
	a_3		

一个航班环由一架飞机同时执行的两个相邻的航班组成，包括一个起点、一个终点，其中至少有一个是枢纽机场。

图 9-1 给出了航班环的一个示例，A 和 B 表示枢纽机场，其他机场都为非枢纽机场，航班①和航班②组成一个航班环，航班③和航班④组成一个航班环。如果一个旅客的行程为 $b_1 \rightarrow b_2$，则飞机先要从 b_1 到 B，然后再从 B 到 b_2。如果一个旅客想从 b_1 到 a_1，飞机需要通过枢纽机场 B 和 A，才能完成行程。

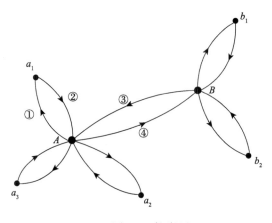

图 9-1　航班环

1. 编码方式

传统的算法编码方式介绍如下：如果一个算例，包含 n 个航班 m 个飞机，则染色体的编码长度为 n，每一个位置上的数可以从 0 变化到 m，如染色体(2, 0, 3)表示有 3 个航班，第一个航班被飞机 2 执行，第二个航班被取消，第三个航班被飞机 3 执行。这样的编码方式容易导致算法的效率低下。

本章基于航班环对算法进行编码，能够显著提高算法的效率。根据航班环的结构，如果包含 n 个航班环，则染色体的编码可以分为 n 个部分，每个部分的长度与枢纽机场相关的航班环个数相关，每个位置代表一个航班环。例如，$(7,6)$，$(8,0,3)$ 表示共有两个枢纽机场，对于第一个枢纽机场，第一个航班环飞机 7 执行，第二个航班环由飞机 6 执行；对于第二个枢纽机场，第一个航班环由飞机 8 执行，第二个航班环被取消，第三个航班环由飞机 3 执行。

编码操作最重要的是满足飞机流和航班流的连续性，运用航班环作为编码的基本单元，就不会打破飞机流和航班序列的连续性，对中国航线网络的特点进行分析，发现中国航线网络中航班环的占比很大，因此，以航班环作为遗传编码的基本方式，可以显著提高算法的运行效率。

2. 初始种群

初始种群是以原航班计划为基础，染色体的每个部分都由属于同一个枢纽机场的航班环组成，而每个航班环都按照原计划由原飞机执行，所有的单个航班与同序列中的航班环共享同一个编码。

为了提高算法的计算效率，种群的规模为偶数，且在迭代过程中保持不变。其实，大多数航空公司会使航班调整计划尽量接近原航班计划，这也符合干扰管理的基本原则。

3. 适应度计算

新的航班调整计划生成后，飞机 a 执行新的航班序列 $PA(a)$，航班序列中每个航班实际的出港和进港时刻将会根据飞机的可用时刻发生变化，其新的出港和进港时刻生成方法如下。在介绍该方法之前，先给出以下符号表达。

ODT_i：航班 i 的原计划离港时刻。

OAT_i：航班 i 的原计划进港时刻。

PDT_i：航班 i 的实际离港时刻。

$PATi$：航班 i 的实际离港时刻。

$MinT$：最小过站时间。

AT_a：飞机 a 的可用时刻。

第 1 步：如果 $i=1$，则 $PDT_i=\max\{AT_a, ODT_i\}$，$PAT_i=PDT_i+OAT_i-ODT_i$。

第 2 步：如果 $i>1$，则 $PDT_i=\max\{MinT+PAT_{i-1}, ODT_i\}$，$PAT_i=PDT_i+OAT_i-ODT_i$。

表 9-2 给出了航班序列出港、进港时刻的自动生成算例，其中飞机的可用时刻为 8：30，$MinT$ 为 30 分钟，机场宵禁时刻为 23：00。左边两列为航班序列中

每个航班的计划出港时刻和计划进港时刻，通过执行上述算法，得到右边两列的实际出港时刻和进港时刻，其中航班 3 的延误时间超过最大阈值，故被取消，航班 5 的进港时刻晚于机场宵禁时刻，故被取消。

表9-2　航班序列实际出港、进港时刻示例

航班	ODT	OAT	PDT	PAT
1	07：30	08：30	08：30	09：30
2	14：45	15：50	14：45	15：50
3	10：00	16：00	取消	取消
4	15：50	21：50	16：20	22：20
5	17：00	20：00	取消	取消

适应度一主要用来计算航空公司的经济损失。运用上述调整方法，航班调整计划及航班取消列表即被确定。对比航班的 ODT 和 PDT，以及 OAT 和 PAT，得到航班的延误成本，并且计算取消航班的取消成本，则得到航空公司的经济损失。

适应度二主要用来计算航空公司的信誉损失。航班调整计划确定以后，被取消的航班列表即被确定，对于每一个航班 f，都有一系列对应的航班（FR(f)），可以接收从航班 f 改签而来的旅客。对于任意一个航班 $k \in$ FR(f)，已知其可用的剩余座位数量 AS_k，可以估算出从航班 f 可改签到其他可行航班的旅客数量。根据实际情况，并不是所有的旅客都愿意改签，愿意改签的比率为 α_f，两者结合计算出想改签但未成功的旅客数量，以及对应的效用损失。

4. 交叉操作

如图 9-2 所示，染色体被分为两部分，一段染色体 $X_i \sim Y_i$，与另一部分中的对应位置进行交换，这里 X_i 和 Y_i 的位置是随机生成的。传统的交叉操作会影响飞机流在机场衔接的可行性，出现很多不可行解，但是由于本章的编码特点，并不影响飞机流的衔接，每次交叉操作得到的解都为可行解。

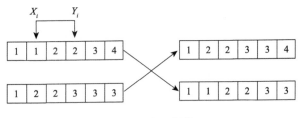

图 9-2　交叉操作

5. 多目标选择操作

对每一代种群而言，都有两个适应度，因此在 MGA 中如何权衡这两个适应度非常重要，这会影响算法的搜索效率。本章的主要思路是根据两个目标对种群中的个体进行分层，对每一层的个体再进行排序。

设 P 表示当前种群和由交叉操作得到的下一代种群的集合。本章运用适应度大小进行分层，在每一层中间，运用相对密度大小进行排序。适应度大小以个体之间是否支配或被支配来表示，即如果个体 p 支配个体 q，表示个体 p 的两个目标值都优于个体 q。同一层的个体之间不具有相互支配的关系。

设 $p_i \in \text{Rank } R$，p_i 的相对密度记为 $d(p_i)$，则 $d(p_i)$ 的计算公式为

$$d_{p_i} = \begin{cases} M_1, i = 1 \\ \sqrt{\left(O_{1p_{i-1}} - O_{1p_i}\right)^2 + \left(O_{2p_{i+1}} - O_{2p_i}\right)^2} < i < |R| \\ M_2, i = |R| \end{cases} \quad (9\text{-}13)$$

在式（9-13）中，M_1 和 M_2 表示足够大的常数，并且 $M_1 > M_2$，O_{ap_i} 表示个体 p_i 的第 a 个目标值，$|R|$ 表示 R 中个体的数量。

个体选择的操作共分为两部分，第一部分是根据适应度对个体进行分层，第二部分是在每层内部，计算每个个体的相对密度。按照适应度递增和相对递增的顺序，依次选择每个个体，直到得到足够多的下一代种群个体。

图 9-3 给出了多指标的个体选择操作示例，当前种群中的个体可以分为 R_1、R_2 和其他三层，R_1 中的每个个体支配 R_2 中的每个个体，R_2 中的每个个体支配其他个体。但是，考虑到下一代种群的容量限制，只有一部分个体被选择放入下一代中，R_1 中的个体相对 R_2 被优先选择进入下一代。在 R_2 中，R_{22} 中的每个个体的相对密度小于 R_{21} 中的每个个体，因此，R_{22} 中的个体优先被选择进入下一代。

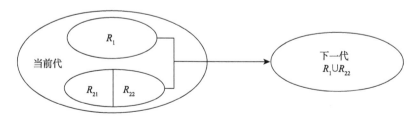

图 9-3　多指标的个体选择操作示例

6. 变异操作

变异操作示例如图 9-4 所示，在变异之前，第二个航班环被飞机 1 执行，第四个航班环被飞机 2 执行，而在变异之后，第 2 个航班环被飞机 2 执行，第四个航班环被飞机 1 执行。

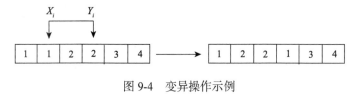

图 9-4　变异操作示例

7. 取消操作

图 9-5 给出了取消操作示例，变异后，第二个位置由 1 变成 0，表示第 2 个航班环由原来被飞机 1 执行变成取消状态。

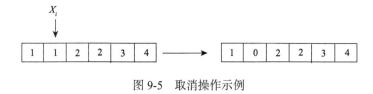

图 9-5　取消操作示例

9.4　算　例　分　析

9.4.1　小规模算例

表 9-3 给出了一个由 5 架飞机执行 24 个航班的小规模算例，来解释以航班环为基本单位的遗传算法的执行机理，并与传统的遗传算法进行对比。在表 9-3 中，FN 表示航班号，DA 表示离港机场，AA 表示进港机场，AM 表示飞机的机型，OA 表示原计划执行对应航班的飞机。

表9-3　小规模算例的基本信息（三）

FN	DA	AA	ODT	OAT	AM	OA
CZ1385	CAN	CGD	9：00	10：44	A320	1
CZ1386	CGD	CAN	14：25	16：02	A320	1
CZ1635	CAN	SWA	16：43	17：43	A320	1
CZ1636	SWA	CAN	18：30	19：41	A320	1
CZ1103	CAN	SWA	09：58	10：46	A320	2
CZ1104	SWA	CAN	13：40	14：33	A320	2
CZ1105	CAN	HKG	15：15	16：04	A320	2
CZ1106	HKG	CAN	16：45	17：34	A320	2
CZ1827	CAN	HKG	12：30	13：31	A320	3
CZ1828	HKG	CAN	14：15	15：24	A320	3
CZ1283	CAN	KWE	16：05	17：37	A320	3
CZ1284	KWE	CAN	18：20	19：58	A320	3
CZ1109	CAN	MXZ	11：30	12：27	A320	4
CZ1110	MXZ	CAN	13：10	14：11	A320	4
CZ1325	CAN	KHN	14：52	16：13	A320	4
CZ1326	KHN	CAN	16：55	18：20	A320	4
CZ1849	CAN	MFM	19：00	20：06	A320	4
CZ1850	MFM	CAN	20：55	21：51	A320	4
CZ1149	CAN	XMN	11：00	12：11	A320	5
CZ1150	XMN	CAN	12：52	13：59	A320	5
CZ1457	CAN	KWE	14：40	17：02	A320	5
CZ1458	KWE	CAN	17：42	20：08	A320	5
CZ1143	CAN	HKG	20：50	21：52	A320	5
CZ1144	HKG	CAN	22：42	23：42	A320	5

　　干扰信息如下所示：飞机 4 和飞机 5 需要到 15：00 才能处于可用状态，其他飞机的可用时刻为 9：00。设最小过站时间为 40 分钟，最大延误时间阈值为 5 小时，机场宵禁时刻为 24：00。传统的遗传算法和基于航班环的遗传算法的交叉率、变异率、取消比率及迭代次数限制都相同，所有的参数都是模拟航空公司的实际运行情况来确定的。

　　在受干扰航班顺延得到的航班调整方案中，其编码方式是按照表 9-3 中的航班计划进行的，然后再通过航班序列的时间自动生成方法来确定顺延和取消的航班。其中有 6 个航班延误，6 个航班被取消。航班 CZ1849 和 CZ1850 被取消，航班 CZ1850 的进港时刻晚于宵禁时刻，而航班 CZ1849 与航班 CZ1850 同属于一个航班环，因此两个航班都被取消。航班环 CZ1457-CZ1458 和 CZ1143-CZ1144 也是因为违背宵禁时刻而被取消的。

飞机 4 的其他航班延误 3.5 小时，飞机 5 的其他航班延误 4 小时，因此航空公司的经济损失比较高。

运用本章的 MGA 给出了两个帕累托优化解，计算时间为 1.137 9 秒。在第一个最优解中，航班环 CZ1109-CZ1120 被取消，且 10 个航班延误。在第二个最优解中，航班环 CZ1109-CZ1120 和 CZ1149-CZ1150 被取消，且 8 个航班延误。相对第一个调整方案，虽然第二个最优调整方案多取消了两个航班，但是这两个航班的取消成本相对较低，且航班的延误时间比较短，故最后的经济损失比较小。但是，由于第二个方案中取消航班较多，有较多旅客发生改签，而座位容量是有限的，旅客的效用损失会较大。

在由传统的遗传算法得到的航班调整方案中，传统的遗传算法执行时间为 4.553 2 秒，在得到的航班调整方案中，航班环 CZ1325-CZ1326 和 CZ1149-CZ1150 都被取消，8 个航班延误，相对本章的 MGA 得出的第一个调整方案，该方案的延误成本较少，但是取消成本较高，故最后的经济损失较高。相对第二个调整方案而言，该方案中航班环 CZ1325-CZ1326 取消造成的旅客效用损失较大。

表 9-4 显示了几种算法的优化结果对比，由表 9-4 的数据可以看出，两种遗传算法的效果都好于原始顺延方案，且计算时间都在 5 秒之内。但是，基于航班环的遗传算法得到的最优解不仅好于传统的遗传算法，而且其求解效率是传统的遗传算法的 3 倍多。

表9-4　几种算法的优化结果对比

对比指标	原始顺延方案	本章第一个调整方案	本章第二个调整方案	传统的遗传算法调整方案
适应度一	11 292	4 878	4 184	5 456
适应度二	8 766	3 962	5 852	5 061
运行时间/秒	—	1.137 9	1.137 9	4.553 2
延误航班数量	6	10	8	8
取消航班数量	6	2	4	4

9.4.2　大规模算例

本小节基于实际航班运行数据对算法进行有效性验证，表 9-5 给出了该数据的基本信息。

表9-5　实际运行数据的基本信息

飞机数量	59
航班数量	209
航班环数量	72
枢纽机场数量	3
最大迭代次数阈值	100
种群规模	16
交叉率	0.7
基础变异率	0.03
取消比率	0.03

在干扰信息中，受干扰的飞机是随机选择的，飞机的受干扰时间相同。对于每一种干扰情景，算法程序运行 50 次然后取平均值作为最优解，优化效率（optimization efficiency，OE）计算见式（9-14）。式（9-14）中的参数来源于算法运行的最优结果。算法运行的计算机环境为 Intel Core i7-4720HQ 2.60GHz CPU、8G 内存、Win 10 OS 及 Dev-C++ 5.11。

$$OE = 50\% \times \frac{originalobject1}{finalobject1} + 50\% \times \frac{originalobject2}{finalobject2} \qquad (9\text{-}14)$$

在航班实际运行时，有些航班属于航班环之列，但是也存在某些特殊航班不属于航班环。为了保证飞机在执行航班的连续性，算法只对航班环执行交叉和变异操作，这样会导致非航班环的航班还有原来的飞机执行。对于表 9-5 中的算例，编码分为三部分，分别对应 3 个枢纽机场。其中 144 个航班（属于 72 个航班环）参与飞机交换，剩下的 65 个航班还由原来的飞机执行。

为了扩大搜索范围，本小节为基于航班环的遗传算法设计动态变异率，该变异率对于同一个解的不同部分相同，但是对于不同的解，其变异率则不同，具体计算见式（9-15）。其中，n_i 表示解 i 的优化效率。

$$PM_i = \begin{cases} 0.03 \times \dfrac{n_{i\max} - n_i}{n_{i\max} - \overline{n}_i} & n_i \geqslant \overline{n}_i \\ 0.03 & otherwise \end{cases} \qquad (9\text{-}15)$$

图 9-6 显示的是 15 架飞机受干扰后的航班恢复最优解。虚线为初始解。里面实线是迭代 100 次后得到的帕累托最优解。

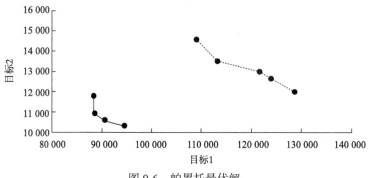

图 9-6   帕累托最优解

图 9-7 显示了算法运行时间与受干扰的飞机数量之间的关系，可以看出，随着受干扰的飞机数量的增加，算法的运行时间有所增长，但是增长幅度不大。从图 9-8 也可以看出，随着受干扰飞机数量的增加，优化效率有轻微波动，且有所下降，但下降幅度不大。图 9-7 和图 9-8 说明随着干扰规模的增加，问题的复杂度增加，算法的优化效率基本保持不变，足以证明该算法的稳定性和有效性。另外，从图 9-7 可以看出，基于航班环的遗传算法运行速度非常快，所有的算例都在 12 秒之内得到求解，对于同等规模的算例[Liu 等（2010）]，效率要高很多。

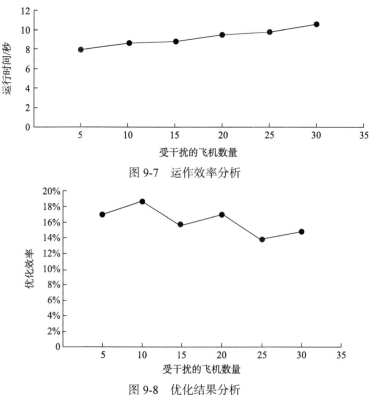

图 9-7   运作效率分析

图 9-8   优化结果分析

9.5　本　章　小　结

　　本章对考虑旅客意愿的飞机和旅客一体化恢复问题进行多目标优化研究。第一个目标为最小化航空公司的经济损失，第二个目标为最小化因旅客改签意愿未满足的效用损失。基于上述两个目标，本章先建立整数规划模型，然后设计基于航班环为基本单元的遗传算法，对该问题进行求解。为了进一步验证算法的有效性，本章先设计小规模算例对算法进行细节性分析，然后运用基于实际情况的大规模算例来验证算法的优化效率。

第10章 基于旅客有限理性意愿的民航干扰管理研究

随着全球经济的发展，民航运输在可达性和及时性上具有独特的优势。目前，航空公司的旅客人数迅速增加。然而，来自民航旅客的投诉也有所增加。根据国际民用航空组织发布的结果，2017 年全球民航业运送旅客 41 亿人次。这一数字比 2016 年高出 7.1%，是历史上幅度最大的一次增长。但 2017 年总准时率仅为 76.35%，低于国际航空运输协会规定的平均水平 80%。中国民用航空局的统计数据显示，2017 年共有 2 万多名航空旅客投诉，几乎是 2016 年的两倍。这些投诉中，53%涉及航班时间表暂停，这是所有投诉中最常见的原因。为什么会这样？这一结果出现的最可能原因是航空公司的运营管理水平与旅客日益增长的行程需求之间存在矛盾，尤其是在航线暂停期间。

航线干扰管理的参与者一般包括两种类型，即航空公司和旅客。然而，目前的航班改期操作只能实现航空公司内部资源的控制，如航班、飞机和机组人员，不包括旅客的旅行需求和选择偏好。当航线干扰发生时，航空公司运行控制中心的工作人员通常会重新安排几架飞机，考虑飞行计划、飞机路径和其他相关信息，使用几种重新安排时间的选择，包括更换和转移飞机。解决航班改期的共同措施包括航班延误和取消。任何一项行动都将扰乱旅客最初的行程。当旅客的行程在实际情况下被打乱后，旅客必须在同一行程内等待、退票和改签之间做出选择。原则上，旅客有权根据自己在航线干扰下的偏好选择下一次行程，他们的偏好也应通过航空公司的干扰恢复操作尽可能满足。然而，由于旅客的理性有限性、干扰信息的不可用性和航空公司的运营水平较低，旅客的出行和选择偏好不能完全满足。这种状况会影响旅客工作或生活价值的实现，导致投诉。失去一些资深商务乘客不仅会造成直接的经济损失，还会造成潜在的声誉损失。这些损失也将影响航空公司的可持续性发展。因此，应同时考虑航空公司的利益和旅客的偏好，而不是只考虑航空公司的利益，以实施航线干扰管理操作。

Gilbert 和 Wong（2003）强调了在航空公司日常运营过程中了解客户偏好的

重要性。然而，系统地将航线干扰管理考虑扩展到旅客的挑战是，在紧急情况下，旅客决策往往受到有限理性心理的影响。Fridolf 等（2013）证明关于人类在紧急情况下有限理性行为的理论也可以有广泛的应用。然而，我们还没有找到任何研究综合考虑航空公司恢复方法和航线干扰后的旅客偏好与有限理性行为的问题。为了给航空公司运营决策系统提供支持，有必要开发一种新的恢复方法，综合考虑具有有限理性的旅客偏好来重新安排飞机和旅客。

　　我们针对考虑旅客有限理性的一体化恢复问题（integrated recovery problem with passengers' bounded rationality，IR2PBR），首先，我们构造一个描述 IR2PBR 的双目标整数规划模型公式。模型考虑了反映两个主要参与者利益的两个目标，即航空公司和旅客。具有有限理性的旅客利益在客观条件下用前景理论来表示，而旅客偏好包括停留在原来的行程内，接受其他可用的行程，以及退票。其次，我们提出一种启发式算法来获得基于多方向搜索和随机变邻域搜索[MDSVNS（multi-directional-stochastic variable neighborhood search，多向随机变邻域搜索）]程序的 IR2PBR 的帕累托前沿近优解。最后，我们进行几个基于真实世界数据的实验，以验证所提出的方法基于实际飞行时间表和模拟几个随机扰动的情况。我们研究的主要贡献如下。

　　（1）本章提出的模型反映了两个主要参与者，即航空公司和旅客在干扰恢复过程中的实际利益。这两个目标如下：降低航空公司的财务成本，尽量减少不同类型的旅客恢复损失。

　　（2）与以往有关航线干扰管理的研究课题不同，本书在综合恢复模式的制定中，根据旅客类型（即商务舱或经济舱旅客）考虑旅客在停留初始行程、退款和改签方面的偏好，以提高旅客满意度。本书首次尝试在航空公司恢复问题中以概率形式说明旅客偏好。

　　（3）将基于前景理论的旅客有限理性下的主观损失作为本章问题的一个优化目标。在一体化恢复优化模型中量化了航班延误和航班取消相对应的旅客主观损失。

　　（4）设计了一种比传统的多方向局部搜索算法更有效的启发式算法来解决具有两个连续目标的最优问题。提出的启发式设计基于 MDSVNS 程序。

10.1　问　题　描　述

　　本书描述的问题反映了航空运输的主要参与者，包括航空公司及其旅客在干扰迫使航班运行时间表改变情况下的实际关切。我们将在以下几个方面设置一些一般规则来定义具有有限理性偏好的飞机和旅客的综合恢复问题。

10.1.1　恢复期

当干扰发生时，航班计划不能立即从干扰中恢复。恢复初始飞行时间表需要时间跨度。时间跨度可以表示为恢复期，以描述航线干扰恢复的紧迫性。恢复期的长度一般比干扰的时间长得多。该期间开始于第一次更新航班的起飞时间或早于该次更新航班的起飞时间，结束于最后一次更新航班的新到达时间或晚于该次更新航班的新到达时间。虽然恢复期的长度不是确定性的，但本书中恢复期的结束时间控制在当前的一天，以避免影响第二天航班计划的正常执行。也就是说，恢复期的结束时间早于机场宵禁时间，无论是否发生干扰。

10.1.2　航空公司恢复措施

在恢复期间，我们考虑了本书中的几项措施，根据航空公司的实际运行情况来促进飞机、航班和旅客行程的有效恢复。第一，在飞机恢复方面，被干扰的飞机可以通过与相同或不同类型的未被干扰的飞机来改变航线。在实践中，运送飞机（在机场之间运送空飞机）是发生干扰时的最后选择。备用飞机很少用于实际恢复情况。因此，我们不会考虑在本书中运送飞机或调用备用飞机。第二，可以采取一些行动，如航班延误和取消，以恢复航班时间表。航班延误是指根据初始延误飞机或新分配飞机的估计可用时间，为被干扰飞机所覆盖的航班提供新的起飞时间。航班取消是指取消被打乱的飞机所覆盖的航班。研究在干扰情况下旅客行程的恢复至关重要，因为航空服务的最终目标是及时和安全地将旅客运送到目的地。旅客行程一般应通过改签和退票两种方式收回。改签是指将新的行程重新分配给与原来目的地相同的旅客。退票意味着旅客将行程交给目的地，并从航空公司获得部分经济补偿。

考虑到恢复时间以当前日常作业结束为限，根据《航空公司作业手册》，恢复期时间的长度不超过机组人员的最大值勤时间。因此，我们不考虑由于机组人员要求的变化而修改飞机航线和旅客行程。恢复期内也不考虑提出的维修要求。考虑多种机队类型，机队和载客能力之间的不同特征可能限制飞机的可交换范围。在实际情况下，应根据航空公司政策和飞机配置，在一些机队中实施机队替代。

10.1.3　目标

由于不可避免的干扰，参与者希望尽快恢复其飞行时间表。然而，两类主要参与者，即航空公司和旅客，处于不同的地位。航空公司传统上侧重于尽可能降低恢复成本，而旅客主要关注的是尽快恢复原来的行程，减少行程变化造成的损失。

1. 航空公司恢复成本

航空公司的目标是尽量减少与恢复飞机航线相关的航班延误和取消成本。航班延误费用定义为因航班延误而产生的额外费用，如旅客延期费和额外燃料消耗。航班取消费用是指因航班无法正常运行而产生的利润成本，与旅客机票被退票直接相关。

2. 旅客恢复损失

在这项研究中，被打乱的旅客的目标是尽量减少他们被打乱的行程所造成的价值损失。价值损失包括三个部分，即延误损失、退票损失和旅客偏好损失。

我们来介绍客观延迟和退款成本。延误费用直接关系到新行程和原行程之间的到达时间差异，而不论两个行程的相似性如何。大多数费用由航空公司收取，当旅客别无选择只能退票后才选择其他运输方式。然而，旅客必须支付一定比例的退票费，即旅客干扰的退票费。上述两部分目标完全受旅客心理行为的影响。这种情况有利于将旅客的客观延误和退款转化为主观延误和退款损失。

偏好损失被定义为当旅客面对受干扰行程，有改签意愿，但是因新行程没有足够的座位数来容纳这些旅客，而导致旅客出现不满意的程度。不同类型的旅客对航空公司的重新分配也有不同程度的期望。例如，高级商务旅客往往对行程干扰敏感，即使面临同样的干扰，他们的主观损失也几乎高于其他类型的旅客。

10.1.4　制约因素

在恢复过程中，应考虑飞机航线和旅客行程的流量平衡，以保证航班、飞机、旅客时间和空间的可用性。首先，对航班和飞机航线的限制如下：①每次飞行要么被一架飞机覆盖，要么被取消；②每次航班的新起飞时间应大于其预定起飞时间和覆盖该航班的飞机的可用性时间，并小于其预先规定的最大延误限制；③应保证同一飞机覆盖的两个相邻航班之间的最小周转时间；④所有航班应在机场宵禁前完成；⑤在每个机场部署的预定机队类型中，在干扰传播到第二天的情况下，飞机数量应该足够。

其次，对旅客的几个约束如下：①旅客的新行程不应早于原行程出发，新行程的延误时间不应超过原行程的延误长度；②旅客的新行程应该有足够的座位来容纳改签的旅客；③改签的旅客人数不应大于愿意改签的人数；④同一行程的旅客退票数量不得大于该行程的实际旅客人数，不得少于优先退票的旅客人数。

10.2　数学模型构建

在描述问题目标、约束条件和旅客有限理性分析结果的基础上，基于现有的飞机航线和乘客行程，构建混合整数规划模型。

（1）索引。

e：机型索引。

r：飞机航线索引。

p：飞机索引。

i、j：旅客行程索引。

k：旅客类型索引。

f：航班索引。

s：机场索引。

（2）集合。

E：飞机机型的集合。

F：航班的集合。

R：飞机航线的集合。

S：机场的集合。

P：飞机的集合。

I：如期的旅客行程的集合。

I'：在恢复的时刻表中被干扰的旅客行程的集合。

I''：在恢复的时刻表中被延误的旅客行程的集合。

J：在恢复的时刻表中给出的旅客行程的集合。

$P(e)$：机型为 e 的分级的集合；$e \in E$。

$R(f)$：包含 f 航班的航线的集合；$f \in F$。

$R(s)$：以 s 为终点的航线的集合；$s \in S$。

$F(i)$：行程 i 覆盖的航班的集合；$i \in I$。

$I(f)$：航行航班 f 的行程的集合；$f \in F$。

$J(f)$：在恢复的时刻表中航行航班 f 的行程的集合；$f \in F$。

（3）参数。

delc_{rfp}：由航线 r 和飞机 p 航行的航班 f 上每位旅客的延误成本；$r \in R$，$f \in F$，$p \in P$。

canc_f：航班取消的平均费用 f；$f \in F$。

d_{ik}：改签到行程 i 的属于 k 型的每位旅客的实际延误成本；$i \in I$。

D_{ik}：改签到行程 i 的 k 型旅客的主观延误损失；$i \in I$，$k \in K$。

b_{ik}：属于 k 型且最初在行程 i 中的每位旅客的实际退票费用；$i \in I$，$k \in K$。

B_{ik}：初始行程 i 的 k 型旅客的主观退票损失；$i \in I$，$k \in K$。

U_{ik}：属于 k 型且最初在行程 i 中的每位旅客的偏好实现失败的平均效用损失；$i \in I$，$k \in K$。

α_{ik}：在离开原定行程的 k 型旅客中，愿意改签的百分比 i，$i \in I$，$k \in K$。

N_{ik}：行程 i 上属于 k 型的旅客人数；$i \in I$，$k \in K$。

θ_{ik}：因行程 i 延误而欲离开行程 i 的 k 型乘客百分比；$i \in I$，$k \in K$。

delt_{rfp}：航线 r 和飞机 p 覆盖的航班延误时间；$r \in R$，$f \in F$，$p \in P$。

m_{se}：应以机场 s 为终点站的属于 e 机型的飞机数目；$s \in S$，$e \in E$。

M：航班延误时间最长限制。

N_{fk}：原在 f 航班上属于 k 型的旅客人数；$f \in F$，$k \in K$。

N_{ek}：e 机型中为 k 型旅客的座位数；$e \in E$，$i \in I$。

（4）决策变量。

如果解中考虑飞机 p 覆盖的路线 r，$x_{rp}=1$，否则=0；$r \in R$，$p \in P$。

如果航班 f 取消，$y_f=1$，否则=0；$i \in I$。

T_{ijk}：属于 k 型的旅客数量从路线 i 重新分配到路线 j；$i \in I$，$j \in J$。

z_{ik}：最初在行程 i 中但最终被退款的旅客数量；$i \in I$。

根据上述分析，有两个目标符合航空公司和旅客的利益。

$$\min F_1 = \sum_{f \in F} \sum_{p \in P} \sum_{r \in R(f)} \text{delc}_{rfp} x_{rp} + \sum_{f \in F} \text{canc}_f y_f \qquad (10\text{-}1)$$

$$\min F_2 = \sum_{i \in I} \sum_{j \in J} \sum_{k \in K} D_{ik} t_{ijk} + \sum_{i \in I} \sum_{k \in K} B_{ik} z_{ik} + \sum_{i \in I} \sum_{k \in K} U_{ik} \left(\alpha_{ik} N_{ik} - \sum_{j \in J} t_{ijk} \right) \qquad (10\text{-}2)$$

如式（10-1）所示，第一个目标是从航空公司的角度最大限度地减少与航班改期和飞机改道相关的总成本。第一项和第二项分别表示航空公司航班改期过程中的航班延误和航班取消成本。如式（10-2）所示，第二个目标反映旅客主观追回损失，包括三部分。第一部分和第二部分分别代表乘客无论决定更改还是维持行程的延误和退票损失。根据式（3-4）和式（3-5），D_{ik} 和 B_{ik} 分别为 d_{ik} 和 b_{ik} 的主观函数。第三部分是指没能为旅客办理改签以至于退票或者留在原行程所造成的意愿损失。

$$\sum_{r \in R(f)} \sum_{p \in P} x_{rp} + y_f = 1 \qquad \forall f \in F \qquad (10\text{-}3)$$

$$\sum_{r \in R} x_{rp} \leqslant 1 \qquad \forall p \in P \qquad (10\text{-}4)$$

$$\sum_{p \in P(e)} \sum_{r \in R(s)} x_{rp} = m_{se} \qquad \forall s \in S, e \in E \qquad (10\text{-}5)$$

$$\sum_{r \in R(f)} \sum_{p \in P} \mathrm{delt}_{rfp} x_{rp} \leqslant M \qquad \forall f \in F \qquad (10\text{-}6)$$

式（10-3）~式（10-6）中的约束保证了飞机流量平衡和飞行作业的可用性。式（10-3）中的约束意味着每个航班要么被重新安排，仅航行一条可用飞机路径（$x_{rp}=1$，$\exists r \in R(F)$，$p \in P$），要么被取消（$x_{rp}=0$，所有 $r \in R(F)$，$p \in P$）。式（10-4）中的约束确保每架飞机最多只能飞行一条航线。式（10-5）中的限制规定，机场应在恢复期结束前为每种机型配备足够的飞机，以防干扰延续到第二天。式（10-6）中的约束限制了航班延误时间。

$$\sum_{j \in J(f)} \sum_{i \in I} t_{ijk} + N_{fk} - \sum_{j \in I(f)} \sum_{j \in J} t_{ijk} \leqslant \sum_{e \in E} \sum_{p \in P(e)} \sum_{r \in R(f)} N_{ek} x_{rp} \qquad \forall f \in F, k \in K \qquad (10\text{-}7)$$

$$z_{ik} + \sum_{j \in J} t_{ijk} = N_{ik} \qquad \forall i \in I, k \in K \qquad (10\text{-}8)$$

$$\sum_{j \in J} t_{ijk} \leqslant \alpha_{ik} N_{ik} \qquad \forall i \in I', k \in K \qquad (10\text{-}9)$$

$$\sum_{j \in J} t_{ijk} = \theta_{ik} \alpha_{ik} N_{ik} \qquad \forall i \in I'', k \in K \qquad (10\text{-}10)$$

$$x_{rp} = \{0,1\} \qquad \forall r \in R, p \in P \qquad (10\text{-}11)$$

$$y_f = \{0,1\} \qquad \forall f \in F \qquad (10\text{-}12)$$

$$t_{ijk} = \{0, 1, 2, \cdots\} \qquad \forall i \in I, j \in J, k \in K \qquad (10\text{-}13)$$

$$z_{ik} = \{0, 1, 2, \cdots\} \qquad \forall i \in I, k \in K \qquad (10\text{-}14)$$

式（10-7）~式（10-14）中的约束保持了不同路线之间的客流平衡，以及实际重新分配和旅客偏好之间的平衡。约束（10-7）是每班航机对 k 类旅客的座位限制，即由其他航程转机的旅客人数加上原计划的旅客人数，不应超过该航班的座位容量加上转乘其他航程的旅客人数。这一限制也表明了飞机航线和旅客行程之间的独特联系。约束（10-8）表明，每位旅客必须继续行程或退票。如果新行程 j 与原行程 i 相同，则延迟行程中的部分旅客停留在原行程中。式（10-9）和式（10-10）的限制表明，如果其他可用行程有足够的座位，则应尽可能尊重旅客对改签的偏好。值得注意的是，如果延迟行程的旅客不能按照他们的喜好改签，那么他们必须按计划停留在原行程中。式（10-11）~式（10-14）将决策变量定义为整数或布尔值。

提出的模型（10-1）~模型（10-14）是一个带航班和旅客约束的整数规划模型公式。在一些研究中，飞机和乘客的综合恢复模型直接使用商业软件，如 CPLEX 或 LINGO（linear interactive and general optimizer，交互式的线性和通用优化求解器）（Hu et al., 2015; AriKan et al., 2016）。考虑到飞机航线和飞机之间的指数关系，以及旅客签注过程与其偏好的极端复杂性，商业软件需要相当多的时间和存储资源来生成所有可能的签注关系和飞机航线。一些研究已经引入列生成和 Benders 分解算法来解决这个问题。然而，前述算法的最大阻力是前述模型中式（10-1）和式（10-2）两个目标，行程之间复杂的旅客签注关系也可能会对算法的效率产生负面影响。

相比之下，面对这一复杂的双目标综合恢复问题，必须根据实时环境设计高效的启发式算法，以获得一系列满足航空公司运行控制中心工作人员选择要求的非优势可用恢复解。本书通过设计一种基于 MDSVNS 的启发式算法，提供了一种具有竞争力的高效恢复解方法。10.3 节提供了有关建议的解决方法的详细信息。

10.3　解　决　方　法

本节设计了一种启发式算法来解决不可预见干扰情况下考虑旅客有限理性偏好的飞机和旅客一体化恢复问题。算法 1 概述了以启发式算法为核心的方法的总体结构，该启发式算法是基于多方向搜索和随机变邻域搜索相结合的方法设计的。启发式算法的关键思想是在两个目标中使用不同的邻域结构，即一些邻域结构作用于一个目标，另一些邻域结构作用于另一个目标。

算法 1　启发式 MDSVNS 的一般结构如下。

求得初始方案集合 Γ

while 未满足算法停止规则 do

　　$\chi \leftarrow$ 从 Γ 中选取一个解

　　$\Lambda \leftarrow \varnothing$

　　for 每一个目标 do

　　　　定义 χ 的邻域结构

　　　　while 未满足邻域改进停止条件 do
　　　　　　χ'←基于随机变邻域搜索求得 χ 邻域中较好的解
　　　　end while
　　　　end for
　　　　$\Gamma \leftarrow \Gamma \cup \Lambda$
　　　　从 Γ 中去掉劣解
　　End while
以下各小节将介绍 MDSVNS 的详细信息。

10.3.1　多方向搜索框架

　　一个多方向搜索方案构建了集中在多个目标上的启发式算法的主要框架。程序结构由 Tricoire（2012）描述。这项工作的不同之处在于，我们主要关注最小化双目标问题。首先，给出一组非主导初始解。在每次迭代中，选择其中一个解，并在与所提出的目标相对应的邻域结构中改进所选择的解。对于来自相同选择的解决方案的每个目标，分别执行邻域改善。该策略确保新的解决方案要么占据主导地位，要么与所选的解决方案不可同日而语。其次，通过添加新的解并删除一些主导解来更新初始解集。

　　图 10-1 给出了每个最小化目标方向的邻域改善的实现，其中 S_0 是指从初始解集中选择的解。S_0、S_1、S_2、S_3 和 S_4 是从 S_0 的邻域获得的一些解。图 10-1（a）对于目标最优方向 1，S_1 和 S_2 优于 S_0。类似地，图 10-1（b）表明，对于目标最优方向 2，S_3 比 S_0 更好。图 10-1（c）中用图形说明了总体改进方案部分，这表明 S_4 对于这两个目标方向都不是改进的。因此，将添加 S_1、S_2 和 S_3，并将其与所有初始解进行比较，以更新初始解集。

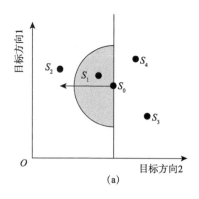

（a）

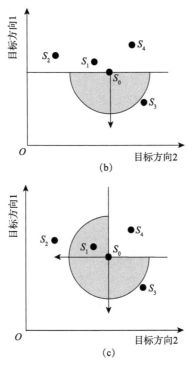

图 10-1　解决方案改进

10.3.2　基于旅客意愿的行程安排

鉴于这项工作的重点是恢复航班时刻表、飞机路径和旅客行程，每个解决方案都应该包括新的航班时刻表、飞机与可行航班序列的匹配及每位旅客的新行程。

本部分根据旅客行程的干扰程度，对各类旅客行程重新分配策略进行描述。首先，根据始发机场和到达机场及干扰程度对旅客的初始行程进行分类。其次，按照每种类型的旅客行程的平均效用损失的降序对所有类型的行程进行排序。通过迭代求解最小费用流问题，对行程中的旅客进行逐次重新分配。

为每种类型的行程构建一个合适的网络对于描述旅客从最初的路线到新的路线的重新分配是至关重要的。类似的网络是由 Hu 等（2016）建立的。每个网络都有三种类型的圆弧。第一类弧线代表旅客分流开始和结束，第二类弧线代表初始行程中的航班弧线，第三类弧线代表建议行程中旅客退票。值得注意的是，对于延迟行程，圆弧连接的一个原则是新行程的到达时间应该小于延迟行程的最大到达时间。应修改与某些弧线相对应的标签值，以获得考虑旅客偏好的旅客重新分配方案。第一种弧形的流量应该是 $\alpha_{ik} N_{ik}$，而不是所有受干扰的旅客，因为一些旅客可能更喜欢退票而不是继续行程。第二类弧线的流量可以定义为 $\alpha_{ik} N_{ek} - N_{fk} - \text{rei}_{fk} + \text{reo}_{fk}$，其中 rei_{fk} 和 reo_{fk} 分别表示重新分配到 f 航班和从 f 航班出发的 k 类旅客的数量。根据第三类弧线的流量容量值，行程应分为两部分。如果旅客的初始行程是指旅客无法到达目的地的干扰行程，那么该行程等于 N_{ik}。同时，如果旅客的初始行程是指旅客无法如期到达目的地的延误行程，那么该行程等于 $\theta_{ik}(1-\alpha_{ik})n_{ik}$。

10.3.3 初始解决方案集

算法 1 表明，在航班和旅客受到干扰的情况下，初始解包含一组非优势解。这里，初始解集是分两步得到的。首先得到一个可行解，其次由该可行解的扩展得到一组解。

第一，可行或接近可行的飞机航线是通过简单地延迟或暂时取消那些受影响的飞机分配到的航班来获得的。使用这种解决方案的好处是，它正好或接近航空公司计划的原始飞机航线。此外，该解决方案还体现了航班延误管理的目的——减少对原始航班时刻表的派生。在所提出的飞机航线方案中，只要延误时间不超过最大延误限制，且不违反机场宵禁约束，分配给延误飞机的航班将被连续延误。如果出现违规情况，相关航班将被暂时取消。分配给停飞飞机的航班也将暂时取消。

第二，将创建两种飞机路径。一种是虚拟飞机路径，包括临时取消的航班序列；另一种是实际飞机路径。在随机选择的虚拟飞机路径到随机选择的实际飞机路径中插入一些航班环，将生成新的可行的飞机路径。在此基础上，对新的可行的飞机路径方案采用旅客再分配策略，得到新的最优旅客行程。在此基础上，将新的飞机路径和新的旅客行程相结合，构造一个可行的解决方案。通过迭代执行随机选择的飞机路径对与旅客再分配策略之间的插入过程，直到满足迭代的停止准则，即可得到若干可行解。最后，通过剔除优势解，得到一组非优势解。

10.3.4　随机变邻域搜索

根据上述目标，飞机改航和旅客重新分配对于恢复航空干扰至关重要。第一个目标（航空公司恢复成本）可以实现，因为飞机改航是航空公司的问题，每个工作人员和设备必须遵守航空公司的统一安排。Hu 等（2016）证明 10.3.2 小节中引入的旅客重新分配策略可以导致与给定飞机路径相对应的最佳或接近最佳的旅客路径。因此，第二个目标的优化主要取决于给定的飞机路径恢复方案。一种合适的飞机航线解决方案可以减少旅客延误时间，保证足够的能力为被扰乱的旅客改签，甚至尽可能减少旅客的不满。因此，核心关注仍然在于找到合适的飞机路径，以促进有效的邻域改善这两个目标。本小节介绍了两个目标迭代优化的几种邻域改进策略。一些符号和基本邻域范围定义如下。

路径对包括两个飞机路径，可根据两个飞机路径分为两种类型。同质路径对是两个实际飞机路径的组合。同时，异质路径对包括一个虚拟飞机路径和一个实际飞机路径。在飞机航线中，如果该部分的起飞机场与其到达机场相同，则部分飞行序列可以定义为飞行圈。飞行圈的起飞或到达机场可定义为飞行圈的枢纽机场。图 10-2 显示了两个飞行圈的例子。一个飞行圈是$\{f_1, f_2\}$，另一个是$\{f_3, f_4\}$。PEK 是指两个飞行圈的枢纽机场。

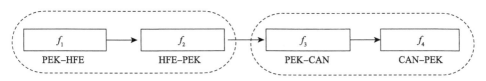

图 10-2　两个飞行圈的例子

接下来将定义四种基本邻域类型，即异构插入、异构交换、同构插入和同构交换。

在异构插入中，插入是在异质路径对中实现的。虚拟飞机路径中的一个飞行环可以插入实际的飞机路径中，只要后者在飞行环的枢纽机场出发并降落即可。插入的可行性在于相对航班延误时间是否超过最大延误限制，以及在实际飞机路径结束时是否违反机场宵禁。这一过程可以在两种不同的机型之间实现。但是，航行飞行环的飞机总载容量不得超过实际飞机的载客量。图 10-3 提供了一个异构插入示例。假设实际飞机路径$\{f_1, f_2, f_3, f_4\}$经过机场 PEK 三次，则虚拟飞机路径中的飞行环$\{f_1', f_2'\}$可以三种方式中的任何一种插入实际飞机路径$\{f_1, f_2, f_3, f_4\}$中：在f_1之前，在f_2和f_3之间，以及在f_4之后。

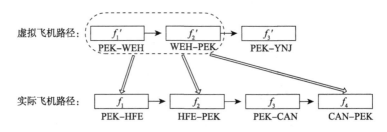

图 10-3　异构插入示例

异构交换定义了同质路径对中两个飞机路径之间的交换过程。虚拟飞机路径中的一个航班序列可以与实际飞机路径中的航班序列互换，只要两个航班序列的出发和到达机场相似。此邻域流程仅在单一机型内实施。如图 10-4 所示，虚拟飞机路径中的飞行环{ f_1', f_2'}可以与实际飞机路径中的以下任意一个飞行环相交：{ f_1, f_2}、{ f_3, f_4}和{ f_1, f_2, f_3, f_4}。

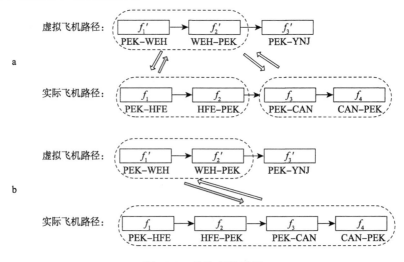

图 10-4　异构交换示例

在同构插入中，插入是在两条实际飞机路径之间。插入规则与异构插入类似。存在一个附加的特殊插入策略，如果新的飞机路径满足机场连续性和飞机类型的同质性，也可以将一个飞行序列（而不是环）插入另一个飞机路径的末端。如图 10-5 所示，如果两条飞机路径都属于相同的机队类型，则可以将 f_3' 航班移到 f_4 后面。

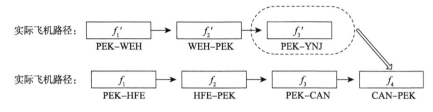

图 10-5　同构插入示例

同构交换定义了两个实际飞机路径之间的交换过程。其基本规律与异构交换相似。此外，两条飞机路径的尾部都可以互换，以扩大邻近范围。如图 10-6 所示，如果两条飞机路径都属于同一机队类型，则两条实际飞机路径的两个尾部可以相互交换。

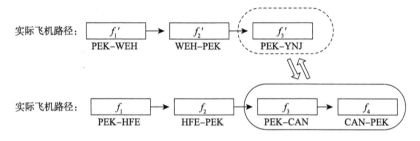

图 10-6　同构交换示例

随机变邻域搜索程序的随机性特征如下：在每个基本邻域范围内，迭代执行若干搜索步骤，直到满足停止准则。在上述每个搜索步骤中获得多个改进的邻域解，并随机选择一个解进入下一个搜索步骤。该搜索策略旨在保证邻域搜索方案的全局最优特性。

由于模型中式（10-1）和式（10-2）规定了主要参与者的不同利益，很难在相同的邻域范围内获得它们的最优值。因此，我们以上述四种基本邻域类型为基础，针对不同的目标设计不同的邻域改善规则，使其尽可能贴近帕累托边界。目标一的改进策略设计如下：对于给定的非优势解，根据虚拟飞机路径的航班取消费用的降序和实际飞机路径的易插入性选择异质路径对。异构插入过程首先迭代实现，直到不能应用任何额外的改进；其次，迭代执行异构交换，直到所有虚拟飞机路径对之间不能进行任何改进。根据一架实际飞机延误费用的降序和另一架飞机路径的易插入性选择同质路径对。连续实施均匀插入和均匀交换，直到不能得到目标值的改善。四个基本邻域改进的循环执行继续，直到满足目标一的停止标准。目标二的改进策略设计几乎与目标一相似，只是路径对的顺序不同。首先，按照旅客退票损失和偏好失效的降序列出虚拟飞机路径；其次，按照旅客行程延误损失和偏好失败的降序，给出实际的飞机路径。

10.4　算　例　分　析

我们在本节中的数值实验支持对上述工作的描述。验证包括两部分，一个是我们提出的模型的性能，另一个是我们提出的启发式算法 MDSVNS 的性能。我们用从中国航空公司收集的数据进行实验以评估所提出的方法。现实世界的经验数据包括 257 架飞机，有 11 种机队类型，涵盖大约 838 次日常运行飞行。这些飞机在 108 个机场之间运送大约 120 000 名旅客。以上数据体现的是航空公司一天的运营情况。收集到的数据包括实际执行的飞行信息（如飞行编号、执行飞机编号、起飞机场、到达机场、实际起飞时间、实际到达时间及商务舱和经济舱旅客人数）和飞机信息（如飞机编号、机队类型和容量）。根据实际操作中得出的上述数据，以原行程的延误时间和旅客类型来评估希望离开原延误行程的旅客百分比。为了测试结果，还根据从实际操作中得出的上述数据，假设在愿意离开旅客中改签的旅客百分比。所有的计算都是在配有 CPU i5-2410 和 2.3GB RAM 的戴尔 Inspiron4 N 110 上进行的。本书提出方法的和基准方法则通过 C++进行编码。

根据现实世界的时间表，在以下情况下产生干扰和恢复情景。9~20 架飞机全天停飞，2~13 架飞机延迟约 3 小时。在一天的恢复期间，即从 7：00 到 12：00，假设所有机场都有 40 分钟的最小周转时间。表 10-1 列出了不同机队类型与商业类别和经济类别机队能力之间的替代关系，其中"H"表示商业类别的能力，"Y"表示经济类别的能力，"总容量"表示商业类别和经济类别的能力之和。"1"表示行机队可以取代列机队，以按计划飞行，"0"则相反。

表10-1　飞机容量和替代关系

机型	319	320	321	a330-200	a330-300	340	737	738	747	757	777
H	8	8	12	12	36	35	8	9	36	8	49
Y	120	150	173	271	275	220	120	158	244	192	296
总容量	128	158	185	283	311	255	128	167	280	200	345
319		0	0	0	0	0	1	0	0	0	0
320	1		0	0	0	0	1	0	0	0	0
321	1	1		0	0	0	1	1	0	0	0
a330-200	1	1	1		0	1	1	1	1	1	0

续表

机型	319	320	321	a330-200	a330-300	340	737	738	747	757	777
a330-300	1	1	1	1		1	1	1	1	1	0
340	1	1	1	0	0		1	1	0	1	0
737	1	0	0	0	0	0		0	0	0	0
738	1	1	0	0	0	1	0		0	0	0
747	1	1	1	0	0	1	1	1		0	0
757	1	1	1	0	0	0	1	1	0		0
777	1	1	1	1	1	1	1	1	1	0	

本次工作共测试 30 个实例。每个实例都可以得到一组收敛的非解，在 120 秒内形成近似的帕累托边界。一些轻微干扰的实例最多只需要 5 秒即可得到满意的帕累托解集。因此，在合理的时间限制下获得满意的解，证明了该方法在实际应用中的有效性。在下面的内容中，将展示我们提出的模型和启发式的优化性能与基准方法的比较结果。

正如前面所讨论的，在航线干扰管理中，很少有研究考虑旅客对行程的偏好。此外，在目标函数中利用前景理论来反映旅客在恢复操作中的有限理性。本节提出两个基准模型，以验证我们提出的 IR2PBR 模型的性能。在一个基准模型（表示为“no pros”）中，目标函数中没有使用前景理论，反映了旅客干扰成本。在另一个基准模型（表示为“no wills”）中，在恢复过程中忽略旅客偏好。三种模型（本章提出的模型“无专业人员”和“no wills”）的比较从图 10-7～图 10-14 中得到了说明。这种比较可以在各个方面评估我们提出的模型相对于基准模型的性能。图 10-7 和图 10-8 显示了我们提出的模型在不同干扰情况下的性能。图 10-9 和图 10-10 显示了本章提出的模型在不同日常操作中的性能。图 10-11～图 10-15 证明了本章提出的模型在各种参数值 α（具有改签偏好的旅客百分比）和 U（未实现改签偏好下每名旅客的平均效用损失）方面的性能，详细分析如下。

图 10-7 显示了本章提出的模型和两个基准模型在各种干扰情况下帕累托解数值的比较。图 10-7 共有 6 幅小图，每幅小图说明了每个随机生成的干扰情况下的帕累托优化解。在每幅小图中，“mDNC”表示在日常操作开始时延迟 3 小时的 m 架飞机，n 架飞机全天停飞；纵坐标轴表示第一个目标 F_1（即航空公司恢复成本）的值，横坐标轴表示第二个目标 F_2（即旅客恢复损失）的值。“★”表示从本章提出的模型中导出的帕累托解，“▲”和“+”分别表示从两个基准模型“无专业人员”和“no wills”中导出的帕累托解。

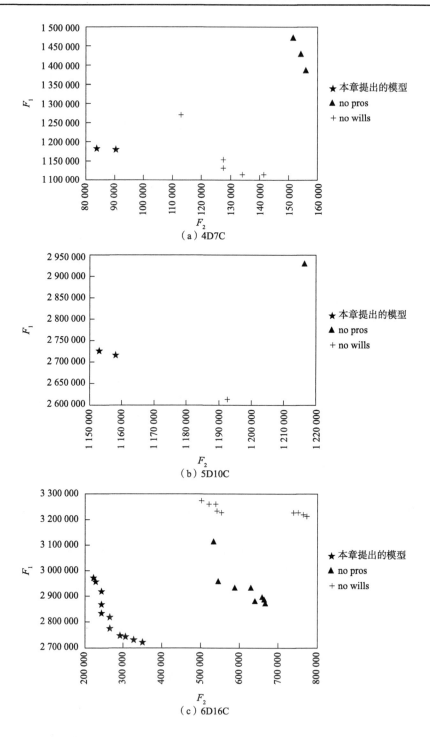

（a）4D7C

（b）5D10C

（c）6D16C

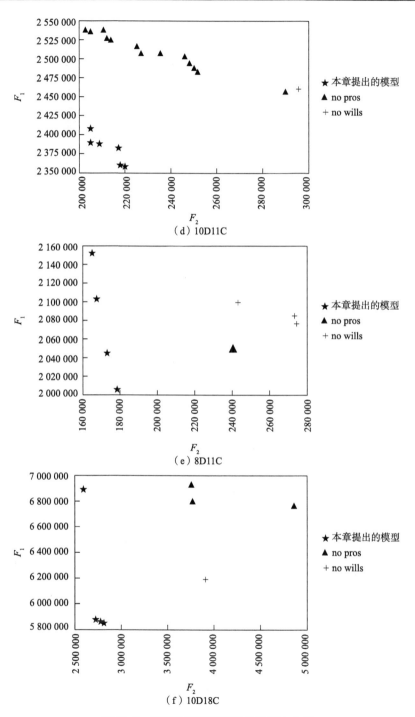

图 10-7　不同干扰情况下的最优解决方案

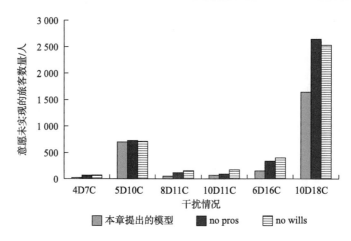

图 10-8　不同干扰情况下意愿未实现的旅客数量

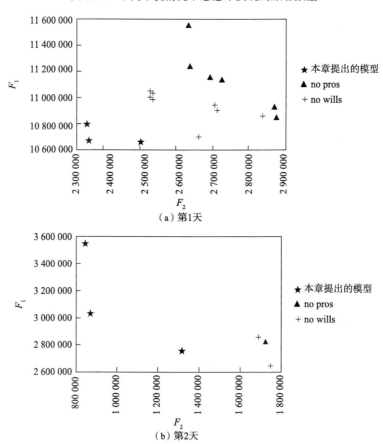

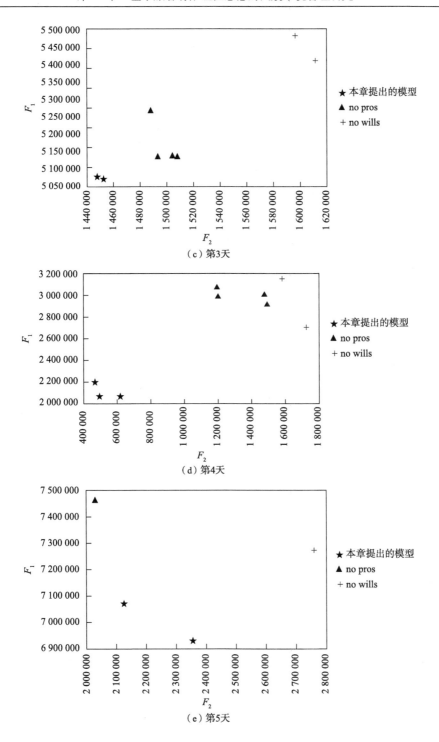

（c）第3天

（d）第4天

（e）第5天

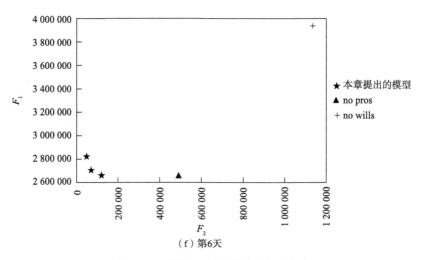

（f）第6天

图 10-9　不同日常运营的最优解决方案

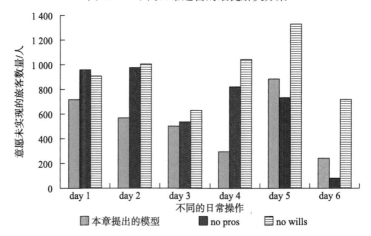

图 10-10　不同的日常运营下意愿未实现的旅客数量

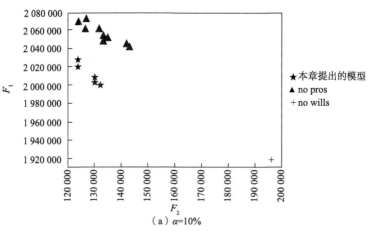

（a）α=10%

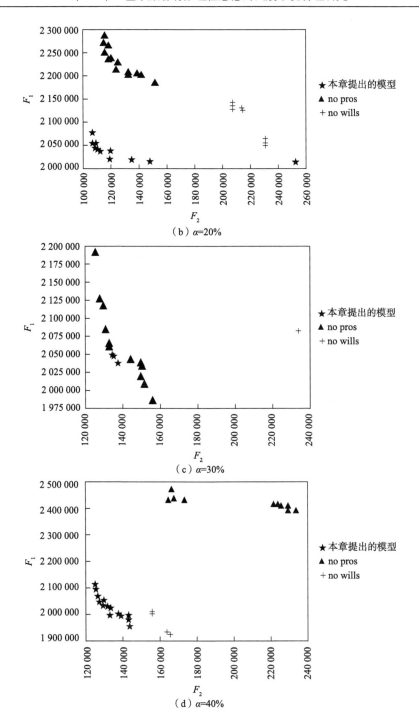

（b）α=20%

（c）α=30%

（d）α=40%

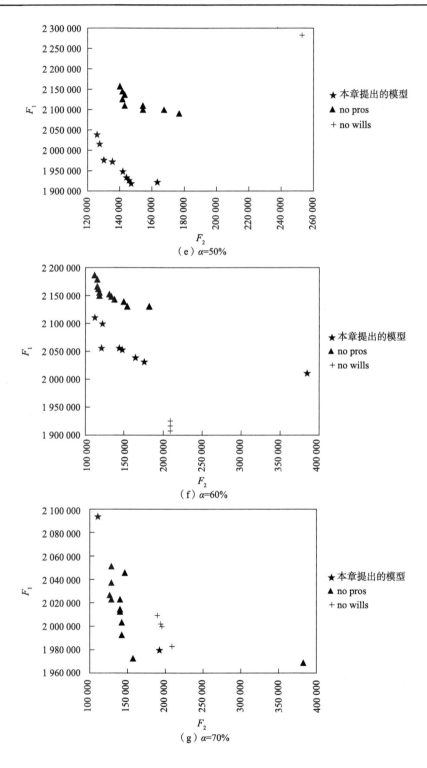

（e）α=50%

（f）α=60%

（g）α=70%

★ 本章提出的模型
▲ no pros
+ no wills

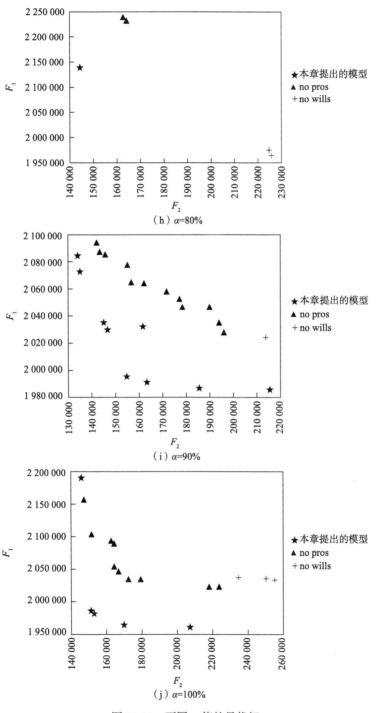

图 10-11　不同 α 值的最优解

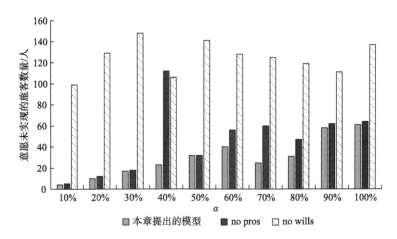

图 10-12　不同 α 值意愿未实现的旅客数量

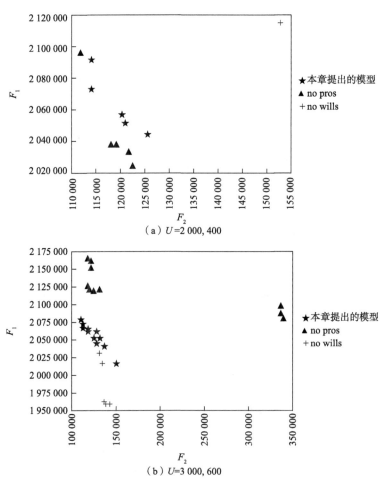

（a）$U=2\,000, 400$

（b）$U=3\,000, 600$

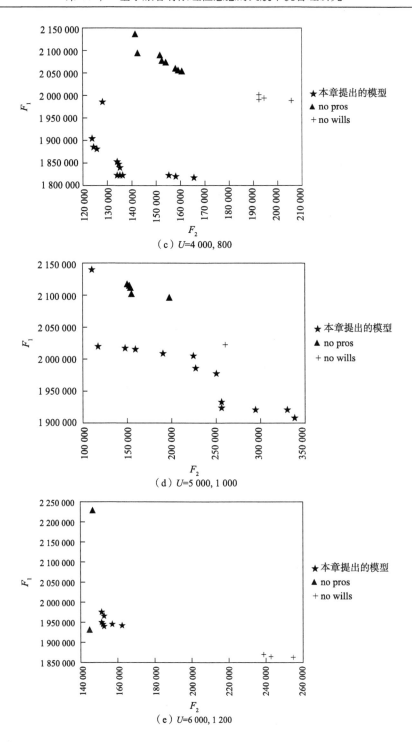

（c）U=4 000, 800

（d）U=5 000, 1 000

（e）U=6 000, 1 200

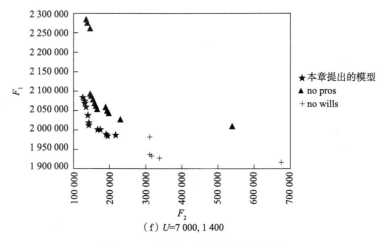

（f）U=7 000, 1 400

图 10-13　不同 U 值的帕累托最优解

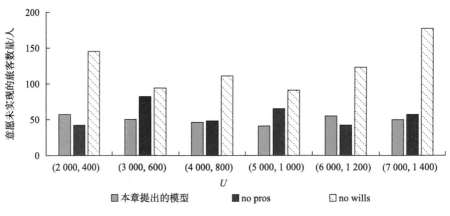

图 10-14　未实现 U 值偏好的旅客数量

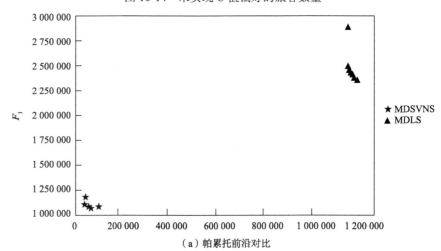

（a）帕累托前沿对比

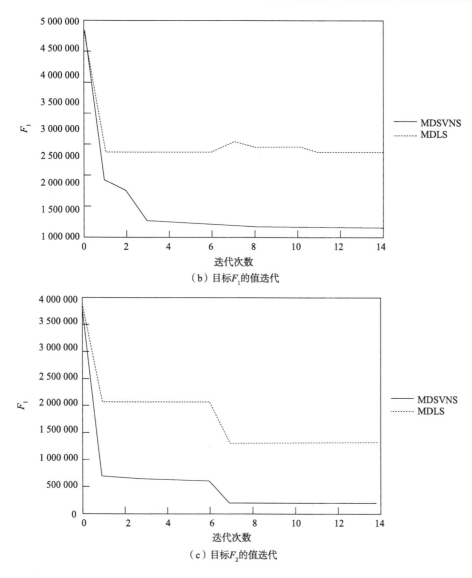

（b）目标F_1的值迭代

（c）目标F_2的值迭代

图 10-15　MDSVNS 和 MDLS 的帕累托解比较

图 10-7 中的所有图形都显示了 F 的两个值 F_1 和 F_2，从本章提出的模型中得到的结果比两个基准模型的结果要低得多。对于 F_2 本章提出的模型的性能尤其突出。两个基准模型得到的最优值是本章提出的模型的两倍以上。图 10-8 显示了在不同干扰情况下意愿未实现的旅客数量。横坐标轴显示与图 10-7 相对应的区分干扰情况，纵坐标轴显示在恢复过程中意愿未实现的旅客数量。与图 10-7 中的结果类似，图 10-8 中的比较表明从本章提出的模型中得到的意愿未实现的旅客数量明显少于来自两个基准模型的旅客数量。总的来说，图 10-7 和图 10-8 验证了本章提出的模型在不同干

扰情况下的突出优化效果。

　　鉴于本章使用的经验数据是基于历史的，原始航班时刻表已被执行的航班信息覆盖。因此，在我们的经验数据集中每个日常操作都有所不同。根据基准模型验证本章提出的模型的性能是必要的。图 10-9 和图 10-10 提供了随机生成 6 种不同日常操作的详细比较。图 10-9 表明，本章提出的模型中大多数帕累托解的最优值优于基准模型。在第 6 天，本章提出的模型与"no wills"模型之间的帕累托解数值的差异超过 500%。此外，本章提出的模型在每个小图中的帕累托解数量，即 2 个或 3 个，与基准模型中的解相比大多稳定。图 10-10 显示了从不同方法导出的意愿未实现的旅客数量的区别，本章提出的模型与"no wills"模型之间的比较效果很大。

　　这些比较结果表明，在飞机和旅客的一体化恢复过程中，本章提出的模型可以通过考虑旅客的偏好和有限非理性来减少意愿未实现的旅客数量。本章提出的模型得到的两个目标值，即航空公司恢复成本和旅客恢复损失，在大多数情况下都低于基准模型得出的目标值。

　　我们假设相应比例的旅客更喜欢改签或退票，愿意改签的旅客比例定义为 α，则愿意退票的旅客比例定义为 $(1-\alpha)$。因此，有必要在参数 α 的各种值下验证所提出的模型的质量。图 10-11 和图 10-12 显示了核查的详细信息，其中，参数 α 的值从 10% 到 100% 不等。这两个数字表明，本章提出的模型的质量优于两个基准模型。此外，本章提出的模型得到 F_1 的值比"no pros"基准模型低很多。同时，本章提出的模型可以获得更少数量的意愿未实现的旅客，相应地降低旅客恢复损失（F_2）。

　　同样，意愿未实现的每名旅客（以 U 表示）的平均效用损失在很大程度上是主观的，可以根据实际的历史数据进行评估。我们必须假设参数的值，然后通过计算实验分析不同值对帕累托解集质量的影响。图 10-13 和图 10-14 给出了分析结果。图 10-13 显示了来自不同 U 值的帕累托最优解对应的 6 幅小图。在图 10-13（a）中，（2 000, 400）分别表示每个商业舱和经济舱旅客的平均效用损失。这两个数字表明，当 $U=$（4 000, 800）和 $U=$（5 000, 1 000）时，本章提出的模型的帕累托解优于基准模型的帕累托解。同时，本章提出的模型的质量略显不明显。这种现象可能是本章提出的 IR2PBR 模型的目标结构所致。主要关注的应该是 F_1 和 F_2 在目标 F 中的平衡程度。当 U 值非常小时，旅客意愿未实现不能得到足够的惩罚，与旅客恢复损失（F_2）和航空公司恢复成本（F_1）相比，受到的关注较少。当 U 值实质性较大时，旅客意愿未实现的惩罚被放大，旅客延迟和退款成本可能会被忽略，航空公司恢复成本受到的关注小于旅客恢复损失。因此，当发生干扰时，应通过实际操作情况的评估来使用合适的值，以促进有效的恢复。

　　提出的启发式算法包括 MDSVNS。本书还提供了 Tricoire（2012）引入的一个基准启发式算法，以验证 MDSVNS 的效率。基准启发式算法是一种多方向局部搜索，用 MDLS（multi-directional local search，多方向局部搜索）表示。图 10-15 显示了 MDSVNS 和 MDLS 之间的比较，显示了 3 幅小图。

　　图 10-15（a）显示了 MDSVNS 和 MDLS 在一个随机产生的干扰情况下的帕累托前沿的直观比较。纵坐标轴表示第一个目标 F_1（即航空公司恢复成本）的值，横坐标轴表示第二个目标 F_2（即旅客恢复损失）的值。"★"表示从本书提出的启发式算法 MDSVNS 导出的帕累托解，"▲"表示从 MDLS 基准方法导出的帕累托解。图 10-15（a）表示在相同的迭代步骤之后，F_1 来自 MDLS 的值是 MDSVNS 的两倍以上，并且 F_2 来自 MDLS 的值是 MDSVNS 的 6 倍以上。最优值与 MDLS 之间的显著差异证明了 MDSVNS 的全局优化性。

　　图 10-15（b）和图 10-15（c）显示了 F 的帕累托解平均值的收敛过程。F_1 和 F_2 在帕累托解的更新迭代步骤中，分别用 MDSVNS 和 MDLS 进行。每个迭代步骤指示在完成对两个目标（方向）的所有邻域搜索后的非显性解集的一个更新。横坐标轴表示迭代步骤。图 10-15（b）的纵坐标轴表示 F_1 在 IR2PBR 中，图 10-15（c）的纵坐标轴表示 F_2 的值。实线和虚线分别表示由 MDSVNS 和 MDLS 导出的帕累托解平均值的收敛趋势。图 10-15（b）和图 10-15（c）表明，两个目标可以通过启发式算法 MDSVNS 和 MDLS 快速收敛。在第一步中，MDSVNS 可以获得比 MDLS 更好的帕累托解。两种启发式算法得出的客观值之间的差异不断增加。DMSVNS 的优异性能可归因于 MDSVNS 中存在两种搜索措施，即随机和可变邻域搜索。随机变邻域搜索策略允许邻域搜索在每个迭代步骤中扩展搜索范围，并尽可能避免陷入局部优化。两种启发式算法收敛过程的比较进一步验证了 MDSVNS 的全局最优性。

　　在上述情况下，本章提出的模型和启发式算法提供了一组帕累托解。实际情况下，只有一个帕累托解决方案可以用于日常操作恢复。航空公司运行控制中心工作人员可以选择帕累托解决方案以减少航空公司日常恢复成本或控制航线干扰对旅客和社会的影响。这一条件可以提高多目标优化对解决实际问题的适用性。

10.5　本　章　小　结

　　本书提出一种新的方法来解决飞机和旅客的一体化恢复问题，同时考虑到航空公司和旅客的需求，建立了一个基于最小化两个目标的整数规划模型，该目标反映了两种参与者的兴趣与关注点。值得注意的是，在恢复过程中，根据旅客行程的干扰情况，考虑了旅客的有限理性偏好。优惠可以是机票退款、改签和停留在原来的行程中。有限理性心理也体现在应用前景理论的模型公式中。这种方法反映了本书为贴近民航应用实际所做的努力。经过计算实验，证明在考虑旅客的有限理性偏好条件下，本书的方法可以减少实现旅客偏好的损失及航空公司和旅客的恢复成本。

本书设计了一种有效的启发式算法来解决所提出的问题，将多方向搜索和随机变邻域搜索算法结合起来。首先，根据干扰管理的原则得到几种初始可行的解。其次，通过实施随机变邻域搜索和依次重新分配旅客，从一个可行的解集中迭代推导出新的邻域改进。提出的启发式算法 MDSVNS 与传统方法 MDLS 之间的图形比较表明本书的方法可以获得高质量的解决方案。

未来的研究可能会朝着几个方向进行，在航线干扰管理过程中考虑旅客偏好。首先，通过数据分析方法可以准确地评估被干扰旅客的一些效用损失。其次，还应分析旅客偏好与行程延误情况之间的关系，以支持民航恢复的优化决策。最后，将统计和优化方法相结合，对于分析和解决航线干扰管理问题、促进安全民航生产、提高旅客对民航运营的满意度至关重要。

第11章 基于不同情境的民航干扰管理组合决策研究

所有的建模和优化方法的提出都是为了促进实际航班干扰管理问题的有效解决。如何将建模和优化方法有效整合，并快速高效地应用到实际生产运营中，是航空公司需要考虑的问题。

本章根据实际航班调整的业务流程分析，总结归类得到航班干扰管理的若干干扰恢复情境，并结合上述章节中不同干扰程度下旅客选择不同的航班干扰管理优化问题的建模和方法研究成果，构建有效解决航空公司生产恢复和旅客行程恢复的航班干扰管理框架模型，致力于为航空公司的航班生产运营保驾护航。

11.1 民航干扰管理组合模型构建

不正常航班调整是一个复杂的运行系统，不能单纯依赖某一个单纯的优化模型和算法，而第 5~10 章的处理航班干扰管理问题的优化模型和算法只是针对某一种干扰恢复情境，并不能涵盖实际运行中的所有状况。因此，本节结合前面各章的研究内容构建基于若干情景的航班干扰管理综合模型，为实际航班调整奠定基础。

设第 5~10 章所描述的问题分别为 P_1、P_2、P_3、P_4、P_5、P_6，对应问题的权重分别为 ω_1、ω_2、ω_3、ω_4、ω_5、ω_6，则本节构建的综合干扰管理模型如下：

$$\text{opt} \sum_{i=1}^{6} \omega_i P_i \tag{11-1}$$

$$\sum_{i=1}^{6} \omega_i = 1 \tag{11-2}$$

$$0 \leqslant \omega_i \leqslant 1 \qquad \forall i = 1, 2, \cdots, 6 \tag{11-3}$$

　　式（11-1）包括了组合模型中每个模型的目标和约束，如果有相同或类似的约束，则可以进行合并。式（11-2）和式（11-3）表示对 6 个权重的约束，其取值在 0 和 1 之间，且其和为 1。

　　在组合模型中，根据权重大小的设置，可以灵活选用对应的优化模型和算法对实际情况中的航班干扰管理问题进行求解。例如，在航班的实际运行中，某些国内航班发生了重度干扰，且由于航班内的 VIP 旅客数量较多，对行程主动选择的意愿特别强烈，该实际问题比较符合 P_2 和 P_5 的组合，则可将除 ω_2 和 ω_5 之外的其他权重参数设为 0，进行问题组合，将模型的目标和约束根据实际情况加以合并，进行组合模型的构建。

11.2　基于实际情境的航班干扰管理组合建模理论框架

　　在 11.1 节的组合模型构建中，如何确定其权重 ω 是问题的关键。本节将根据实际发生干扰的情况和恢复手段，综合分析，并对情境进行归类，来确定权重参数。

　　图 11-1 给出了基于实际情境的航班干扰管理组合模型构建和求解的理论框架。当发生干扰事件后，需要对实际情境进行分析，按照干扰的程度大小、机场或航空公司的运力状况、是否考虑旅客行程的恢复、是否考虑旅客的主动选择权等情境，对问题进行归类，并以此确定权重 ω 的大小，根据第 5~10 章的模型结构，构建确定的组合模型，通过对实际参数的输入，对组合模型求解，并应用到实际干扰的恢复中。

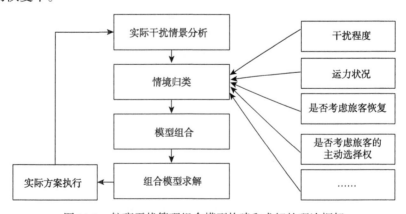

图 11-1　航班干扰管理组合模型构建和求解的理论框架

11.3　案　例　分　析

为了验证组合模型的可行性，本章选取一个小规模算例进行分析验证。选取表 9-3 作为本章的算例，干扰情景为：飞机 4 和飞机 5 需要到 15：00 才能处于可用状态，且要求尽可能少的飞机参与航班调换，且航班的最大延误时间越少越好，大部分旅客有主动选择改签或者退票的权利。

对这种复杂的恢复情境进行分析可知，该问题属于 P_2 和 P_5 的组合问题，因此，$\omega_1=\omega_3=\omega_4=0$，$\omega_2+\omega_5=1$，$\omega_2$ 和 ω_5 的具体取值可以根据实际情况进行确定，本节设 $\omega_2=\omega_5=0.5$。

P_2 和 P_5 都属于多目标问题，且两个模型的第一目标相同，因此，该组合模型的目标合并后变为 4 个目标，对两个模型的约束条件分析得知，约束（6-5）、约束（6-6）、约束（6-7）分别和约束（9-3）、约束（9-5）、约束（9-4）相同，因此合并后的约束条件与第 9 章的约束完全相同。由此，确定 P_2 和 P_5 的组合模型为式（6-3）、式（6-4）及式（9-1）~式（9-12）。考虑到组合模型的目标中存在连续性目标函数，第 6 章中的基于 ε-约束的邻域搜索方法不适合求解该类问题，因此，该组合模型由第 9 章的基于航班环的遗传算法进行求解。求解结果如表 11-1 所示。由表 11-1 的结果分析可知，除了飞机 4 和飞机 5 受到干扰外，只有飞机 2 参与了飞机交换，飞机 1 和飞机 3 的航班计划未受影响，即满足了第 6 章和第 9 章的复合情境要求。由此验证了该组合模型的建模框架的有效性。

表11-1　组合模型算法优化结果

飞机	航班号	出港时刻	进港时刻
1	CZ1385	09：00	10：44
	CZ1386	14：25	16：02
	CZ1635	16：43	17：43
	CZ1636	18：30	19：41
2	CZ1103	09：58	10：46
	CZ1104	13：40	14：33
	CZ1105	15：15	16：04
	CZ1106	16：45	17：34
	CZ1457	18：14	20：36
	CZ1458	21：16	23：42

飞机	航班号	出港时刻	进港时刻
3	CZ1827	12: 30	13: 31
	CZ1828	14: 15	15: 24
	CZ1283	16: 05	17: 37
	CZ1284	18: 20	19: 58
4	CZ1325	15: 00	16: 21
	CZ1326	17: 01	18: 26
	CZ1849	19: 06	20: 12
	CZ1850	20: 55	21: 51
5	CZ1149	15: 00	16: 11
	CZ1150	16: 51	17: 58
	CZ1143	20: 50	21: 52
	CZ1144	22: 42	23: 42

11.4　本 章 小 结

　　本章首先对航空公司实际的干扰管理情况进行分析，包括对业务流程及某些恢复原则和情境的分析；其次，根据第 5~10 章的优化建模和算法结构，以及航空公司实际运营的复杂情境的分析，构建了求解复杂干扰情境的组合模型，给出了权重参数的取值方法，并对组合模型的构建及求解的理论框架进行了阐述；最后，给出了一个小规模算例验证组合模型及算法应用的有效性。本章的研究成果对前几章的模型和算法成果在实际中的应用给出了很好的方向。

第12章 基于旅客意愿的民航干扰管理辅助决策支持系统

目前，以决策为核心的研究多采用辅助决策系统辅助研究与应用。在国内外研究中经常使用 DSS（decision support system，决策支持系统）研究医学领域、铁路运输领域、电力系统、军事领域的各种问题。并且，辅助决策系统作为管理信息系统，除了支持决策，还可以使用模型对过去和未来进行分析和预测，针对不同权限的用户给出不同的报告，达到控制企业行为的目的。同时，辅助决策系统可以辅助管理者进行监督和控制，有效利用资源。管理的核心是决策，而决策平台作为一个综合的数据汇总分析系统，能够为企业提供各种决策信息及许多商业问题的解决方案，从而减轻决策者从事低层次信息处理和分析的负担，使得其可以专注于最需要决策智慧和经验的工作，从而提高决策的质量和效率。显然，系统的应用和优势都在证实系统是面向用户的必然选择，也是理论研究通往实际应用的平台。

关于模型的研究国内外学者均有突破，目前已有使用鲁棒性模型、Danzig-Wolfe 算法、改进列生成算法（田倩南等，2019）等对航班干扰恢复问题进行的深入研究。这些研究大多以航班取消数量最小化、航空公司延误损失最小化、旅客总延误时间最小化为设计目标。在航班干扰研究上多为模型设计分析，缺乏模型与系统的链接应用。近年来，也有研究考虑在此过程中的旅客满意度问题，不仅仅限于总延误时间。目前，有考虑旅客满意度的鲁棒性航班恢复模型研究了满意度降低带来的潜在损失，以满意度评级作为影响因子（郝强和樊玮，2018）；也有使用 Logistic 回归模型专门对航班延误的旅客行为状态进行预测和研究（辜运燕等，2020）。

总体上这些研究较为缺乏对基于旅客意愿的航班干扰恢复问题的研究，并且也缺乏与航班干扰恢复结合起来的辅助决策系统的设计。这些研究的缺陷使得航班干扰恢复模型与旅客满意度的研究处于"分家"的状态。在没有系统的框架支持下，航班干扰类问题研究与大众用户距离较远，研究成果只在研究人员之间探讨的现象非常明显，整个研究仿佛脱离了实际应用，给人一种虚无缥缈的感觉。另外，研究不能投入实际的应用上也很难预判实际应用后会出现的各种问题，毕竟"理想丰满，现实骨感"。

在实际应用上，航班干扰恢复类问题在进行决策时，要考虑的因素往往更加复杂多变，决策质量要求更高、速度要求更快，同时，决策失败的代价更高。因此，当理论模型的研究不能及时地反映当前旅客选择的变化时，拥有一个基于旅客意愿的辅助决策系统便显得非常必要。

设计一个基于旅客意愿的航班干扰恢复辅助决策系统，不仅可以收集实时的顾客决策数据，还可以有效结合国内外学者的航班干扰恢复模型对这些决策数据进行分析处理。并且，其可从旅客意愿出发，使得航空公司在处理航班干扰调整问题上能够兼顾航空公司与旅客的利益，从而减少航空公司损失、提高旅客满意度，在留住老客户的同时更容易吸引新客户。同时，辅助决策系统与理论模型的结合可以把理论研究与具体应用结合起来，将基于旅客意愿的航班干扰恢复问题研究带出实验室，应用在日常生活的 App（application，应用程序）或者网站上，使该辅助决策系统从分析研究跨至实际应用，实现模型与平台的连接。

基于旅客意愿的辅助决策支持系统应该界面美观、操作简单，具有丰富的输入、输出与处理功能，高效率流程流转、一次性简化办公。其通过实时的旅客意愿数据收集与反馈，实现基于旅客意愿的信息交换与处理。故本章的辅助决策系统设计将从整体框架、需求分析、设计目标、研究方法与实施步骤、系统流程设计、主要功能模块设计等方面对基于旅客意愿的民航干扰管理辅助决策支持系统进行研究。重点在系统流程与功能模块的设计上，集管理信息系统、应急辅助决策系统、客户管理系统的特点于一身，以输入—处理—输出的流程框架对旅客意愿统计、解决方案选择处理、处理信息告知、改签/退票/等待处理四大模块进行研究设计，从而实现旅客意愿与干扰恢复分析模型的巧妙结合。

在设计系统时，不光要考虑系统的功能完善、运行流畅，也要考虑系统的运行保障问题。除了基本的系统保障方法与判定指标外，还应针对系统的特点制定对运行结果能起到反馈作用的故障判定指标。因此，本书设计的系统共制定了三个故障判定指标，即顾客满意度评级、意愿实现率、通用系统故障现象，从这三个指标来判定系统的运行是否出现了故障。

总之，基于旅客意愿的民航干扰管理辅助决策支持系统的设计不仅可以结合当前研究人员的理论模型，还为日后新模型的嵌入留有余地。作为承载核心模型的一个平台，该辅助决策支持系统有较大的开发价值。模型+平台使得航班干扰问题的研究变得更加完整，旅客意愿的收集也更加方便快捷。总的来说，基于旅客意愿的航班干扰管理辅助决策支持系统是解决航班干扰恢复事件的强大辅助决策工具，也体现了系统在解决实际问题时的灵活、耐用。

12.1　系　统　概　述

12.1.1　整体框架

基于旅客意愿的民航干扰管理辅助决策支持系统的整体框架将针对航班干扰恢复问题的特点与需求，从应用层、服务层、数据层、基础设施四个方面自顶向下构成系统。基础设施包括基本的软件、硬件、网络平台、虚拟化环境。数据层由固定数据库、模拟推演与分析临时数据库组成。固定数据库中包含航班固定信息、航班状态、历史决策数据和旅客信息。模拟推演与分析临时数据库包含可供选择解决方案决策池、航班状态分析、成本分析和旅客意愿决策。服务层由基础服务模块和主要功能模块构成。基础服务模块包含系统基本的登录/退出、反馈功能，主要功能模块包含改签/退票/等待处理、解决方案选择处理、航班状态提醒、旅客意愿统计、处理信息告知服务。应用层由区分不同权限的后台管理系统、辅助决策系统、综合显示界面构成。根据项目的背景需求（杨妹等，2016），本书建立了如图 12-1 所示的系统整体框架。

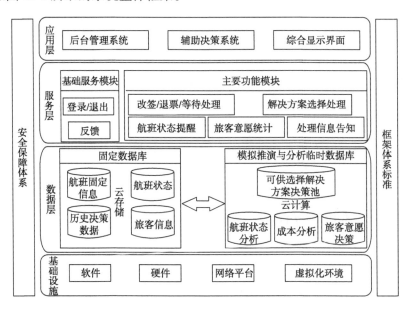

图 12-1　系统整体框架

12.1.2　需求分析

基于旅客意愿的民航干扰管理辅助决策支持系统的功能性需求包含系统通有的信息增/删/改功能,同时具备系统特有的决策传输、处理功能。较好的辅助决策支持系统还应具备反馈功能。非功能性需求包含观感需求、易用性、安全性、可扩充与完整性,具体应做到界面美观、操作简单、安全可靠、可升级换代。

12.1.3　设计目标

目前,航空公司竞争加剧,航空公司对飞机延误等干扰事件的处理方式与态度成为旅客评判航空公司优劣的标准。一个优秀的基于旅客意愿的民航干扰管理辅助决策支持系统能很好地平衡航空公司与旅客的矛盾。

对于航空公司来讲,其可以通过旅客意愿的反馈,根据实际情况,选择生成一种最为经济的解决方案。这种解决方案应该尽量照顾到每一位旅客。同时,这种辅助决策支持系统使用之后应当能在一段时间内看到旅客的反馈,并且能够定性或定量地观测到使用该辅助决策支持系统后航空公司的利润变化、口碑评分变化、老顾客的数量变化等。

对于管理人员来讲,系统应设置登录权限,且管理人员可进行选择航班状态等一些操作,并且能够看到系统分析处理后的决策数据。

对于普通用户的设计目标,应首先保证界面美观、系统易用,其次作为基于旅客意愿的系统,应能够生成多种可供选择的解决方案。

还有一个共同的目标就是航班的信息反馈要及时,当航班情况变动时,及时通知旅客,留给旅客更多的时间去选择适合自己的解决方案。此外,系统也要对决策信息反馈及时,方便航空公司做出处理,方便旅客及时看到处理结果,方便换乘、登机等。

12.1.4　研究方法与实施步骤

系统采用的研究方法以管理信息系统为主。管理信息系统是一个以人为主导,利用计算机硬件、软件、网络通信设备及其他办公设备,进行信息的收集、传输、加工、储存、更新、拓展和维护的系统。其核心结构由管理、组织、技术、商业挑战、信息系统、商业解决方案组成。具体关系如图 12-2 所示。

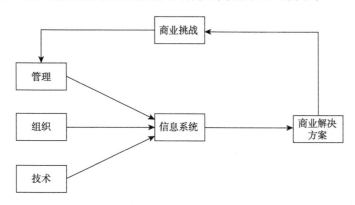

图 12-2　管理信息系统核心结构

实施步骤如图 12-3 所示。首先，搭建基础设施平台，底层的数据层是采用云存储与云计算技术将固定数据库数据和模拟推演与分析临时数据库的决策数据做对比，生成最后的决策方案与处理结果，并将处理结果与旅客意愿决策数据纳入数据库中成为历史决策数据。

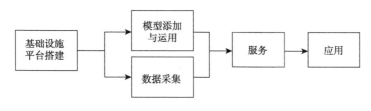

图 12-3　实施步骤

其次，通过数据的发送与接收，在服务层以改签/退票/等待处理、解决方案选择处理、旅客意愿统计为主要功能实现基于旅客意愿的决策数据的收集—处理—分析—反馈。

最后，在系统的应用层实现管理人员与普通用户的分权限使用、辅助决策系统的实现，并以综合显示界面呈现总体的操作与结果。

12.2　系统主要功能

图 12-4 是基于旅客意愿的民航干扰管理辅助决策支持系统的整体功能模块，

包含基础模块和主要功能模块。基础模块包含登录/退出模块、反馈模块；主要功能模块包含改签/退票/等待处理模块、解决方案选择处理模块、旅客意愿统计模块、处理信息告知模块、航班状态提醒模块。其中，航班状态提醒模块包含在解决方案选择处理模块里面，不具体描述。

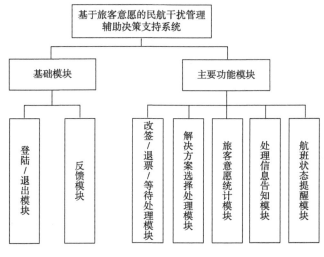

图 12-4　整体功能模块

（1）改签/退票/等待处理模块（图 12-5）：包含 3 个不同选择的处理方案，当旅客选择改签时是最复杂的，需要与固定数据库的航班固定信息、航班状态、机场现有可行航班信息等去对比，判断是否符合这些改签的约束，符合后，系统才会重新为旅客安排新的航班，并导出新的航班信息，最后才能改签成功；对于退票处理请求系统会无条件许可，并会显示退票成功；在航班延误的情况下系统会默认等待请求一律成功，但是出于人性化的角度，等待请求在航班状态信息变更为取消之后将会以短信、留言等形式告知旅客这种请求是非理性的，此时旅客可以重新选择处理方案。

（2）解决方案选择处理模块（图 12-6）：当管理人员确定航班状态之后，系统会自动分类对比旅客意愿决策是否符合确定状态的处理结果，若符合则根据旅客选择的不同，分别转到退票处理模块、改签处理模块及等待处理模块；当旅客意愿不符合确定状态的处理结果时，系统会将"选择失败"显示在用户界面，并退回决策，等待旅客重新选择解决方案。

这里要提到的是，对于不同的航班状态，可供处理的结果并不同。例如，当航班状态是取消时，旅客可以选择改签或者退票，等待就被认为是非理智的决策，属于不符合确定状态的处理结果，系统最后会将该决策退回；当航班状态为延误时，符合确定状态的处理结果是等待、退票、改签。

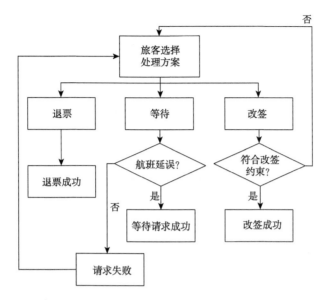

图 12-5　改签/退票/等待处理模块

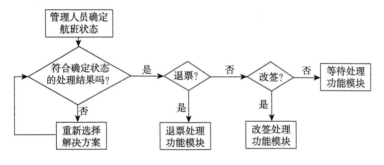

图 12-6　解决方案选择处理模块

（3）旅客意愿统计模块（图 12-7）：旅客意愿统计模块先将当前旅客意愿决策进行分类，分别比对历史数据和现有总体决策数据，并将决策划分成理性解决方案和非理性解决方案，最后将本次结果存入历史决策信息数据库。此时应注意，划分理性与非理性是依据现实可行性与历史决策数据结果划分的。现实可行性主要关注目前旅客意愿决策是否是符合确定航班状态的处理结果，如果航班状态为取消时，等待决策被认为是非理性的。此外，历史决策数据结果是历史上每次发生航班状态变动时旅客选择结果的分类统计合集。例如，当航班状态为延误时，历史上 80% 的旅客都选择改签，则改签被认为是理性解决方案，反之，若只有 5% 的旅客选择改签，则改签被认为是非理性解决方案。

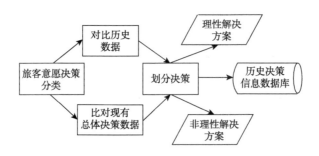

图 12-7　旅客意愿统计模块（理性、非理性）

（4）处理信息告知模块（图 12-8）：在处理信息告知模块中，当系统判定处理结果为"成功"时，会将成功信息通知旅客，同时判断是哪种解决方案的成功，当解决方案是退票时，转入退票处理模块，将钱退还旅客，同时旅客及时查看账户余额；如果是改签，则将改签之后的新航班信息与处理结果一同通知旅客；如果是等待，则将等待处理选择通知旅客。当系统处理结果为"失败"时，将失败信息反馈给旅客，由旅客重新选择解决方案。

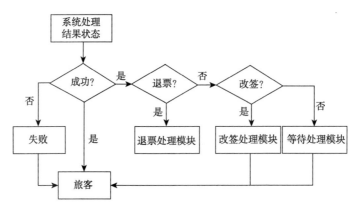

图 12-8　处理信息告知模块

12.3　系统的流程设计

图 12-9 为系统流程图。

输入流程是由管理人员将航班状态信息更新到数据库中，系统对航班状态进行判断。当航班状态有异常时，辅助决策支持系统生成可供选择的解决方案，并显示给旅客。

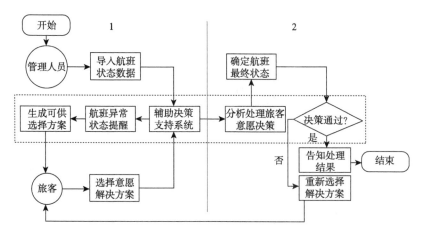

图 12-9　系统流程

虚线框内均属于辅助决策支持系统的流程设计；"1"和"2"代指流程划分的两大步

处理流程是基于旅客意愿的民航干扰管理辅助决策支持系统最核心的流程。旅客收到航班异常提醒后选择意愿解决方案，将其传送给辅助决策支持系统，系统分析处理旅客意愿决策并将处理结果告知管理人员，由管理人员确定航班最终状态。之后系统判断旅客意愿决策是否符合当前的航班状态处理。

输出流程是从决策通过判断开始的，决策通过时告知旅客处理结果，未通过时反馈给旅客，要求旅客重新选择解决方案，再次循环处理流程，直到决策通过后，系统结束。

12.4　系统的实施保障

12.4.1　系统运行的保障措施

系统运行的保障措施需从技术层面和管理层面分别确定。

（1）技术层面的保障措施包含物理安全保障、运行安全保障、信息安全保障。在物理安全保障上，可以通过建立一个系统工作室来保障运行环境、设备、媒体的安全；运行安全保障可以通过完善系统的功能来实现，如系统应具备故障备份与恢复、病毒检测与清除、抗干扰（电磁）等功能；信息安全保障可以通过保障数据的完整性、可靠性等，从底层的数据层来保证系统正常运行。具体建议如下。

科学合理布局，优化辅助决策系统设计。首先，应保障系统工作室所处的环境不会与航空公司其他系统工作室冲突，避免系统服务器全开时电压不稳等情况出现。要求设备的布局、布线合理。另外，基于旅客意愿的民航干扰管理辅助决策支持系统是可以根据需求的变化进行升级换代的，在技术层面应保障相应技术可以达标。可以重点选拔高水平的技术人员对系统进行维护。

优化服务器性能。可以增加服务器数量和提高服务器性能来保障系统运行流畅。可以采用多线程并发、减少遍历、慎用字符串操作、简化需求等来提高 CPU 性能；采用非阻塞模式等提高网络 IO（input/output，输入/输出）；可以通过提高磁盘 IO 来优化服务器性能。

（2）管理层面的系统运行保障措施可以通过设置系统管理人员来对信息进行保密、对系统进行维护管理等。具体措施如下。

在思想上加强管理人员对系统运行维护等的重视（王斌和郑峰，2020）。系统管理人员应承担旅客信息不得泄露的责任，并且能够对系统的运行环境等进行检查，防止出现服务器断电、不良人员拷贝信息等情况出现。

维护保障工作流程规范化。管理排班应保障 24 小时都有≥1 人能够正常选择航班最终状态、能够及时反馈信息。还应该安排专职人员对系统进行定期维护和升级换代。通过制定一个统一的保障流程和标准，规范系统管理、减少纰漏。

提高管理团队的专业水平。管理人员应根据不同的需要划分成不同的管理角色。例如，应保障填写航班状态的管理人员有足够的数据分析能力，能够对辅助决策支持系统处理后的数据进行比较分析，并根据分析比较结果确定航班最终状态。通过对管理人员的培训、考核来保障系统运行正常。

做好辅助决策支持系统的应急预案。首先，管理层应制定出一套完整的应急预案，能够保障事故发生的可能性最低、事故发生时造成的损失最低。除了提早做出应急预案，在平时的运行维护上，要提高系统的应急反应能力，包含维护人员的定期检查维护，服务器、设备等零部件的检查和换新。此外，还应该及时对风险进行预判。例如，特大自然灾害到达前通过天气预报提前做好准备；高峰期维护人员要到位等（秦伟等，2019）。

12.4.2　系统故障判定指标

系统除了最明显的不可访问、崩溃等故障，还可能发生一些我们不能从表面看到的系统故障，如运行错误。系统可能生成了一些处理结果，但处理结果不是最优或者是逻辑错误等，那么我们需要确定系统故障的判定指标。

基于旅客意愿的民航干扰管理辅助决策支持系统可以采用顾客满意度评级、意愿实现率、通用系统故障现象三个指标来判定辅助决策支持系统是否发生了运行故障、是否决策不合理。

第一个指标是顾客满意度评级。系统可以通过收集用户对系统使用的评分反馈变化来判断某一时段系统是否发生了故障。最明显的是通过对投诉问题的关键词分析，找到系统存在的问题。系统可以设置满意度评级的最低阈值，当满意度评级的某时段均线低于最低阈值时，系统向管理层发送故障警惕，最终由系统和管理层共同处理系统故障。

第二个指标是意愿实现率。由于辅助决策支持系统是基于旅客意愿的，向管理人员发送处理的参考决策数据时，是以某一具体标准衡量是否基于旅客意愿的。系统内部可以设置意愿实现率来保障系统能够基于大部分人的意愿进行决策，因此，系统同样可以使用意愿实现率来判断系统是否发生了故障。例如，系统的意愿实现率最低值设置为 60%，当系统给管理人员呈现的分析报告是 50% 时，就可以认为系统发生了故障。

第三个指标是通用系统故障现象。例如，系统无法访问、页面加载空白等。该类系统故障由技术部和管理层共同解决。

12.5　本 章 小 结

基于旅客意愿的民航干扰管理辅助决策支持系统的创新之处在于结合了旅客意愿和辅助决策支持系统，将前人的理论可以应用于后续的研究中，并且可以最大限度上均衡旅客和航空公司的利益。本章采用管理信息系统对旅客意愿统计、改签/退票/等待处理、解决方案选择处理、处理信息告知、反馈等功能等进行了设计和实现，将基于旅客意愿的民航干扰管理辅助决策支持系统的设计思想和实现功能展示出来。该系统研究的下一步将结合具体的基于旅客意愿的模型，形成一个可投入使用的创新型的完整辅助决策支持系统，站在旅客和航空公司的平衡点制定出双方都满意的决策，为旅客带来更好的使用体验，为航空公司降低损失和吸引更多的客户。

第13章　民航干扰管理保障措施

13.1　预警决策机制的运行保障措施

13.1.1　不正常航班状况

在民航运输业中，航班日常运行较易受到天气、空中流量及航空公司内部诸多因素干扰而出现不正常航班。根据相关统计，全世界机场的飞行延误事件中，天气原因造成的延误占 45%，其中，可避免的天气原因造成的延误占 21%。影响飞机飞行的原因除了我们熟知的雷、电、雨之外，还有云和风的影响，总之，天气情况实际上要比我们想得更为复杂。虽然现在的科学技术对天气的预报越来越准，但是因为航班运行对天气依赖程度较大，天气异常仍然是影响航班正常运行的一大因素，天气原因造成的飞行事故在民航运行历史上发生过多次，所以必须要对天气情况进行更加精准的预测，也更需要有对不适合飞行天气的一个预警。

此外，空中交通流量控制也是确保飞行安全的关键工作环节。空中交通流量控制，实际上是对当前机场、空中领域和航路做出精准评价，然后使用管理方式，经过有效放行航空器，在确保安全下加快空中流量，控制空中交通堵塞现象出现。在社会的不断发展之下，航班班次越来越多，空中飞机飞行数量也逐渐提升。我们所认识的交通拥挤也不再仅仅指陆地上的拥挤，空中的交通也较紧张。在我们的实际生活中，一些发达城市或中转城市点的上空飞机飞行密度更高，这样的话，机场上空的流量高峰期便会干扰到周围空域的飞行。

航空公司的正常运营需要运行控制部、安全监察部、飞行部、维修部、信息管理部等各部门的协同合作。其中，某一部门工作的放慢便会影响到后续飞机的运行。在 2001~2013 年我国航班延误事件中，航空公司导致延误的比例最大。航空公司内部的控制会影响该航空公司航班的正点率，有效的控制会提高正点率。

反之，飞机正点率下降会带来更多的不正常航班，使得行程受到干扰。

13.1.2　应对预案的选取和决策

针对上述主要方面的不正常航班干扰因素，我们给出了三个方面的应对决策。

1. 针对天气情况的预警及措施

1）提高航空公司气象部门对复杂天气的观测预告能力

航空公司的气象部门需要增加观测天气的频率和提高精度，做到实时跟踪天气情况，有效预测未来飞行途中的天气情况。

2）加强各部门之间的联系

气象部门需要加强与其他各部门的联系，要及时快速地把天气情况反馈给航空公司各部门，使得各部门能够在飞行前、飞行中、飞行后及时进行处理。

2. 针对空中流量的预警及措施

1）提升空域自由度，优化管控模式，完善管理部门

充分使用无线电导航等技术，分散空中流量。同时，做好管控工作，各部门间通力合作，对空中流量做到有效的监控、疏散、分配等。

2）应用先进技术提升空中流量的监测、预判水平

航空公司需要应用现有的先进技术提升空中流量的智能化监测管理。这种技术不仅仅是雷达导航等科学技术，也包含着先进的管理技术，使得航空公司能够提高管制人员的专业能力，提升运行的水平和效果。

3. 针对航空公司内部的预警及措施

1）完善信息整合机制，实现外部风险和内部控制的有效应对

航空公司需要建立公司内部、机场、空管的信息整合机制，以统一的标准实现飞行数据等的共享，提高决策的一体化水平。当出现干扰事件时要能够在航空公司内部采取及时的控制措施，也要给外界统一快速的答复，降低对外界的影响。

2）加强考核、权责分明、注重时限

航空公司内部需要对各部门进行有效的考核，及时发现存在的问题，也要制定合理的责任制度，当某一环节出现问题时，能够及时找到所属的部门，以防各部门推卸责任。另外，航空公司需要更加注重时限，内部控制反应迟缓容易造成航班延误、物资供给跟不上等情况。

13.2 民航干扰处置机制的运行保障措施

民航干扰处置机制的运行保障措施可以是建设区域性干扰保障中心、新建或合并运行控制中心。

建设区域性干扰保障中心可以选择在机场内或机场外开辟一些备用停机位，当有干扰事件发生时机场可以有备用的停机位停靠不能起飞的飞机。同时，要建设大小适宜的等候室，为滞留的旅客提供休息的空间。另外，呼叫中心也是必不可少的，通过呼叫中心答复旅客的各项问题。

区域性干扰保障中心的选址应当综合考虑跑道位置、天气情况、净空流量、周边空域繁忙度、保障资源丰富程度等因素，并且要避免重复建设和保障覆盖率。

区域性干扰保障中心需与航空公司各部门加强联系，及时关注机场、航空公司内部、空管的动态信息。当干扰事件发生时，能够快速地开放该保障中心，同时也要加强与外界的联系，内外联动，为航空公司减少损失，减小干扰事件的影响。

区域性干扰保障中心除了作为一个单独的部门成为航空公司的一部分以外，还应该能够独立于航空公司之外解决干扰问题。这就要求区域性保障中心内部结构完整、职能完整、工作人员具备较高的干扰事件应对技能。

航空公司的指挥核心——航空公司运行控制中心，是保证航空公司运行安全的中枢。传统的生产运作多是以调度为中心的运行生产模式，不仅速度慢，准确性也难以保证。航空公司运行控制中心的建立可以改善这些不足之处。

新建的航空公司运行控制中心可以实现航空公司的资源整合，各类业务、各部门信息都会整合在一起，包括飞行签派、机务维修、地面保障、机组调配、载重平衡、食品配餐、物流运送等，以此实现对内部信息的整合、对运行航班的统一调度指挥和集中管理，使生产运作流程更加合理、有效，能够提高整体运行效率。

现有的航空公司运行控制中心较为分散，虽然航空公司内部信息可以共享，但是分散的运行控制中心不如合并之后的管理运行更加方便快捷。因此，合并运行控制中心之后，可以有效减小部门之间指挥控制的时间差，避免民航干扰事件发生时运行控制中心采取的措施混乱。

13.3　运营秩序恢复机制

在应对航班干扰的过程中，通常伴随着航班取消、延误等手段，造成运营秩序混乱。航空公司需要建立运营秩序恢复机制，在干扰事件发生前，反复推演模拟各项干扰情景，制订运营秩序恢复方案。当干扰事件的发生造成运营秩序混乱时，航空公司能够及时采用运营秩序恢复机制，全面协调航班有序恢复，减少民航业的经济损失，同时，运营秩序恢复也有利于消除航班干扰恢复产生的负面社会影响，维护航空公司与旅客的关系。

13.4　民航干扰管理资源补充机制

2017 年，民航局指出要在 2020 年构建与行业特点相适应的民航突发事件应急管理体系，完善民航应急资源征用补偿机制。那么，我们也可以仿照建立民航干扰管理资源补充机制，需要做到以下几点。

第一，航空公司要进一步理顺民航干扰管理组织体系和责任体系。

第二，完善民航干扰管理资源补充工作规章制度。

第三，建立统一的、规范的、信息共享的民航干扰恢复平台，与干扰保障中心或运行控制中心相结合，使得民航干扰资源可以在第一时间得到补充。

第四，推动建立政企合作的民航干扰管理资源补充体系，加快资源的补充速度。

第五，完善资源调用机制和资源征用补偿机制。

第六，科学规划、未雨绸缪，提高民航预警的针对性和可操作性，在民航干扰事件发生前做好准备，在干扰事件发生后能够快速地补充充足的物资。

建立民航干扰管理资源补充机制可以很好地降低干扰事件发生后产生的不良影响，同时，良好的民航干扰管理资源补充机制不仅可以为航空公司减少损失，也可以让旅客看到航空公司应对干扰的快速响应能力，可以较好地维护航空公司的形象。

13.5　社会影响控制与恢复机制

民航干扰事件虽不及民航事故容易引起公众和媒体的关注，但是航空公司的处理方式和处理态度带来的反响却是积少成多的。处理方式简单粗暴或不处理、态度恶劣的航空公司会使旅客的体验感极差，选择不忍气吞声的旅客会向身边的人或者在微博等媒体上评论该航空公司。媒体传播迅速，受众多而广。那么，这样就很可能是因天气原因而停飞的一件小事上升到航空公司层面的一件大事。怎么能够做到对社会影响进行控制和恢复呢？

首先，在未发生民航干扰事件时，做好相关人员、公关部门的培训工作，落实责任制度，对其进行考核，考核合格后才能上岗。做好相关干扰事件发生的预警和预案。在事先准备好的处理方案中考虑航空公司和旅客的双重意愿。

一旦干扰事件发生，航空公司需要严格控制，制止失实信息传播。之后积极耐心地向旅客反映情况、给予补偿。当产生不良舆论时，航空公司的公关部门需要及时对外界关注的问题进行答复，同时安抚旅客情绪，控制社会影响。航空公司也要积极查清事件的责任归属，给公众一个交代。

13.6　落实民航干扰管理集成系统的应用

目前，航空公司各部门都使用具有不同功能的辅助系统协助工作。例如，气象部门的系统可以很好地帮助气象部门对天气情况进行数据采集与跟踪，模拟未来的天气数据；飞行控制中心的系统可以帮助工作人员规划飞机飞行的路线；等等。

这些系统互不相同，为各自的部门提供着服务。数据共享虽然可以解决各部门协同的问题，但是不如一个集成系统来得更加准确、快速、便捷。因此，航空公司可以选择落实民航干扰管理集成系统的应用。

但是，落实集成系统也有许多要考虑的因素。例如，成本、技术、运行负载、维护措施、替代系统等。成本包含开发成本和替换成本。开发成本需要在航空公司的预算之内；替换成本是指当集成系统运用到各部门的时候，各部门原有系统的替换所造成的损失。运行负载需要考虑的是当一个系统服务于各部门的时候，那么大的荷载量会不会造成系统瘫痪、运行速度变慢。那么，如果说要让系统持续正常地运行，必不可少的就是要考虑如何维护，措施有哪些？当系统发生故障时，应该采取怎样的紧急措施、替代系统来继续支持航空公司的运营。综上可知，航空公司更应该考虑技术问题。技术不仅包含开发技术、维护技术，也包含管理技术。

虽然要考虑的因素很多，但是集成系统是大势所趋，民航干扰管理系统更应该实现集成服务。

13.7　本　章　小　结

本章主要介绍民航干扰管理的保障措施。从预警决策机制、民航干扰处置机制、运营秩序恢复机制、民航干扰管理资源补充机制、社会影响控制与恢复机制五大机制，以及落实民航干扰管理集成系统的应用方面介绍民航干扰事件发生前、发生时、发生后航空公司的保障措施。除了介绍各个机制的作用外，本章还简单介绍了建立或完善该机制需要做的事情和需要考虑的因素，并且相信集成系统的应用必定是未来一大发展趋势。

参 考 文 献

白凤，朱金福，高强. 2010. 基于列生成法的不正常航班调度[J]. 系统工程理论与实践，30（11）：2036-2045.

陈家俊. 2018. 新时代推进军民融合深度发展问题研究[J]. 中国军转民，222：83-86.

丁秋雷. 2015. 客户时间窗变化的物流配送干扰管理模型——基于行为的视角[J]. 中国管理科学，23（5）：89-97.

丁秋雷，姜洋. 2016. 基于行为运筹的生产调度干扰管理模型[J]. 系统工程理论与实践，（3）：664-673.

董大海. 金玉芳. 2003. 消费者行为倾向前因研究[J]. 南开管理评论，（6）：46-51.

辜运燕，杨建华，王聪会，等. 2020-07-29. 航站楼延误航班旅客行为状态预测研究[J/OL]. 系统仿真学报：1-7.

郭鹏，萧柏春，李军. 2015. 收益管理中考虑顾客策略行为的多航班无约束估计方法[J]. 系统工程理论与实践，（5）：1103-1115.

郝强，樊玮. 2018. 考虑旅客满意度的鲁棒性航班恢复模型[J]. 现代电子技术，41（18）：135-138，142.

胡祥培，丁秋雷，张漪，等. 2007. 干扰管理研究评述[J]. 管理科学，20（2）：2-8.

胡玉真. 2014. 干扰情况下的航班调整及飞机旅客恢复研究[D]. 中国科学院大学博士学位论文.

胡玉真，宋艳，许保光. 2016. 单架飞机受干扰后飞机路径恢复最优化研究[J]. 运筹与管理，25（4）：49-56.

胡玉真，宋艳，许保光. 2017. 单架飞机受干扰后飞机路径恢复的多项式时间算法研究[J]. 运筹与管理，26（8）：11-18.

胡玉真，张笋. 2020. 基于多目标规划的飞机路径恢复最优化算法研究[J]. 运筹与管理，29（9）：10-17.

姜茂，韩晓龙. 2015. 基于航班延误的飞机和乘客恢复模型[J]. 华中师范大学学报（自然科学版），49（6）：876-882.

姜沂兵，孙会君，王伟. 2016. 基于方式选择的拥堵收费及返还优化模型[J]. 交通运输系统工程与信息，16（1）：142-154.

乐美龙，马彬. 2015. 航班运控中飞机和机组快速整合优化恢复[J]. 南京航空航天大学学报，47（4）：487-496.

李四化. 2009. 服务补救与顾客后续行为意向关系研究[D]. 辽宁大学博士学位论文.

刘德刚. 2002. 航空公司实时飞机和机组调配问题的研究[D]. 中国科学院数学与系统科学研究所博士学位论文.

刘莎莎，姚恩建，张永生. 2014. 轨道交通乘客个性化出行路径规划算法[J]. 交通运输系统工程与信息，14（5）：100-104，132.

龙雪琴，王建军，关宏志. 2015. 交通事故下出行者非理性出行行为研究[J]. 交通运输系统工程与信息，15（2）：156-162.

卢晓珊，黄海军，刘天亮，等. 2013. 考虑早晚高峰出行链的出行方式选择均衡与定价机制[J]. 系统工程理论与实践，33（1）：168-174.

马发涛，熊康昊，宋亚胜，等. 2019. 机场应急救援指挥体系创新与重构研究[J]. 民航学报，3：9-12.

秦伟，林雪茹，赵文峰，等. 2019. 基于人工智能技术的无人机城市应急救援决策辅助系统设计[J]. 医疗卫生装备，40（10）：38-43.

田丽君，黄海军，许岩. 2014. 具有异质参考点的多用户网络均衡模型[J]. 管理科学学报，17(7)：1-9.

田倩南，李昆鹏，李文莉，等. 2019. 基于改进列生成算法的受扰航班优化调度[J]. 系统工程理论与实践，39（11）：2815-2827.

田琼，刘鹏. 2013. 基于乘客异质性的高峰期公交出行均衡研究[J]. 管理科学学报，16(3)：82-87.

王斌，郑峰. 2020. 浅谈医院电力系统的运行维护与保障[J]. 电子世界，（8）：172-173.

王冉，高振兴. 2019. 基于飞行数据的民机着陆安全影响因素研究[J]. 交通信息与安全，37（4）：27-34.

王霞. 2013. 民航突发公共事件的应急处置策略[J]. 网友世界·云教育，（12）：32.

王莹，朱金福. 2013. 基于Danzig-Wolf算法的不正常航班旅客流恢复问题[J]. 武汉理工大学学报（信息与管理工程版），35（4）：551-579.

熊康昊. 2019. 机场航空器应急救援能力提升建议与策略[J]. 中国应急救援，（2）：31-33.

徐淑贤，刘天亮，黄海军. 2015. 用户异质下公交定价和道路收费收入再分配[J]. 系统工程理论与实践，35（7）：1791-1799.

杨妹，杨山亮，许霄，等. 2016. 面向高层辅助决策的作战分析仿真系统框架[J]. 系统工程与电子技术，38（6）：1440-1449.

詹晨旭，乐美龙. 2012. 非正常航班管理中的飞机恢复问题研究[J]. 中国民航大学学报，30（2）：43-47.

张力波，鲍和映. 2013. 基于离散时空网络的不正常航班调度模型[J]. 系统工程，31（12）：60-68.

赵秀丽，朱金福，黄勇辉. 2011. 航空公司机组重调度问题建模和算法研究[J]. 广西大学学报（自然科学版），36（2）：303-307.

周伟，赵胜川. 2012. 动态路况信息下的出发时间选择行为分析[J]. 哈尔滨工业大学学报，44（8）：101-105.

周志忠. 2001. 飞行运行实时优化控制研究[D]. 北京航空航天大学博士学位论文.

朱金福. 2009. 航空运输规划[M]. 西安：西北工业大学出版社.

宗芳，隽志才，贾广辉. 2013. 基于离散−连续选择模型的通勤出行时间预测[J]. 系统工程理论与实践，33（10）：2679-2684.

Abdelghany K, Abdelghany A, Ekollu G. 2008. An integrated decision support tool for airlines schedule recovery during irregular operations [J]. European Journal of Operational Research, 185（2）: 825-848.

Abounacer R, Rekik M, Renaud J. 2014. An exact solution approach for multi-objective location–transportation problem for disaster response[J]. Computers & Operations Research, 41: 83-93.

Aktürk M S, Atamtürk A, Gürel S. 2014. Aircraft rescheduling with cruise speed control[J]. Operations Research, 62（4）: 829-845.

Allais M. 1953. Le comportement de L'homme rationel devant le risque, critique des postulates et axiomes de L'ecole americaine[J]. Econometrica, 21: 503-546.

Allard R F, Moura F. 2018. Effect of transport transfer quality on intercity passenger mode choice[J]. Transportation Research Part A: Policy and Practice, 109: 89-107.

Andersson T. 2006. Solving the flight perturbation problem with meta-heuristics[J]. Journal of Heuristics, 12（1/2）: 37-53.

Argüello M, Bard J, Yu G. 1997. A GRASP for aircraft routing in response to groundings and delays [J]. Journal of Combinatorial Optimization, 1（3）: 211-228.

Arikan U, Sinan Gürel S, Aktürk M. 2016. Integrated aircraft and passenger recovery with cruise time controllability [J]. Annals of Operations Research, 236（2）: 295-317.

Arikan U, Sinan Gürel S, Aktürk M. 2017. Flight network-based approach for integrated airline recovery with cruise speed control[J]. Transportation Science, 51（4）: 1259-1287.

Artigues C, Bourreau E, Afsar H, et al. 2012. Disruption management for commercial airlines: methods and results for the ROADEF 2009 Challenge[J]. European Journal of Industrial Engineering, 6（6）: 669-689.

Bard J, Yu G, Argüello M. 2001. Optimizing aircraft routings in response to groundings and delays [J]. IIE Transactions, 33（10）: 931-947.

Barnhart C, Fearing D, Vaze V. 2014. Modeling passenger travel and delays in the national air transportation system[J]. Operations Research, 62（3）: 580-601.

Bertossi A A, Carraresi P, Gallo G. 1987. On some matching problems arising in vehicle scheduling models[J]. Networks, 17（3）: 271-281.

Bisaillon S, Cordeau J, Laporte G, et al. 2011. A large neighborhood search heuristic for the aircraft and passenger recovery problem [J]. A Quarterly Journal of Operations Research, 9（2）: 139-157.

Bratu S, Barnhart C. 2006. Flight operations recovery: new approaches considering passenger recovery[J]. Journal of Scheduling, 9: 279-298.

Burke E, Causmaecker P, Maere G, et al. 2010. A multi-objective approach for robust airline scheduling[J]. Computers & Operations Research, 37（5）: 822-832.

Cao J, Kanafani A. 1997. Real-time decision support for integration of airline flight cancellations and delays, part I: mathematical formulation [J]. Transportation Planning and Technology, 20（3）: 183-199.

Cao J, Kanafani A. 1997. Real-time decision support for integration of airline flight cancellations and delays, part II: algorithm and computational experiments[J]. Transportation Planning and Technology, 20 (3): 201-217.

Chan F T S, Chung S H, Chow J C L, et al. 2013. An optimization approach to integrated aircraft and passenger recovery[C]. Proceedings of the Institute of Industrial Engineering Asian Conference: 729-737.

Chang S. 2012. A duty based approach in solving the aircrew recovery problem [J]. Journal of Air Transport Management, 19: 16-20.

Chang Y H, Yeh C H. 2001. Evaluating airline competitiveness using multiattribute decision making [J]. Omega, 29 (5): 405-415.

Chen C H, Chou J H. 2017. Multi-objective optimization of airline crew roster recovery problems under disruption Conditions[J]. Systems, Man and Cybernetics, 47 (1): 133-144.

Chou T, Liu T, Lee C, et al. 2008. Method of inequality-based multi-objective genetic algorithm for domestic daily aircraft routing[J]. IEEE Transactions on Systems Man and Cybernetics - Part A Systems and Humans, 38 (2): 299-308.

Cirillo C, Bastin F, Hetrakul P. 2018. Dynamic discrete choice model for railway ticket cancellation and exchange decisions[J]. Transportation Research Part E: Logistics and Transportation Review, 110 (C): 137-146.

Clausen J, Larsen A, Larsen J, et al. 2010. Disruption management in the airline industry—concepts, models and methods [J]. Computers & Operations Research, 37 (5): 809-821.

Cordeau J, Stojković G, Soumis F, et al. 2001. Benders decomposition for simultaneous aircraft routing and crew scheduling [J]. Transportation Science, 35 (4): 375-388.

Díaz-Ramírez J, Huertas J, Trigo F. 2014. Aircraft maintenance, routing, and crew scheduling planning for airlines with a single fleet and a single maintenance and crew base[J]. Computers & Industrial Engineering, 75: 68-78.

Ding X F, Liu H C, Shi H. 2019. A dynamic approach for emergency decision making based on prospect theory with interval-valued Pythagorean fuzzy linguistic variables[J]. Computers & Industrial Engineering, 131: 57-65.

Dou F, Yan K, Huang Y, et al. 2014. Optimal Path choice in railway passenger travel network based on residual train capacity [J]. The Scientific World Journal, 178: 1539-1549.

Eggenberg N, Bierlaire M, Salani M. 2007. A column generation algorithm for disrupted airline schedules [R]. Technical report, Ecole Polytechnique Federale de Lausanne.

Ellsberg D. 1961. Risk, ambiguity, and the savage axioms[J]. Quarterly Journal Economics, 75(4): 643-669.

Feo T, Resende M. 1989. A probabilistic heuristic for a computationally difficult set covering problem [J]. Operations Research Letters, 8 (2): 67-71.

Fieldsend J E, Singh S. 2005. Pareto evolutionary neural networks[J]. IEEE Transactions on Neural Networks, 16 (2): 338-354.

Fridolf K, Nilsson D, Frantzich H. 2013. Fire evacuation in underground transportation systems: a review of accidents and empirical research[J]. Fire Technology, 49 (2): 451-475.

Gang Y, Qi X T. 2004. Disruption Management: Framework, Models and Applications[M]. Singapore: World Scientific Publishing.

Gao S, Frejinger E, Ben-Akiva M. 2010. Adaptive route choices in risky traffic networks: a prospect theory approach[J]. Transportation Research Part C-Emerging Technologies, 18 (5): 727-740.

Gilbert D, Wong R K C. 2003. Passenger expectations and airline services: a Hong Kong based study[J]. Tourism Manage, 24 (5): 519-532.

Guimarans D, Arias P, Mota M. 2015. Large Neighborhood Search and Simulation for Disruption Management in the Airline Industry [M]. Cham: Springer.

Guo Y. 2004. A decision support framework for the airline crew schedule disruption management with strategy mapping [C]. Operations Research Proceedings, Berlin.

Hagmanna C, Semeijn J, Vellenga D B. 2015. Exploring the green image of airlines: passenger perceptions and airline choice [J]. Journal of Air Transport Management, 43: 37-45.

Haraldsson E. 2012. Swat teams: aircraft hijack response[J]. Aviation Security International: The Global Journal of Airport & Airline Security, 18 (2): 24-26.

Hart J, Shogan A. 1987. Semi-greedy heuristics: an empirical study [J]. Operations Research Letters, 6 (3): 107-114.

Hjorth K, Fosgerau M. 2012. Using prospect theory to investigate the low marginal value of travel time for small time changes [J]. Transportation Research Part B, 46: 917-932.

Hoare C A R. 1962. Quick sort [J]. Computer Journal, 5 (1): 10-15.

Hoffman K, Padberg M. 1993. Solving Airline Crew Scheduling Problems by Branch-and-Cut[J]. Management Science, 39 (6): 657-682.

Hu Y, Liao H, Zhang S, et al. 2017. Multiple objective solution approaches for aircraft rerouting under the disruption of multi-aircraft[J]. Expert Systems With Applications, 83: 283-299.

Hu Y, Song Y, Zhao K, et al. 2016. Integrated recovery of aircraft and passengers after airline operation disruption based on a GRASP algorithm[J]. Transportation Research Part E Logistics & Transportation Review, 87: 97-112.

Hu Y, Xu B, Bard J F, et al. 2015. Optimization of multi-fleet aircraft routing considering passenger transiting under airline disruption [J]. Computers & Industrial Engineering, 80: 132-144.

Hu Y, Zhang P, Fan B, et al. 2021. Integrated recovery of aircraft and passengers with passengers' willingness under various itinerary disruption situations[J]. Computers & Industrial Engineering, 161: 107664.

Jafari N, Zegordi S. 2010. Simultaneous recovery model for aircraft and passengers [J]. Journal of the Franklin Institute, 348 (7): 1638-1655.

Johnson V, Lettovsky L, Nemhauser G, et al. 1994. Final report to Northwest Airlines on the crew recovery problem [R]. Technical Report, The Logistic Institute, Georgia Institute of Technology, Atlanta, USA.

Jozefowiez N, Mancel C, Mora-Camino F. 2013. A heuristic approach based on shortest path problems for integrated flight, aircraft and passenger rescheduling under disruptions [J]. Journal of the Operational Research Society, 64: 384-395.

Kahneman D, Tversky A. 1979. Prospect theory: an analysis of decision under risk[J]. Econometrica, 47（2）: 263-292.

Kemel E, Paraschiv C. 2013. Prospect Theory for joint time and money consequences in risk and ambiguity[J]. Transportation Research Part B Methodological, 56: 81-95.

Klingener J F, 1995. Combined discrete-continuous simulation models in ProModel for Windows[C]. Simulation Conference, Arlingon.

Le M, Ma B. 2015. Aircraft and crew integrated fast optimal recovery in airline operation and control[J]. Joural of Nanjing University of Aeronautics & Astronacis, 47（4）: 487-496.

Lee L H, Lee C U, Tan Y P. 2007. A multi-objective genetic algorithm for robust flight scheduling using simulation [J]. European Journal of Operational Research, 177（3）: 1948-1968.

Lettovsky L. 1997. Airline operations recovery: an optimization approach [D]. PhD Thesis, Georgia Institute of Technology, Atlanta, USA.

Lettovsky L, Johnson E, Nemhauser G. 2000. Airline crew recovery[J]. Transportation Science, 34（4）: 337-348.

Liu T, Jeng C, Chang Y. 2008. Disruption management of an inequality-based multi-fleet airline schedule by a multi-objective genetic algorithm[J]. Transportation Planning and Technology, 31（6）: 613-639.

Liu T, Jeng C, Liu Y, et al. 2006. Applications of multi-objective evolutionary algorithm to airline disruption management [C]. IEEE International Conference on Systems, Man and Cybernetics, New York.

Liu T K, Chen C H, Chou J H. 2010. Optimization of short-haul aircraft schedule recovery problems using a hybrid multiobjective genetic algorithm[J]. Expert Systems With Applications: An International Journal, 37（3）: 2307-2315.

Liu Y, Fan Z P, Zhang Y. 2014. Risk analysis in emergency response: a method based on cumulative prospect theory[J]. Computers & Operations Research, 42: 75-82.

Løve M, Sørensen K, Larsen J, et al. 2005. Using heuristics to solve the dedicated aircraft recovery problem [J]. Central European Journal of Operations Research, 13（2）: 189-207.

Lu J, Yang Z, Timmermans H, et al. 2016. Optimization of airport bus timetable in cultivation period considering passenger dynamic airport choice under conditions of uncertainty[J]. Transportation Research Part C, 67: 15-30.

Maher S. 2015. A novel passenger recovery approach for the integrated airline recovery problem[J]. Computers & Operations Research, 57: 123-137.

Maher S. 2015. Solving the integrated airline recovery problem using column-and-row generation[J]. Transportation Science, 50（1）: 216-239.

Mansi R, Hanafi S, Wilbaut C, et al. 2012. Disruptions in the airline industry: math-heuristics for re-assigning aircraft and passengers simultaneously[J]. European Journal of Industrial Engineering, 6（6）: 690-712.

Mathaisel D. 1996. Decision support for airline system operations control and irregular operations[J]. Computers & Operations Research, 23（11）: 1083-1098.

Medard C, Sawhney N. 2007. Airline crew scheduling: from planning to operations[J]. European Journal of Operational Research, 183（3）: 1013-1027.

Mercier A, Soumis F. 2007. An integrated aircraft routing, crew scheduling and flight retiming model[J]. Computer & Operations Research, 34（8）: 2251-2265.

Moeckel R, Fussell R, Donnelly R. 2015. Mode choice modeling for long-distance travel[J]. Transportation Letters, 7（1）: 35-46.

Molenbruch Y, Braekers K, Caris A, et al. 2017. Multi-directional local search for a bi-objective dial-a-ride problem in patient transportation[J]. Computers & Operations Research, 77: 58-71.

Nissen R, Haase K. 2006. Duty-period-based network model for crew rescheduling in European airlines[J]. Journal of Scheduling, 9（3）: 255-278.

Papadakos N. 2009. Integrated airline scheduling[J]. Computers & Operations Research, 36（1）: 176-195.

Parker R. 2017. An agent-based simulation of air travel itinerary choice[J]. Procedia Computer Science, 109: 905-910.

Petersen J D, Clarke J P, Johnson E, et al. 2012. An optimization approach to airline integrated recovery [J]. Transportation Science, 46（4）: 482-500.

Ren P J, Xu Z S, Hao Z N. 2017. Hesitant fuzzy thermodynamic method for emergency decision making based on prospect theory[J]. IEEE Transactions on Cybernetics, 47（9）: 2531-2543.

Schwane T, Ettema D. 2009. Coping with unreliable transportation when collecting children: examining parents' behavior with cumulative prospect theory[J]. Transportation Research Part A: Policy and Practice, 43（5）: 511-525.

Shao S, Sherali H D, Haouari M. 2017. A novel model and decomposition approach for the integrated airline fleet assignment, aircraft routing, and crew pairing problem[J]. Transportation Science, 51（1）: 233-249.

Sinclair K, Cordeau J, Laporte G. 2014. Improvements to a large neighborhood search heuristic for an integrated aircraft and passenger recovery problem[J]. European Journal of Operational Research, 233（1）: 234-245.

Sinclair K, Cordeau J, Laporte G. 2016. A column generation post-optimization heuristic for the integrated aircraft and passenger recovery problem[J]. Computers & Operations Research, 65: 42-52.

Song M, Wei G, Yu G. 1998. A decision support framework for crew management during airline irregular operations[J]. International Series in Operations Research & Management Science, 9: 259-286.

Stojkovic M, Soumis F. 2001. An optimization model for the simultaneous operational flight and pilot scheduling problem[J]. Management Science, 47（9）: 1290-1305.

Stojkovic M, Soumis F. 2005. The operational flight and multi-crew scheduling problem[J]. Yugoslavian Journal of Operations Research, 15（1）: 25-48.

Stojkovic M, Soumis F, Desrosiers J. 1998. The operational airline crew scheduling problem[J]. Transportation Science, 32（3）: 232-245.

Teodorovic D, Guberinic S. 1984. Optimal dispatching strategy on an airline network after a schedule perturbation[J]. European Journal of Operational Research, 15 (2): 178-182.

Teodorovic D, Stojkovic G. 1990. Model for operational daily airline scheduling[J]. Transportation Planning and Technology, 14 (4): 273-285.

Teodorovic D, Stojkovic G. 1995. Model to reduce airline schedule disturbances[J]. Journal of Transportation Engineering, 121 (4): 324-331.

Thengvall B, Bard J, Yu G. 2000. Balancing user preferences for aircraft schedule recovery during irregular operations[J]. IIE Transactions, 32 (3): 181-193.

Thengvall B, Bard J, Yu G. 2003. A bundle algorithm approach for the aircraft schedule recovery problem during hub closures[J]. Transportation Science, 37 (4): 392-407.

Thengvall B, Yu G, Bard J. 2001. Multiple fleet aircraft schedule recovery following hub closures[J]. Transportation Research Part A, 35 (4): 289-308.

Tomizawa N. 1972. On some techniques useful for solution of transportation network problems[J]. Networks, 1 (2): 173-194.

Tricoire F. 2012. Multi-directional local search[J]. Computers & Operations Research, 39 (12): 3089-3101.

Tversky A, Kahneman D. 1992. Advances in prospect theory: cumulative representation of uncertainty[J]. Journal of Risk and Uncertainty, 5 (4): 297-323.

Visentini M, Borenstein D, Li J. 2014. Mirchandani P, Review of real-time vehicle schedule recovery methods in transportation services [J]. Journal of Scheduling, 17 (6): 541-567.

Vos H W M, Santos B F, Omondi T. 2015. Aircraft schedule recovery problem—a dynamic modeling framework for daily operations[J]. Transportation Research Procedia. 10: 931-940.

Wang L, Zhang Z X, Wang Y M. 2015. A prospect theory- based interval dynamic reference point method for emergency decision making[J]. Expert Systems With Applications, 42 (23): 9379-9388.

Wang X, Wang H, Zhang X. 2016. Stochastic seat allocation models for passenger rail transportation under customer choice[J]. Transportation Research Part E, 96: 95-112.

Wei G, Yu G, Song M. 1997. Optimization model and algorithm for crew management during airline irregular operations[J]. Journal of Combinatorial Optimization, 1 (3): 305-321.

Xu H, Zhou J, Xu W. 2011. A decision-making rule for modeling travelers' route choice behavior based on cumulative prospect theory[J]. Transportation Research Part C: Emerging Technologies, 19 (2): 218-228.

Xu X, Xie L, Li H, et al. 2018. Learning the route choice behavior of subway passengers from AFC data[J]. Expert Systems with Applications, 95: 324-332.

Yan M, Huang J C, Zhao M F. 2014. Mechanism analysis and modelling of passengers' travel choice[C]. The Sixth International Conference on Measuring Technology and Mechatronics Automation, Zhang jia jie.

Yan S, Lin C. 1997. Airline scheduling for the temporary closure of airports[J]. Transportation Science, 31 (1): 72-82.

Yan S, Tu Y. 1997. Multifleet routing and multistop flight scheduling for schedule perturbation[J]. European Journal of Operational Research, 103（1）: 155-169.

Yan S, Yang D. 1996. A decision support framework for handling schedule perturbations[J]. Transportation Research Part B, 30（6）: 405-419.

Yan S, Young H. 1996. A decision support framework for multi-fleet routing and multi-stop flight scheduling[J]. Transportation Research Part A, 30（5）: 379-398.

Yang J, Jiang G. 2014. Development of an enhanced route choice model based on cumulative prospect theory[J]. Transportation Research Part C: Emerging Technologies, 47: 168-178.

Yang T, Hu Y. 2019. Considering passenger preferences in integrated postdisruption recoveries of aircraft and passengers[J]. Mathamtical Problems in Engineering,（9）: 1-19.

Yu G, Argüello M, Song G, et al. 2003. A new era for crew recovery at continental airlines[J]. Interfaces, 33（1）: 5-22.

Yu G, Qi X. 2004. Disruption management: Framework, Models and Applications[M]. Singapore: World Scientific Publishing Company.

Zhang C, Liu T, Huang H, et al. 2018. A cumulative prospect theory approach to commuters' day-to-day route-choice modeling with friends' travel information[J]. Transportation Research Part C: Emerging Technologies, 86: 527-548.

Zhang D, Lau H, Yu C. 2015. A two stage heuristic algorithm for the integrated aircraft and crew schedule recovery problem [J]. Computer & Industrial Engineering, 87: 436-453.

Zhang D, Yu C, Desai J, et al. 2016. A math-heuristic algorithm for the integrated air service recovery[J]. Transportation Research Part B: Methodological, 84: 211-236.

Zhao X, Zhu J. 2007. Grey programming for irregular flight scheduling[C]. IEEE International Conference on Grey Systems and Intelligent Services, New York: IEEE: 1607-1611.

Zhao X, Zhu J, Guo M. 2007. Application of grey programming in irregular flight scheduling[C]. IEEE International Conference on Industrial Engineering and Engineering Management, New York.

Zhu Y, Mao B, Shi R, et al. 2016. Optimization of urban rail timetable with consideration of passenger departure time choices[J]. Journal of the China Railway Society, 38（5）: 1-10.

Zinder Y, Walker S. 2015. Algorithms for scheduling with integer preemptions on parallel machines to minimize the maximum lateness[J]. Discrete Applied Mathematics, 196: 28-53.

附　　录

　　本书研究的调查问卷共分为三部分。第一部分为结构化问题，是对个人描述性和分类性信息的调查，包括性别、年龄、教育程度、职业和年收入。第二部分是对被调查者航班延误经历的调查，包括是否遭遇过航班延误，经历过航班延误的时间及航空公司的问题处理方式。第三部分是情景模拟部分。被调查者需要先阅读一个延误情景的描述，然后根据问题给定的延误情景的可控性，延误程度。然后会给出不同的补救措施，被调查者根据自己的感受进行打分。第三部分量表采用李克特 5 分量表。

调查问卷——航班延误的补救措施对旅客意愿的影响

第一部分　个人基本资料

1. 您的性别：
□男性　　　　　　　□女性
2. 您的年龄：
□20 岁及以下　　　□21~30 岁　　　□31~40 岁　　　□41~50 岁
□50 岁以上
3. 您的受教育程度：
□专科以下　　　　　□专科或大专　　　□本科　　　　　□硕士及以上
4. 您的职业：
□企业或公司员工　　□政府人员　　　　□学生
□教育工作者　　　　□个体户　　　　　□其他
5. 您的年收入（学生：生活费）：
□1 万元及以下　　　□1 万~3 万元　　　□3 万~5 万元　　　□5 万~10 万元
□10 万元以上

第二部分　航班延误经历

6. 您是否遭遇过航班延误（若回答"是"请继续，若回答"否"进入第三部分）：

□是　　　　　　　　□否

7. 您最近遇到的航班延误，延误时间大概为：

□4 小时及以下　　　□4~8 小时　　　　□8~12 小时　　　□12 小时以上

8. 您此次航班延误是什么原因引起的：

□天气情况　　　　　□机械故障　　　　□航空管制　　　□乘客原因

□其他

9. 此次航班延误，航空公司采取的补救措施为（多选）：

□及时通知乘客并致歉　　□提供免费餐饮　　　□提供免费住宿

□提供退票或转签　　　　□现金赔偿　　　　　□其他

10. 您对航空公司处理方式是否满意（若选择"非常满意"请直接进入第三部分）：

□非常满意　　　　　□比较满意　　　　□一般　　　　　□不太满意

□满意

11. 请问您没有选择"非常满意"的原因是：

□处理方式和处理速度均没有达到我的预期

□服务质量差

□出现延误就不满意，任何措施都是徒劳

第三部分　情 景 模 拟

下面是模仿一个航班延误的情景，请仔细阅读并用您的真实感觉来回答，若没有经历过，请您把自己假设为经历者，并按照内心的体会来回答。

您以认为适合的价格购买了心仪的航空公司的机票，当您正在候机时，广播播报，因为飞机机械故障，您即将乘坐的航班将延误。最后，您等待了 4 个小时才坐上飞机。

12. 若相关工作人员在**一段时间**以后，广播说明原因，并为您安排了候机室休息，通知最新情况，在临近用餐时间为您提供了免费食宿。那么请根据您的真实感受回答问题：

（1）我对航班延误事件处理总体上感觉满意　　　　　　　　1~5

（2）航空公司对问题的处理上能符合我对它的预期，我很满意　　1~5

（3）航空公司解决问题的时间符合我对他的预期，我很满意　　　　1~5

（4）航班延误的时间影响我对其补救措施的感受，我不满意　　　　1~5

（5）航班延误的时间让我感觉时间流逝，机票性价比不高，我不满意

　　　　1~5

（6）如果有需要，我还会选择这家航空公司　　　　1~5

（7）如果有需要，我会向别人推荐这家航空公司　　　　1~5

13. 若相关工作人员**迅速当面说明原因并道歉**，为您安排了候机室休息，通知最新情况，在临近用餐时间为您提供了免费食宿。那么请根据您的真实感受回答问题：

（1）我对航班延误事件处理总体上感觉满意　　　　1~5

（2）航空公司对问题的处理能符合我的预期，我很满意　　　　1~5

（3）航空公司解决问题的时间符合我的预期，我很满意　　　　1~5

（4）航班延误的时间影响我对其补救措施的感受，我不满意　　　　1~5

（5）航班延误的时间让我感觉时间流逝，机票性价比不高，我不满意

　　　　1~5

（6）如果有需要，我还会选择这家航空公司　　　　1~5

（7）如果有需要，我会向别人推荐这家航空公司　　　　1~5

14. 若相关工作人员一段时间以后**通过广播**说明原因，并为您安排了候机室休息，在临近用餐时间为您提供了免费食宿，通知最新情况，**还提供了转签和退票办理手续，并且给予现金赔偿或购票折扣**。那么请根据您的真实感受回答问题：

（1）我对航班延误事件处理总体上感觉满意　　　　1~5

（2）航空公司对问题的处理能符合我的预期，我很满意　　　　1~5

（3）航空公司解决问题的时间符合我的预期，我很满意　　　　1~5

（4）航班延误的时间影响我对其补救措施的感受，我不满意　　　　1~5

（5）航班延误的时间让我感觉时间流逝，机票性价比不高，我不满意

　　　　1~5

（6）如果有需要，我还会选择这家航空公司　　　　1~5

（7）如果有需要，我会向别人推荐这家航空公司　　　　1~5

15. 若相关工作人员**迅速**当面说明原因并道歉，并为您安排了候机室休息，通知了最新情况，在临近用餐时间为您提供了免费食宿，还提供了转签和退票办理手续，并且给予现金赔偿或购票折扣。那么请根据您的真实感受回答问题：

（1）我对航班延误事件处理总体上感觉满意　　　　1~5

（2）航空公司对问题的处理能符合我的预期，我很满意　　　　1~5

（3）航空公司解决问题的时间符合我的预期，我很满意　　　　1~5

（4）航班延误的时间影响我对其补救措施的感受，我不满意   1~5

（5）航班延误的时间让我感觉时间流逝，机票性价比不高，我不满意

1~5

（6）如果有需要，我还会选择这家航空公司   1~5

（7）如果有需要，我会向别人推荐这家航空公司   1~5